CO
SPACES

모두가 행복한 **SDGs**와 함께하는   메타버스

코스페이시스
한 권으로 끝내기

코스페이시스 한권으로 끝내기

1판 1쇄 발행일 _ 2023년 8월 16일

지은이 _ **류은숙 · 박민주 · 김남희 · 박지숙**

발행인 _ 정지숙

제작 _ (주)잇플 ITPLE

편집 _ (주)잇플 ITPLE 출판편집팀

펴낸곳 _ (주)잇플 ITPLE

주소 _ 서울특별시 동대문구 답십리로 264 성신빌딩 2층

전화 _ 0502-600-4925

팩스 _ 0502-600-4924

홈페이지 _ www.itpleinfo.com

e-mail _ itple@itpleinfo.com

카페 _ http://cafe.naver.com/arduinofun

ISBN _ 979-11-91198-37-9   13000

교재학습자료 _ http://cafe.naver.com/arduinofun

우리는 일상생활 속에서 끊임없이 발전하는 디지털 기술과 새로운 개념들을 접하고 있습니다. 그중에서도 최근에 큰 주목을 받는 개념 중 하나가 "메타버스"입니다. 메타버스는 가상현실 공간으로, 우리가 현실 세계와 동일하게 상호작용하고 소통할 수 있는 디지털 세계를 의미합니다.

 우리는 소셜 미디어에 접속하고, 온라인으로 쇼핑을 하며, 원하는 장소를 자유롭게 탐험하고, 원하는 사람들과 가상공간에서 소통하며, 창의적인 활동도 할 수 있습니다. 이 모든 것들이 메타버스의 일부분이라고 생각할 수 있습니다. 메타버스는 우리가 현실에서 하는 것들을 디지털 세계에서 경험하고 이뤄낼 수 있는 환경을 제공하여 교육, 비즈니스, 문화 등 다양한 분야에서 혁신적인 시도와 성과를 만들어가고 있습니다.

우리의 일상생활과 메타버스의 연관성을 이해하고, 메타버스가 제공하는 다양한 가능성을 알아가는 것은 우리의 미래 삶에 큰 도움이 될 것입니다. 이 책을 통해 메타버스를 이해할 수 있는 도구 중의 하나인 코스페이시스에 대해 자세히 알아보고, 실생활 문제 해결에 접목하여 활용해보려고 합니다.

지구 곳곳에서 지속 가능한 발전을 추구하기 위해 제정된 "지속 가능한 개발 목표(SDGs)"는 현대 사회의 가장 중요한 과제 중 하나입니다. 이 책에서는 메타버스의 개념과 효과를 소개하면서 SDGs를 위한 코스페이시스 프로젝트 몇 가지를 소개합니다. SW를 현실 문제에 접목하여 문제를 인식하고 해결하는 데 도움이 되고자 하는 소프트웨어 교육의 목적에 맞게 코스페이시스를 활용하여 SDGs에 대한 이해를 돕고 그것을 실천하는 삶의 자세를 가질 수 있도록 합니다.

여러분은 코스페이시스를 통해 메타버스 가상공간 제작에 도전하여 논리적인 사고와 창의력을 발휘하게 될 것이며 이것은 현재와 미래 사회의 일원으로서 SW를 활용한 문제해결력을 강화시켜 디지털&AI리터러시 함량에 도움을 얻을 수 있을 것입니다.

또한, 더 나은 세상을 만들어나가기 위한 SDGs 목표의 사회적 가치를 공감하여 실천에 앞장서는 라이프스타일을 가지게 될 것입니다.

저자 류은숙·박민주·김남희·박지숙

Metaverse with
COSPACES

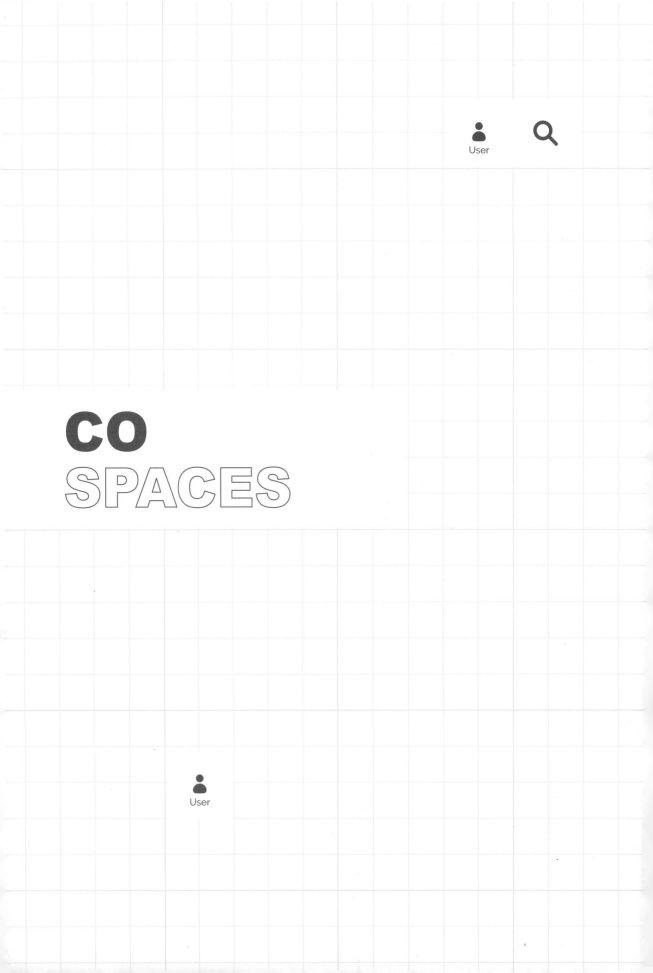

Chapter 1

메타버스의 이해
-메타버스와 우리 생활

1. 메타버스의 이해

근 몇 년 사이 메타버스는 많은 분야에서 화제가 되고 있습니다. 뉴노멀 시대의 메타버스는 이제 낯선 용어와 개념이 아닙니다.

메타버스는 가상 세계를 지칭하는 개념으로, 가상 현실(Virtual Reality), 증강현실(Augmented Reality), 인공지능(Artificial Intelligence), 블록체인(Blockchain) 등 다양한 기술들이 융합된 공간을 의미합니다.

출처: 픽사베이

현실 세계와 유사한 경험을 제공하는 가상공간 내에서 사람들이 콘텐츠를 창작하고 공유하며 다양한 형태의 인터렉션과 소셜 활동을 가능하게 합니다. 그뿐만 아니라 현실 세계에서는 불가능한 것들도 경험할 수 있습니다. 4차 산업혁명 시대를 맞아 전 세계 모든 산업 분야에서 디지털 전환(Digital Transformation)이 빠르게 이뤄지면서 이러한 경험은 쇼핑, 문화 예술, 다양한 행사, 교육, 의료 등 많은 분야에서 핵심 플랫폼으로 성장하고 있습니다.

메타버스는 가상, 초월을 의미하는 'Meta'와 세계를 의미하는 'Universe'의 합성어로 현실 세계와 유사한 다양한 활동들이 이루어지는 가상 세계를 의미합니다.

사람들은 이 공간에서 실시간으로 사람들 간 또는 가상 세계에서 존재하는 매체들과 상호작용을 하며 디지털 미디어에 담긴 새로운 사회를 구현하고 있습니다.

메타버스는 지금까지 경험한 인터넷과 다르게 3차원적인 환경에서 다양한 상호작용과 경험을 할 수 있습니다.

가상공간에서의 광고, 상품 판매 서비스 제공 등이 가능해짐에 따라 새로운 수익 모델이 생기며 이로 인해 가상 자산, 가상화폐, 가상 경제 등이 활성화될 수 있습니다.

서로 멀리 떨어져 있는 사람들도 메타버스를 이용하여 함께 업무를 보거나 공동의 작업 등을 할 수 있게 되었습니다. 이것은 최근 몇 년 사이에 우리 생활에 많은 비중을 차지하게 된 비대면 업무 문화의 단점을 보완함으로써 물리적인 공간의 한계도 극복할 수 있게 되었습니다.

[가상공간 오피스]

예술 문화산업 분야에서도 가상 공연이나 전시회 등이 가능해지면서 새로운 시장이 형성될 수 있습니다.

코로나 시대에 더욱 사람들의 미디어 기기의 이용률이 높아짐에 따라 디지털 기술을 활용한 다양한 형태의 비대면 공연이 열리고 있습니다. 미국의 힙합가수 트래비스 스콧(Travis Scott)이 포트나이트(FORTNITE)라는 게임 플랫폼에서 라이브 콘서트를 열기도 하였습니다. 실제 뮤지션이 등장하는 것이 아니라 뮤지션과 팬들 모두 아바타로 등장하여 공연을 즐김으로써 메타버스 플랫폼을 잘 활용한 예라고 할 수 있습니다.

[포트나이트에서 열린 트래비스 스콧(Travis Scott)의 메타버스 콘서트]

출처: 유튜브

교육 분야에서는 가상 교실을 통해 학생들은 지리적, 시간적, 공간적 제약 없는 학습을 할 수 있으며 위험요소가 있거나 고비용, 실제로는 불가능한 실험과 시뮬레이션 등에도 활용되어 참여형 수업을 진행할 수 있습니다. 이는 학생들의 학습 동기와 참여도를 높이고 효과적인 학습을 지원합니다.

또한, 학습뿐만 아니라 진단과 치료에도 이용되기도 합니다. 예를 들어 의사나 환자가 가상 공간에서 대화하면서 우울증을 치료하기도 하고 VR을 통해 가상으로 신체의 움직임을 유도한 재활 훈련에도 도움을 받을 수 있습니다.

[의료이미지 시각화 및 3차원 표현]

메타버스는 무엇보다 시간, 공간이라는 제약을 뛰어넘어 경험의 폭을 넓혀줄 수 있습니다. 이러한 이유로 인해 메타버스는 현재와 미래의 비즈니스, 경제, 문화, 교육, 의학 등 다양한 분야에서 중요한 역할을 할 것으로 예상하며 이로 인해 발전된 기술과 서비스가 등장하여 새로운 문화와 경제 생태계를 만나게 될 것입니다.

2. 메타버스의 분류

메타버스는 가상현실, 증강현실, 거울세계, 라이프로깅의 4가지로 분류됩니다.

 **가상현실 (Virtual Reality, VR)**
컴퓨터 그래픽과 인터페이스 기술을 활용하여 사용자를 실제로 존재하지 않는 가상공간에 존재하는 것처럼 느끼게 하는 기술입니다.

예를 들어, VR을 이용하여 우주여행을 체험하거나, 고대 유적지를 탐험하거나, 교육이나 훈련, 의료 등 다양한 분야에서도 활용되며 친구들과 가상공간에서 만나 이야기를 나누는 등의 경험을 할 수 있습니다.

[개인이 제작한 제페토월드]

일반적으로 VR은 헤드 마운티드 디스플레이(HMD)와 컨트롤러, 센서 등을 사용하여 사용자와 컴퓨터가 정보를 주고받을 수 있어 가상공간에서 자유롭게 움직이고 상호작용할 수 있도록 합니다.

최근에는 VR 기술을 이용하여 온라인 게임, 소셜 미디어, 영화, 음악 등 다양한 콘텐츠를 제작하고, 이를 이용하여 가상 세계에서의 새로운 경제 생태계가 형성되고 있습니다.

증강현실 (Augmented Reality, AR)

증강현실(Augmented Reality, AR)은 우리가 존재하는 실제 세계에 가상의 정보와 이미지를 더해 새로운 경험을 할 수 있도록 하는 기술입니다. 사람들이 보는 현실 세계에 3차원의 가상물체를 띄워주는 기술입니다.

우리 일상생활에서 스마트폰 카메라로 주변을 비추면 근처 사물, 건물 등에 대한 정보가 입체 영상으로 표시된다거나 포켓몬고와 같이 게임 캐릭터가 스마트폰 카메라 속에 등장하게 되는 것들이 AR 기술입니다.

출처: 한국전자통신연구원 ENTRI webzine

증강현실도 가상현실과 마찬가지로 게임, 광고, 교육, 의료 등 다양한 분야에서 활용됩니다. 예를 들어, 게임에서는 사용자가 실제 세계에서 움직이면서 가상 캐릭터와 상호작용할 수 있고 광고에서는 제품의 모델링이나 기능을 더욱 생생하게 전달할 수 있습니다. 교육에서는 시각적인 학습 효과를 높이고, 의료 분야에서는 수술 전 준비나 환자 교육 등에 사용될 수 있습니다.

또한, 현실보다 더 현실 같은 것들을 구현하며 상호작용형 경험을 만들어 내는 VR, AR 기술을 실감기술이라고 합니다.

그리고 가상현실과 증강현실의 장점만을 이용하여 만든 MR(혼합현실)도 실감기술입니다. 혼합현실은 현실과 가상에 존재하는 것들 사이에서 우리가 실시간으로 상호작용할 수 있는 기술을 말합니다.

가상현실 VR + 증강현실 AR = 혼합현실 MR

거울세계 (Mirror World)

거울세계(Mirror World)는 실제 세계와 유사한 가상 세계로 현재의 실제 세계의 모든 것을 디지털화하여 3D 가상 세계로 구현하는 것을 말합니다.

거울세계는 실제 세계의 건물이나 도로, 인프라 등을 모두 디지털화하여 구현합니다. 예를 들어, 건물은 건물의 외형과 내부 구조, 도로는 도로의 폭과 위치 등이 정확하게 디지털화되어 구현됩니다.

거울세계는 다양한 분야에서 활용될 수 있습니다. 예를 들어 건축 분야에서는 건물의 외부와 내부 구조를 미리 확인하고 설계할 수 있습니다. 도시 계획에서도 거울세계는 도시의 기반 시설을 개선하고 미래 도시를 시뮬레이션하는 데 사용될 수 있습니다. 또한, 게임 분야에서도 거울세계를 기반으로 한 게임을 개발하여 실제 세계에서는 불가능한 경험을 제공할 수 있습니다. 앞으로의 기술 발전으로 더욱 현실적인 가상 세계가 만들어질 것으로 기대됩니다.

라이프로깅 (Life Logging)

라이프로깅(Life Logging)은 개인의 일상생활을 기록하는 것을 말합니다. 이러한 라이프로그 데이터를 활용하여 가상 현실(Virtual Reality, VR)이나 혼합현실(Mixed Reality, MR) 등의 기술을 통해 개인이 자신의 가상 세계를 만들어낼 수 있는데, 이러한 개인의 가상 세계가 메타버스 중 하나로 분류됩니다.

라이프로깅을 통해 수집된 데이터는 카메라, 마이크, 가속도계 등 다양한 센서들을 통해 수집됩니다. 이러한 데이터를 이용하여 개인의 일상생활에서 무엇을 하고, 어떤 활동을 하는지 등을 추적할 수 있습니다. 이렇게 수집된 데이터는 VR이나 MR 기술을 통해 3차원 가상 세계로 구현됩니다.

라이프로깅과 VR, MR 기술을 활용하여 개인은 자신만의 가상 세계를 만들어내고, 다른 사람들과 상호작용할 수 있습니다. 이를 통해 개인은 물리적인 제약과 관계없이 원하는 곳이나 시간에 다른 사람들과 소통할 수 있는 환경을 제공받을 수 있습니다. 또한, 라이프로깅을 통해 수집된 데이터는 다양한 분야에서 활용될 수 있습니다. 예를 들어, 의료 분야에서는 개인의 건강 상태를 모니터링하고 예방적인 조치를 취할 수 있습니다.

3. 메타버스 다양한 플랫폼

메타버스 플랫폼은 계속 발전하고 있으므로 현재 존재하는 플랫폼 이외에도 새로운 플랫폼들이 출현하고 있습니다. 하지만 현재 가장 인기 있는 메타버스 플랫폼들은 다음과 같습니다.

로블록스 (Roblox) - 유저가 게임을 개발하고 다른 유저들과 공유할 수 있는 게임 개발 플랫폼이자 게임 플랫폼입니다.

출처: 로블록스 메인화면

포트나이트 (Fortnite) - 멀티플레이어 액션 게임을 제공하며, 공연, 영화 상영 등의 이벤트를 개최하는 메타버스 플랫폼입니다.

출처: 픽사베이

샌드박스 (The Sandbox) - 유저가 게임을 개발하고 다른 유저와 함께 즐길 수 있는 블록체인 기술을 활용한 게임 개발 플랫폼입니다.

출처: 샌드박스 메인홈페이지

코스페이시스 (Cospaces) - 가상현실 및 증강현실 콘텐츠를 제작하고 공유할 수 있는 플랫폼으로 교육, 게임, 예술 등 다양한 분야에서 활용되며, 코딩 교육도 가능합니다.

출처: 코스페이시스 메인홈페이지

VR챗 (VRChat) - 가상현실 공간에서 다른 사람들과 대화하고 창작물을 공유할 수 있는 메타
버스 플랫폼입니다.

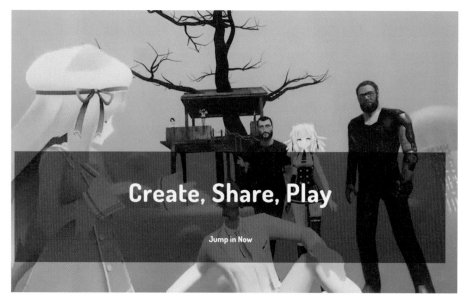

출처: VR챗, 메인홈페이지

미러월드 (MirrorWorld) - XR 기술을 활용한 가상 세계를 제공하는 메타버스 플랫폼입
니다.

세컨드 라이프 (Second Life) - 가상의 세계에서 유저가 창작물을 제작하고 다른 유저들과
상호작용할 수 있는 메타버스 플랫폼입니다.

이 외에도 다양한 메타버스 플랫폼이 존재하며, 앞으로도 새로운 플랫폼이 출현할 것으로 예
상합니다.

4. 메타버스 구현 주요기술

메타버스를 구현하기 위한 주요기술들은 다양합니다. 그중에서도 대표적으로 가상 현실(Virtual Reality), 증강현실(Augmented Reality), 블록체인(Blockchain), 인공지능(Artificial Intelligence), 3D 모델링 및 애니메이션(3D Modeling and Animation), 클라우드 컴퓨팅(Cloud Computing), 사물인터넷(Internet of Things) 등이 있습니다.

[메타버스 구현 기술]

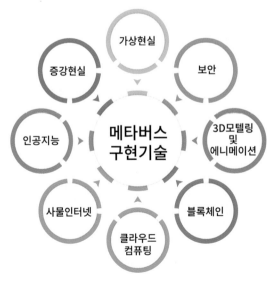

가상현실 기술: 가상현실 기술은 사용자를 메타버스 공간에 몰입시키기 위해 사용됩니다. 이를 위해 VR 헤드셋과 컨트롤러, 터치 인터페이스 등이 사용됩니다.

증강현실 기술: 증강현실 기술은 메타버스 안에서 실제 세계와 연결하기 위해 사용됩니다. 이를 위해 AR 헤드셋, AR 마커, 증강현실 앱 등이 사용됩니다.

인공지능 기술: 메타버스에서는 사용자와 상호작용하며 학습하는 인공지능 기술이 필요합니다. 이를 위해 자연어 처리 기술, 컴퓨터 비전 기술, 강화학습 등이 사용됩니다.

IoT 기술: 메타버스에서는 물리적인 디바이스와 연결하여 현실 세계와의 상호작용이 가능해야 합니다. 이를 위해 IoT 기술이 사용됩니다.

클라우드 컴퓨팅 기술: 메타버스에서는 대용량 데이터와 빠른 속도의 처리가 필요합니다. 이를 위해 클라우드 컴퓨팅 기술이 사용됩니다.

블록체인 기술: 메타버스에서는 가상 자산 거래와 보안을 위해 블록체인 기술이 사용됩니다. 이를 위해 스마트 컨트랙트, 탈중앙화된 자산 교환 등이 사용됩니다.

3D 그래픽 기술: 메타버스에서는 현실감 있는 가상공간을 제공하기 위해 3D 그래픽 기술이 필요합니다. 이를 위해 실시간 렌더링 기술, 물리 시뮬레이션, 애니메이션 기술 등이 사용됩니다.

보안 기술: 메타버스에서는 사용자의 개인정보와 가상 자산 등의 보안이 매우 중요합니다. 이를 위해 암호화 기술, 바이오 인증 기술 등이 사용됩니다.

5. 메타버스 디바이스

사람의 눈은 오른쪽 눈과 왼쪽 눈이 떨어져 있어 각 눈에 보이는 이미지 차이로 인해 입체감을 느낄 수 있습니다. 메타버스 기기의 양쪽 렌즈와 나눠진 화면을 통해 좀 더 편하게 화면을 입체적으로 볼 수 있게 되는 것입니다. 평면 화면을 통해서 보는 형태는 '비몰입형'이라고 부르는 반면 '몰입형'은 특정 장비 등을 사용해 양쪽 눈에 다른 화면을 보여줘서 완전히 가상공간에 몰입하도록 합니다.

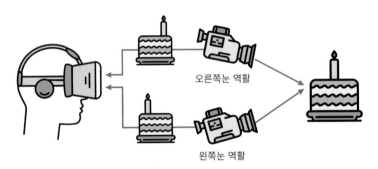

가상 혹은 현실 세계와 상호작용하는 메타버스 디바이스는 크게 가상현실(VR)과 증강현실(AR) 디바이스로 구분할 수 있습니다.

[VR, AR을 위한 디바이스 착용]

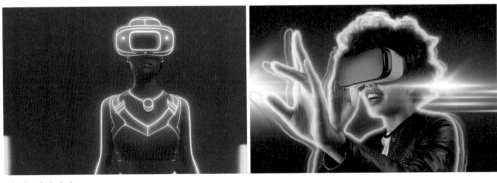

출처: 픽사베이

가상현실 디바이스는 유저의 시각과 청각을 완전히 가상의 세계로 이동시키는 기술을 사용합니다. 이를 위해 VR 헤드셋을 착용하고, VR 컨트롤러를 사용하여 가상의 세계에서 조작합니다. 헤드셋 내부에는 스크린이 있으며, 이 스크린은 유저가 가상의 세계를 볼 수 있도록 3D 그래픽을 렌더링합니다. VR 헤드셋에는 센서가 탑재되어 있어, 유저의 머리 움직임과 시선을 감지하여 가상 세계에서 상호작용할 수 있게 합니다.

대표적인 디바이스로는 Oculus Rift, HTC Vive, PlayStation VR,Valve Index, Samsung Gear VR, Google Daydream, Windows Mixed Reality Headsets 등이 있습니다.

증강현실 디바이스는 유저가 실제 세계와 가상 세계를 함께 볼 수 있도록 합니다. 이를 위해 디바이스에 카메라와 디스플레이가 있으며, 카메라로 실제 세계를 촬영하고, 디스플레이를 통해 가상 세계를 합성하여 보여줍니다. 증강현실 디바이스 또한 유저의 움직임을 감지하고, 제스처 인식 기술을 이용하여 유저의 동작을 가상 세계에서 조작합니다.

대표적인 디바이스로는 Microsoft HoloLens, Magic Leap One, Google Glass, Epson Moverio, Vuzix Blade, RealWear HMT-1 등이 있습니다.

또한, 모바일 기기에도 메타버스 앱을 설치하여 가상 세계를 체험할 수 있습니다. 대표적인 메타버스 모바일 앱으로는 Second Life, VRChat, Rec Room, AltspaceVR, Avakin Life, Minecraft Earth, Pokemon Go등이 있습니다.

최근에는 메타버스 경험을 더욱 쉽고 간편하게 제공하기 위해, 웹 브라우저에서 메타버스를 체험할 수 있는 웹 기반 플랫폼도 출현하고 있습니다. 이러한 웹 기반 플랫폼으로는 Hubs by Mozilla, CoSpaces 등이 있습니다.

메타버스 디바이스는 더욱 다양해지고 있으며, 이후에도 새로운 기기들이 등장할 것으로 예상합니다.

6. 메타버스의 윤리

메타버스는 빠르게 발전하고 있는 기술이지만, 이에 따른 윤리적인 문제들도 함께 발생하고 있습니다. 메타버스에서는 현실 세계와는 다른 가상 세계가 구성되기 때문에, 이를 이용하는 사용자들이 다양한 행동을 할 수 있습니다. 그러한 행동 중에서는 부적절하거나 윤리적으로 문제가 될 수 있는 것들도 있습니다.

메타버스에서의 윤리적인 문제는 다양합니다. 예를 들어, 가상 세계에서는 현실 세계에서는 범하지 않을 범죄를 저지르거나, 다른 사람을 괴롭히는 등의 행동이 일어날 수 있습니다. 이러한 행동들은 메타버스 상에서만 일어난다고 해서 현실에서의 영향력이 없는 것은 아닙니다.

메타버스에서는 개인정보 보호와 같은 문제도 발생할 수 있습니다.

메타버스 플랫폼을 사용자의 개인정보를 수집하는 경우가 있는데 이런 경우 사용자의 개인 정보가 노출될 수 있으며 도용되거나 악용될 수도 있습니다. 또한, 허가되지 않은 모니터링, 사용자의 개인정보 수집 등을 통해 사용자의 프라이버시가 침해될 수도 있습니다. 따라서 메타버스를 구현하고 관리하는 기업이나 단체는 메타버스 내에서의 개인정보 보호 및 보안에 대한 적절한 보안 시스템과 규제를 마련해야 합니다. 그리고 메타버스 사용자는 개인정보 보호를 위해 암호화된 통신, 신뢰할 수 있는 메타버스 서비스를 선택하는 등의 조치를 취해야 합니다.

그리고 메타버스는 다양한 사람들이 모여 다양한 경험을 공유하는 공간이기 때문에 다양한 문화와 가치관이 충돌할 수 있습니다. 이러한 문제에 대해서는 다양한 의견을 수렴하고 존중하는 과정이 필요합니다.

또한, 메타버스 내에서의 디지털 아이덴티티 및 가상 자산에 대한 소유권 문제가 있을 수 있습니다. 가상 자산은 현실 세계와는 다른 디지털 세계에서 사용되는 가상화폐, 가상 땅, 가상 아이템 등을 의미합니다. 이러한 가상 자산은 메타버스 내에서 다양한 활동을 할 때 필요한 물품이나 서비스를 구매하거나 교환할 때 사용됩니다. 이러한 가상 자산은 디지털 데이터로 이루어져 있지만, 현실 세계에서도 가치가 있습니다. 따라서 가상 자산의 소유권 문제나 거래 문제 등이 발생할 수 있으며, 이에 대한 적절한 법규가 마련되어야 합니다.

메타버스가 발전하면서 발생하는 윤리적인 문제에 대해서는 지속적으로 논의하고 대응하도록 해야 메타버스를 보다 안전하고 건전하게 발전시킬 수 있을 것입니다.

7. 메타버스를 우리는 어떻게 활용하면 좋을까요?

메타버스에서는 사용자들이 가상공간에서 상호작용하며, 가상 자산을 거래하고, 가상 브랜드를 형성하여 가상 경제를 발전시키는 등 새로운 문화와 경제 생태계가 형성될 것으로 기대됩니다.

메타버스는 다양한 산업 분야에서 활용할 수 있습니다. 예를 들어, 아래와 같은 방법으로 메타버스를 활용할 수 있습니다.

쇼핑 및 상거래: 메타버스에서 가상으로 상품을 직접 구매할 수 있습니다. 쇼핑몰이나 브랜드는 자신의 가게를 메타버스에 구축하여 제품을 판매하고, 소비자는 가상으로 상품을 선택하고 구매할 수 있습니다.

교육 및 학습: 메타버스에서는 가상공간을 이용하여 학습할 수 있습니다. 가상 강의실에서 수업을 듣거나, 가상의 실험실에서 실험을 진행하며 더욱 효율적인 학습이 가능합니다.

엔터테인먼트: 메타버스에서는 가상현실 게임 등의 다양한 게임 콘텐츠를 제공할 수 있습니다. 이를 통해 현실에서 불가능한 체험과 게임을 즐길 수 있습니다.

소셜 네트워킹: 메타버스는 인터넷상의 가상공간으로, 사람들이 함께 모여 소통하고 정보를 공유할 수 있는 공간입니다. 이를 통해 사용자들은 가상으로 사람들과 만날 수 있고, 다양한 취미나 관심사를 공유할 수 있습니다.

건강관리: 메타버스는 건강 모니터링 기능을 갖춘 가상 헬스케어 서비스도 제공할 수 있습니다. 이를 통해 실제 건강관리와 관련된 다양한 데이터를 수집하고, 분석하여 건강한 삶을 유지할 수 있습니다.

메타버스는 아직까지는 초기 단계이지만, 앞으로 더욱 혁신적인 아이디어와 발전된 기술을 통해 많은 새로운 경험을 제공하면서 다양한 분야에서 활용될 것입니다.

CO
SPACES

Chapter 2
코스페이스의 이해

1. 코스페이시스 시작하기

01 코스페이시스 에듀란?

코스페이시스 에듀는 웹 브라우저 또는 스마트폰과 태블릿 앱으로 누구나 쉽게 가상현실 또는 증강현실 컨텐츠를 만들 수 있는 플랫폼입니다. 3D 개체, 빌딩 블록 등을 간단한 드래그 앤드롭으로 화면을 구성하고 코블록스, TypeScript, 파이썬의 코딩 언어를 이용해 다양한 기능을 구현할 수 있습니다.

02 코스페이시스 접속방법

코스페이시스 에듀는 크롬북을 포함한 모든 컴퓨터와 스마트폰 및 태블릿, 심지어 VR 및 AR의 여러 장치에서 사용 가능합니다.

컴퓨터

컴퓨터에서는 별도의 프로그램 설치 없이 코스페이시스 에듀 웹사이트(https://cospaces.io/edu/)에 접속하면 됩니다. 단, 코스페이시스 에듀를 사용하려면 WebGL을 지원하는 최신 브라우저가 필요합니다. 대부분의 최신 브라우저는 WebGL을 지원합니다. WebGL은 Firefox 4, Google Chrome 9, Opera 12, Safari 5.1, Internet Explorer 11, Microsoft Edge build 10240 이상 브라우저에서 사용할 수 있습니다. 그중에서도 크롬 브라우저에 가장 최적화되어 있습니다.

* WebGL이란, 플러그인을 사용하지 않고 웹 브라우저에서 상호작용 가능한 3D와 2D 그래픽을 표현하기 위한 JavaScript API입니다.

* WebGL 호환표 참고 사이트 : https://caniuse.com/webgl

안드로이드

코스페이시스 안드로이드 앱은 안드로이드 4.4 이상에서 실행됩니다.

VR, AR 또는 자이로스코프 모드에서 코스페이시스를 경험하려면 안드로이드 기기에 자이로스코프 센서가 내장되어 있어야 합니다.

Google Play 스토어에서 CoSpaces Edu Android 앱을 다운로드하세요.

iOS

코스페이시스 에듀 iOS 앱은 iOS 8 이상에서 실행됩니다.

VR, AR 또는 자이로스코프 모드에서 코스페이시스를 경험하려면 iOS 장치에 자이로스코프 센서가 내장되어 있어야 합니다.

Apple App Store에서 코스페이시스 에듀 iOS 앱을 다운로드하십시오.

 # 03 회원 가입

학생용 계정

1. cospaces.io에 접속한 다음 Register를 클릭합니다.

2. 학생 유형으로 새 계정 만들기를 선택합니다.

3. 선생님이 알려주신 학급 코드를 입력한 다음 계속하기를 선택합니다.

4. 애플, 구글, 마이크로소프트 계정이나 이름, 아이디, 비밀번호를 입력해 계정 만들기를 완료합니다.

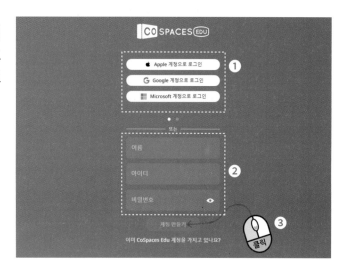

교사용 계정

1. cospaces.io에 접속한 다음 Register를 클릭합니다.

2. 선생님 유형으로 새 계정 만들기를 선택합니다.

3. 선생님 계정은 만18세 이상만 가입 가능합니다. 만 18세 이상입니다. 를 선택합니다.

4. 코스페이시스 에듀 이용 약관의
   스크롤을 내려 모두 확인한 후
   동의합니다. 를 선택합니다.

5. 애플, 구글, 마이크로소프트 계
   정이나 이름, 아이디, 이메일,
   비밀번호를 입력해 계정 만들기
   를 완료합니다.

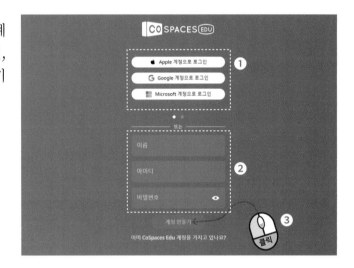

6. 뉴스 구독 새소식은 선택에 따라 클릭합니다.

7. 가입 확인을 위한 이메일이 자동으로 보내집니다. 이메일을 열어 승인을 클릭해 줍니다.

8. 가입한 이메일의 받은 메일함을 열어 코스페이시스로부터 수신한 이메일을 확인 후 'Confirm email' 클릭합니다.

9. 이메일을 확인했으면 'Continue'를 클릭합니다.

10. 처음 가입을 마치면 BASIC계정으
로 좌석수 30, 애드온 없음의 상태
입니다.

코스페이시스 에듀 프로로 업그레이드 하기

1. 라이센스 플랜 구매

2. 라이센스 플랜 가입하기
   안내받은 24자리 활성키를 입력하여 라이센스 플랜에 가입합니다.

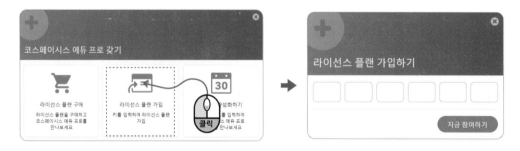

3. 체험판 활성화하기

안내받은 체험판 코드를 입력하여 100개 좌석을 30일간 사용합니다.

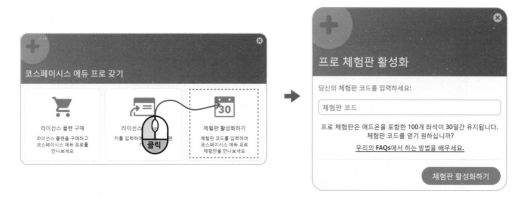

저장소 관리하기

1. 학급을 저장소로 보내면 선생님이 만든 학급이 수정할 수 없는 비활성 상태가 됩니다.

2. 저장소에 있는 학급을 다시 저장 상태로 바꾸면 활성 학급이 됩니다.

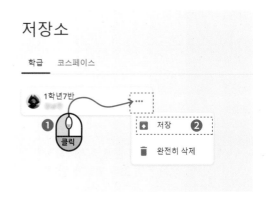

3. 학생 아이디 10개로 두 학급을 운영할 경우 수업하는 학급을 제외한 다른 학급은 저장소로
   보내 보관합니다.

[A 학급(10명), B 학급(10명) 운영할 경우]
- 학생 1~10 가입합니다.
- 학급 A에 학생 1~10 등록합니다.
- 학급 B에 학생 1~10 등록합니다.

1) 학급 A 운영할 때
   학급 B를 저장소로 보내 비활성하고
   학급 A를 운영합니다.

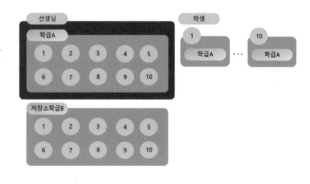

2) 학급 B 운영할 때
   학급 A를 저장소로 보내 비활성하고
   학급 B를 저장 상태로 바꿔 학급 B
   를 운영합니다.

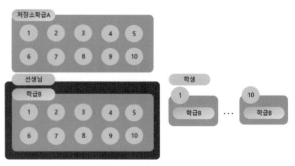

💡 학급 A, B 동시 운영이 가능하지만 접속한 학생은 A, B 학급에 모두 등록되어 있으므로 A, B학급의 과
   제, 작품 등이 모두 보이게 됩니다.

04 **회원 로그인**

1. 애플, 구글, 마이크로소프트 계정이나 로그인 코드 또는 아이디, 비밀번호를 입력해 로그인을 합니다.

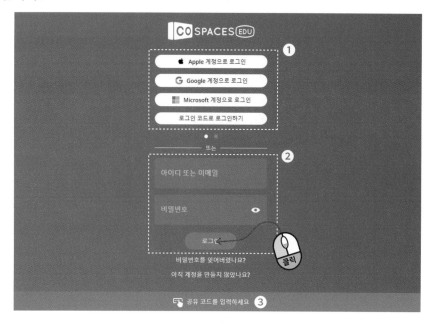

2. 로그인 코드는 동일한 코스페이시스 에듀 계정으로 동시에 다른 장치에서 로그인하는 데 사용됩니다. 로그인 코드를 얻기 위해서, 다른 장치에서 코스페이시스 에듀 계정으로 로그인한 뒤 사용자 아이콘을 클릭하고 '로그인 코드 얻기'를 선택합니다.

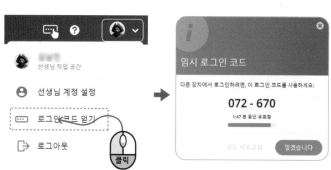

05 갤러리 탐색

1. 갤러리는 코스페이시스로 만들고 공유한 작품들을 카테고리별로 모아 놓은 메뉴입니다. 갤러리는 로그인 전 우측 상단의 'Gallery' 메뉴 또는 로그인 후 좌측 상단의 'Gallery' 메뉴를 통해 이동 가능합니다.

[로그인 전] [로그인 후]

2. 갤러리는 '스템과 코딩', '사회 과학', '언어와 문학', '메이커스페이스와 예술' 카테고리로 구성되어 있습니다.

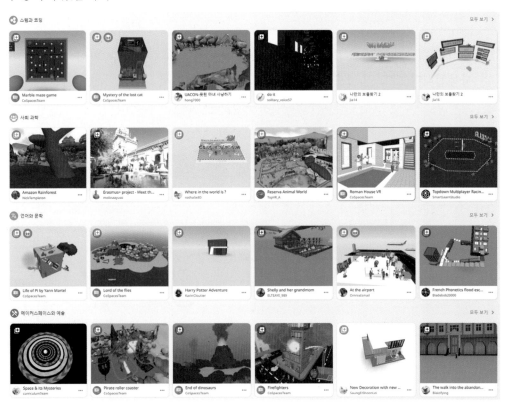

3. 갤러리 작품 보기 화면에서는 [플레이]를 눌러 체험해보거나 [좋아요(♥)]를 눌러 찜을 하거나 [+(리믹스)]를 눌러 작품을 복제할 수 있습니다.

4. 갤러리 작품 보기 화면에서 [스피커]를 눌러 소리를 ON/OFF 하거나 [공유]를 통해 친구에게 작품을 추천할 수도 있습니다. 문제가 있는 작품의 경우 [신고]를 선택할 수 있습니다.

06 학생용 계정

학급

[현재 학급]

1. 코스페이시스 에듀에 로그인 후 학급을 선택합니다. 현재 학급에 입장하면 선생님이 제출한 과제를 통해 코스페이시스를 만들 수 있습니다.

2. 과제의 코스페이시스 작품은 점 세 개를 눌러 옵션 메뉴에서 [다시 시작]을 선택해 작품을 초기화하거나 [놀이터로 복제]를 선택해 놀이터에 복제할 수 있습니다.

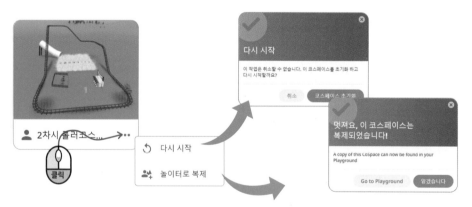

[학급 참여하기]

[학급 참여]를 선택한 뒤 선생님께서 알려주신 학급 코드를 입력하면 해당 학급이 추가됩니다.

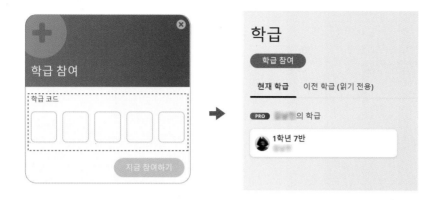

[이전 학급(읽기 전용)]

[이전 학급(읽기 전용)]은 저장소에 저장된 학급 목록을 보여줍니다. 학급을 선택하고 들어가면 과제와 놀이터는 현재 학급과 동일합니다. 그러나 작품을 선택했을 때 아래와 같이 읽기 전용 과제 안내 팝업창이 나타나고 수정은 불가능합니다.

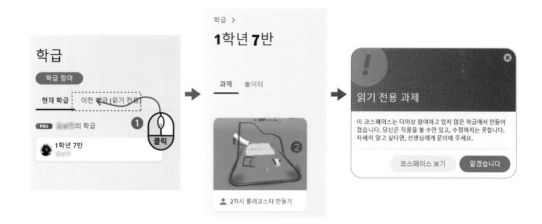

[놀이터]

[[놀이터]-[+코스페이스 만들기]를 선택해 자유롭게 작품을 만들 수 있습니다. [폴더 만들기]를 선택하면 폴더에서 작품 만들기를 할 수도 있습니다.

코스페이스 작품의 점 세 개를 누르면 옵션 메뉴에 이름 변경, 복제, 폴더로 이동, 완전히 삭제가 있습니다.

선생님이 놀이터를 닫아 놓은 경우에는 개인 작품 만들기를 할 수 없습니다.

07 교사용 계정

학급

[학급 개설하기]

[학급]-[+학급 만들기]를 선택하면 새 학급을 만들 수 있습니다.

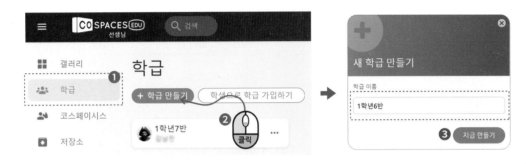

학급이 개설되면 학급 코드가 생성됩니다. 학생은 선생님이 알려주시는 학급 코드를 이용해 회원 가입을 하거나 '학급 참여'를 통해 학급 코드를 입력하고 학급에 가입할 수 있습니다. 선생님은 지금처럼 학급을 개설하거나 학급의 [학생 추가]를 선택해 학생 아이디를 검색하고 학급에 추가할 수 있습니다.

[학급 관리하기]

학급의 점 세 개를 누르면 옵션 메뉴에 이름 변경, 학급 코드 복사, 저장소, 완전히 삭제가 있습니다.

[저장소]를 선택하면 해당 학급이 저장소로 이동합니다. 저장소는 삭제 이외의 수정이 되지 않도록 보관하는 공간입니다. 저장소에서 저장을 선택하면 학급으로 다시 이동합니다.

[완전히 삭제]를 선택하고 메시지 확인 체크 박스에 모두 체크 표시가 되어 있어야 학급이 삭제됩니다.

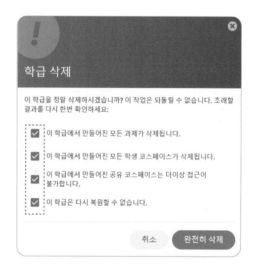

[과제 제출하기]

학급이 개설된 후에는 [과제 만들기]를 선택해 과제를 제출할 수 있습니다. 과제는 개별 또는 그룹으로 제출할 수 있습니다.

[개별 학생 과제]

개별 학생에게 배정하기를 선택하면 학생 개별로 과제가 제출됩니다.

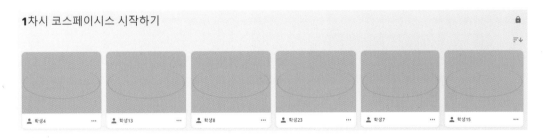

개별 학생 과제에서 작품의 점 세 개를 누르면 옵션 메뉴에 잠금, 버전 히스토리, 다시 시작, 내 코스페이스로 복사하기가 있습니다. [잠금]을 선택하면 자물쇠 이미지가 나타나고 작품 수정이 되지 않도록 [다시 시작] 메뉴가 비활성화됩니다. [다시 시작]을 선택하면 작품이 초기화되고, [내 코스페이스로 복사하기]를 선택하면 내 코스페이스에 복제됩니다.

[버전 히스토리]를 선택하면 수정한 내역을 확인할 수 있습니다. [이전 버전]을 선택하면 해당
버전의 날짜와 플레이 버튼이 나타납니다. [이 버전 복원]을 선택하면 선택한 버전으로 작품이
변경됩니다. [내 코스페이스로 복사하기]를 선택하면 내 코스페이스에 복제됩니다.

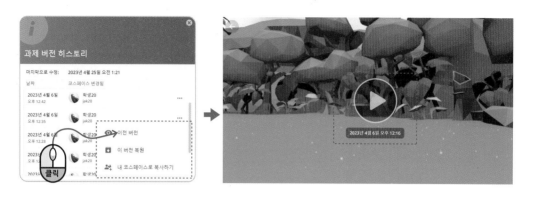

[학생 그룹 과제]

학생 그룹으로 배정하기를 선택하면 그룹 편집창이 나타납니다. 그룹은 원하는 대로 추가하
거나 삭제할 수 있습니다. 학생을 드래그해서 그룹별로 묶을 수 있습니다. 작품의 점 세 개를
누르면 옵션 메뉴에 잠금, 버전 히스토리, 내 코스페이스로 복사하기가 있습니다.

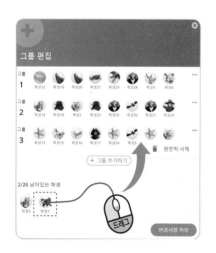

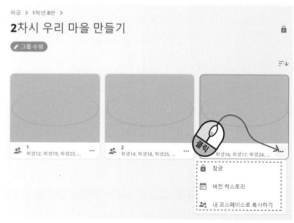

과제의 점 세 개를 누르면 옵션 메뉴에 잠금, 수정, 완전히 삭제 메뉴가 있습니다. [잠금]을 선택하면 해당 과제가 수정되지 않게 잠금이 되고 메뉴가 '잠금 해제'로 변경됩니다.

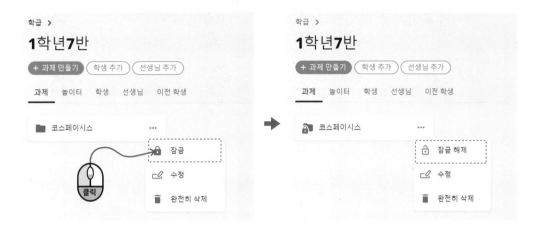

잠금 된 과제를 선택해 들어가 보면 학생들의 모든 작품에 자물쇠 아이콘이 표시되어 있습니다. 오른쪽 상단에 자물쇠 아이콘을 클릭하면 모두 잠금을 해제할 수 있습니다.

[수정]을 선택하면 과제 제목과 지도 내용을 수정할 수 있습니다. [완전히 삭제]를 선택하면 과제와 과제에 속한 모든 학생들의 코스페이시스를 삭제할 수 있습니다.

[놀이터 관리하기]

[놀이터]는 학생들이 선생님의 통제하에 자유롭게 작품 활동을 할 수 있는 공간입니다. 선생님은 [놀이터 열기] 또는 [놀이터 닫기]를 선택해 여닫기를 할 수 있습니다.

Playground에서 학생을 선택하면 선택된 학생의 작품을 확인할 수 있습니다. 작품의 점 세 개를 눌러 옵션 메뉴의 [과제로 이동]을 선택하면 작품이 선택된 학급의 학생 과제로 이동합니다. 이때 메시지 확인 체크 박스에 체크 표시가 되어 있어야 최종적으로 이동하기 메뉴가 활성화됩니다. [내 코스페이스로 복사하기]를 선택하면 선생님의 코스페이스로 복제가 됩니다.

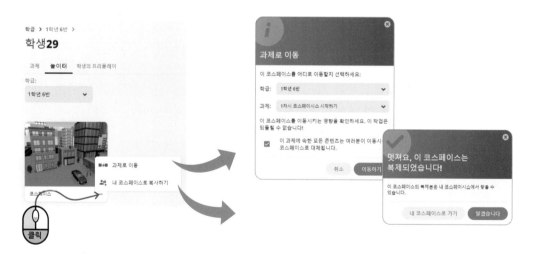

[학생 관리하기]

[학생]을 선택하면 학급에 가입된 학생 목록을 확인할 수 있습니다. 학생의 점 세 개를 눌러 옵션 메뉴에서 학생의 로그인 비밀번호를 변경하거나 학급에서 학생을 삭제할 수 있습니다. 학생을 삭제할 때는 메시지 확인 체크 박스에 체크 표시가 모두 되어 있어야 삭제가 가능합니다.

[선생님 관리하기]

[선생님 추가]를 선택하면 같은 라이센스를 사용하는 계정 중에 선생님 계정을 확인할 수 있습니다. 추가하길 원하는 선생님의 체크박스에 체크 표시를 하고 학급 추가하기를 선택하면 선생님이 추가됩니다.

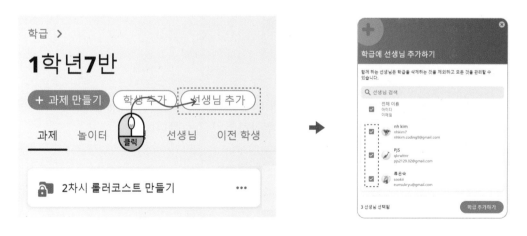

[선생님]을 선택하면 학급을 관리하는 선생님 목록을 확인할 수 있습니다. 학급을 개설한 선생님은 선생님 삭제하기가 불가능하고 그 외 선생님들은 [선생님 삭제하기]가 가능합니다. 본인의 경우에는 [학급 떠나기]로 메뉴가 대체됩니다.

[이 전 학생 관리하기]

[이 전 학생]을 선택하면 학급에서 삭제된 학생들의 목록을 확인할 수 있습니다. [학급에 다시 추가하기]를 선택하면 학급에 다시 가입시킬 수 있습니다.

단, 현재 같은 라이센스에 등록된 학생이 아닐 때는 계정관리의 삭제된 학생에서 라이센스 플랜에 다시 추가한 다음에 학급에 다시 추가하기가 가능합니다.

코스페이시스

1. 교사는 [코스페이시스]-[+코스페이스 만들기]를 선택해 자유롭게 코스페이시스 작품을 만들 수 있습니다. [폴더 만들기]를 한 뒤에 폴더에서 작품 만들기를 할 수도 있습니다.

2. 코스페이시스 작품의 점 세 개를 누르면 옵션 메뉴의 이름 변경, 복제, 폴더로 이동, 과제로 사용하기, 저장소, 완전히 삭제가 있습니다. [과제로 사용하기]를 선택한 뒤 과제를 제출할 학급을 선택하고 템플릿 허용 여부와 제목, 지도 내용을 입력하면 교사가 만든 작품을 학생들에게 과제로 제출할 수 있습니다. [저장소]를 선택하면 더 이상 수정이 되지 않도록 작품을 보관하는 공간으로 이동합니다.

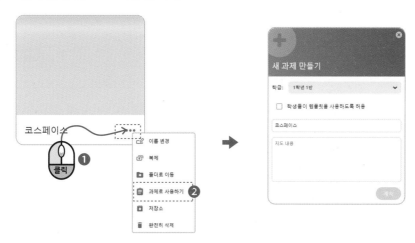

저장소

1. [저장소]는 학급 또는 코스페이스 작품이 더 이상 수정되지 않도록 보관하는 공간입니다.

2. [저장소]-[학급]에서 점 세 개를 누르면 옵션 메뉴에 저장, 완전히 삭제가 있습니다. 편집 기능을 사용하려면 [저장]을 선택해서 현재 학급으로 이동합니다. 학급을 삭제하려면 [완전히 삭제]를 선택하고 메시지 확인 체크 박스에 모두 체크 표시를 한 뒤 완전히 삭제 버튼을 클릭합니다.

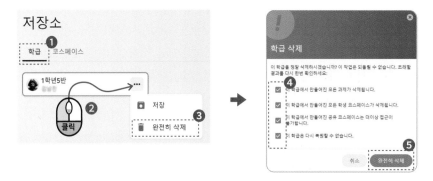

3. 저장소의 학급을 선택하면 학급의 현재 학급을 선택하는 것과 동일한 메뉴들이 보이지만 수정은 되지 않습니다. 편집하려면 [저장]을 선택해서 현재 학급으로 이동해야 합니다.

4. 저장소의 코스페이시스에서 점 세 개를 누르면 옵션 메뉴에 저장, 완전히 삭제가 있습니다. 편집 기능을 사용하려면 [저장]을 선택해서 코스페이시스로 이동하고 [완전히 삭제]를 선택하면 작품이 삭제됩니다.

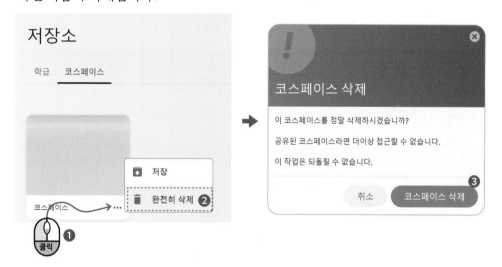

계정관리

[학생 계정관리]

1. [학생]을 선택하면 같은 라이센스에 등록된 학생 목록을 확인할 수 있습니다. 이름, 아이디, 이메일, 마지막 접속, 가입 학급, 공유 여부 등을 알 수 있습니다.

2. 체크 박스를 이용해 전체 또는 선택된 학생에 대해 라이선스로부터 제거하기, 공유 허용하기, 공유 금지하기, 계정 영구 삭제를 할 수 있습니다.

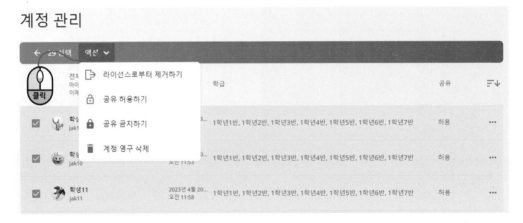

[라이선스로부터 제거하기]는 같은 라이선스의 학급에 접근하기를 막아 작품을 만들거나 볼 수 없도록 제한하는 기능입니다. [계정 영구 삭제]는 학생 계정과 학생이 만든 모든 코스페이시스 작품을 삭제하고 삭제 후 복구하거나 취소할 수 없는 기능입니다. 두 기능 모두 메시지 확인 체크 박스에 모두 체크 표시를 해야 완전히 삭제됩니다.

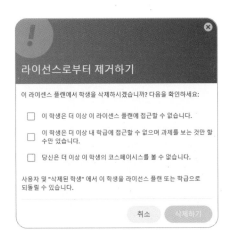
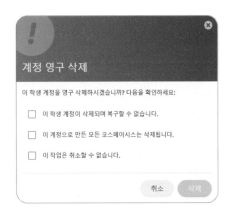

08 화면 구성

[+코스페이스 만들기]-[3D환경]-[Empty scene]를 선택합니다. 학급 또는 코스페이시스에서 만들기 할 수 있습니다.

코스페이시스 만들기를 시작하면 아래와 같이 작업 화면으로 이동합니다.

❶ [코스페이시스 - 장면1]은 작품 이름과 장면 이름을 나타냅니다. 작품 이름과 장면 이름은 [10] 장면 목록에서 수정할 수 있습니다.

❷ [처음으로]는 이전 화면으로 이동하는 메뉴입니다.

❸ [취소하기]는 현재 진행 중인 작업 단계를 한 단계 뒤로 되돌리는 메뉴입니다.

❹ [다시 하기]는 [취소하기]로 되돌렸던 작업을 다시 실행하는 메뉴입니다.

❺ [자석 기능]에는 아이템에 붙이기와 격자에 맞추기가 있습니다. 아이템에 붙이기를 활성화하면 오브젝트가 서로 겹치지 않고 붙이기가 됩니다. 격자에 맞추기를 활성화하면 바닥에 격자무늬가 나타나며 설정된 값에 따라 이동 간격이 설정됩니다.

❻ [도움말]에서는 코스페이시스 사용법에 대한 유투브 영상, 포럼, 가이드 링크를 제공합니다.

❼ [공유]는 작품을 비공개 또는 갤러리에 공유하는 메뉴입니다. 비공개 공유는 링크 주소를 공유받은 사람에게만 작품을 공유하고 갤러리에 공유는 누구에게나 작품을 공유하는 기능입니다.

❽ [코드]에는 코스페이시스를 프로그래밍하기 위한 언어로 코블록스, 타입스크립트(TypeScript), 파이썬(Python)을 제공합니다. 코블록스는 간단히 드래그앤드롭으로 프로그래밍하는 블록 코딩 언어고, 타입스크립트(TypeScript)와 파이썬(Python)은 텍스트 기반의 프로그래밍 언어입니다.

❾ [플레이]는 현재 작업 중인 코스페이시스 작품을 실제로 체험해 볼 수 있는 메뉴입니다.

❿ [장면 리스트]는 작품 이름과 장면들을 리스트로 제공합니다. 장면을 추가 및 삭제하거나 작품 이름과 장면 이름을 수정할 수 있습니다.

⓫ [오브젝트 리스트]는 작품 안의 모든 오브젝트들을 리스트로 제공합니다. 오브젝트 리스트는 키보드 'h' 단축키로도 접근할 수 있습니다. 오브젝트를 선택하면 화면에서의 위치를 확인할 수 있고, 오브젝트 옆의 점 세 개

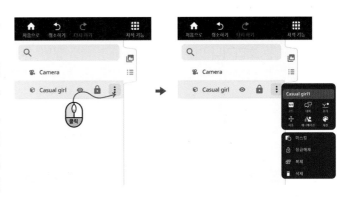

를 누르면 검은색 팝업 메뉴를 사용할 수 있습니다. 그 외에도 보이기나 숨기기, 잠금 해제를 할 수 있습니다.

❷ [라이브러리]는 코스페이시스에서 제공하는 3D 오브젝트를 카테고리별로 제공하는 메뉴입니다. 원하는 오브젝트를 드래그앤드롭으로 가져다 사용할 수 있습니다.

❸ [업로드]는 이미지, 3D모델, 비디오, 모든 파일, 소리를 웹 검색 또는 파일 업로드로 추가하여 사용할 수 있는 메뉴입니다.

❹ [배경]에는 배경, Effects, 필터, 바닥 업로드, 배경 음악 기능이 있습니다. 수정을 눌러서 원하는 배경을 선택한 다음 Effects에서 비나 눈과 같은 효과를 추가할 수 있습니다. 필터에서는 흐리거나 어두운 밤 또는 배경 색을 입힐 수 있습니다. 그 외 파일 업로드로 바닥 이미지를 변경하거나 배경 음악을 설정하는 기능도 제공합니다.

09 공유 방법

[공유]

코스페이스 작업 화면의 오른쪽 상단에서 [공유]를 선택하면 작품의 공유 여부를 확인할 수 있습니다. 코스페이스가 공유된 상태에서 [공유]를 선택하면 업데이트 일시, 조회 수를 확인할 수 있습니다. 공유된 이후에 수정했을 경우 [업데이트]를 해야 수정된 내용이 공유 작품에 반영됩니다.

[공유방식]

비공개의 경우 [공유] 버튼을 누르면 [공유방식]을 선택하는 것으로부터 공유하기 시작합니다. 링크 주소를 공유받은 사람만 코스페이스를 볼 수 있는 [비공개 공유]와 갤러리에서 누구나 코스페이스를 볼 수 있는 [갤러리에 공유하기] 중에서 하나를 선택합니다.

[공유 상세정보]

공유방식을 선택하고 나면 작품 이름과 설명을 입력합니다. 리믹스 여부는 공유방식이 [비공개 공유]인 경우에만 선택 가능합니다. [갤러리에 공유하기]는 리믹스 여부가 무조건 선택이고 추가로 카테고리를 선택할 수 있습니다. 공유방식은 공유 상세정보에서도 수정 가능합니다.

 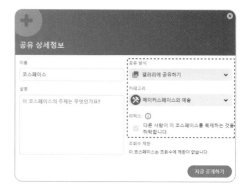

[저작권표시 관리]

업로드 파일이 있는 경우에는 [저작권표시 관리]를 선택합니다. 이미지 목록에서 저작권이 필요한 이미지의 편집 메뉴를 클릭해 저작권 관련 정보를 입력합니다.

[공유된 코스페이스 보기]

공유된 코스페이스에서는 제작자, 공유 일시, 설명, 자료 출처, 리믹수 횟수, 조회 후 등을 확인할 수 있습니다. 점 세 개를 누르면 옵션 메뉴에 코스페이스 수정, 공유 상세정보, 공유 중지 메뉴가 있습니다. 플레이 버튼을 누르면 코스페이스를 체험할 수 있습니다.

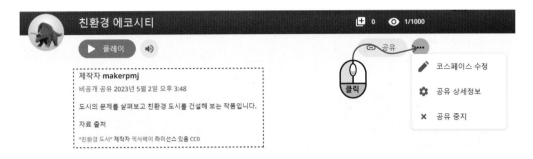

공유 (🔗 공유) 버튼을 누르면 공유 가능한 QR코드, 공유 코드, 공유 링크, 임베디드 코드를 확인할 수 있습니다.

[공유 코드]는 코스페이시스 홈 화면 오른쪽 상단의 코드입력(⌨) 아이콘을 선택한 뒤 코스페이스 작품의 공유 코드를 입력하고 체험할 때 사용합니다.

[임베디드 코드]는 웹페이지 중간에 코스페이스를 삽입해서 보여주고자 할 때 사용하는 HTML 소스 코드입니다. [공유 중지]를 하면 코스페이스 공유가 중지되고 [공유]를 선택했을 때 처음과 동일하게 비공개로 상태가 변경됩니다.

10 계정 설정

코스페이시스 홈 화면의 오른쪽 상단 프로필 아이콘을 선택하면 (선생님) 계정 설정, 로그인 코드 얻기, 로그아웃이 있습니다.

[선생님 계정 설정]

계정 설정에서는 사용자 아이콘, 전체 이름, 아이디, 이메일, 비밀번호를 변경할 수 있습니다. 선생님 계정의 경우 학생 계정으로 전환, 라이선스 플랜 떠나기, 계정 삭제를 할 수 있습니다. 단, 학생 계정은 다시 선생님의 계정으로 전환이 어렵기 때문에 주의해야 합니다.

[학생 계정 설정]

[로그인 코드 얻기]

로그인 코드는 동일한 코스페이시스 에듀 계정으로 동시에 다른 장치에서 로그인하는 데 사용됩니다. 로그인 코드를 얻기 위해서 다른 장치에서 코스페이시스 에듀 계정으로 로그인한 뒤 사용자 아이콘을 클릭하고 [로그인 코드 얻기]를 선택합니다.

[로그아웃]

로그아웃을 선택하면 현재 계정을 로그아웃합니다.

11 모바일 앱 사용 설명

코스페이시스 에듀 앱

[코스페이시스 앱 설치하기]

1. 안드로이드 기기의 플레이 스토어 또는 iOS 기기의 앱 스토어에서 코스페이시스를 검색합니다.

2. 설치를 눌러 코스페이시스 에듀 앱을 기기에 설치합니다.

태블릿

스마트폰

[코스페이시스 앱 사용하기]

스마트폰에서는 [코드]를 사용할 수 없습니다.

태블릿에서는 [코드]를 사용할 수 있습니다.

플레이 모드로 들어가면 PC에 없는 영상 녹화, 전진/후진, 점프, VR로 보기, AR로 보기, 자이로센서 켜기가 있습니다.

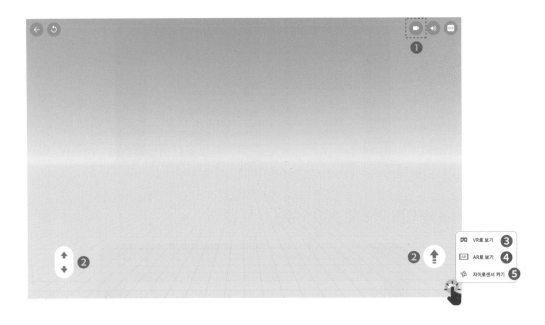

❶ [영상 녹화]를 선택하고 녹화하기를 누르면 코스페이시스 체험 화면을 영상으로 저장할 수 있습니다.

❷ 태블릿이나 스마트폰과 같은 모바일 장치로 코스페이시스를 사용할 때 플레이 모드에서 왼쪽 하단의 [전진/후진] 화살표를 클릭하면 앞/뒤로 이동할 수 있고 오른쪽 하단의 [점프] 화살표를 클릭하면 점프하기가 됩니다.

❸ [VR로 보기]를 선택하면 구글 카드보드나 VR 플레이어 기기를 이용해 체험 가능한 모드로 화면이 전환됩니다.

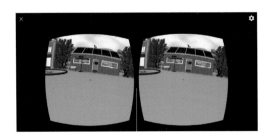

❹ [AR로 보기]를 선택하면 자신이 위치한 장소를 배경으로 체험을 할 수 있습니다. 이때 장치를 움직여 바닥을 인식시켜야 작품 속 오브젝트들의 위치가 정해집니다.

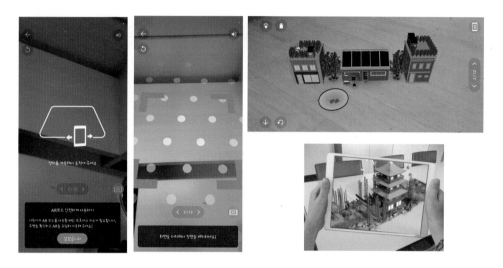

❺ [자이로센서 켜기]는 자이로센서가 있는 장치에 한해 제공되며 장치의 움직임에 따라 시점의 높낮이와 방향이 바뀌면서 사용자가 실제로 체험하는 듯한 기분을 느낄 수 있습니다.

[공유 코스페이시스 체험하기]

코스페이시스 홈 화면에서 코스페이시스 보기 ( ) 아이콘을 클릭합니다. 공유 코스페이시스 작품의 QR 코드를 인식하거나 공유 코드를 입력한 뒤 플레이를 누르고 체험합니다.

2. 코스페이시스 기능 익히기

01 카메라 사용하기

코스페이시스의 [카메라]를 사용해 보겠습니다. 코스페이시스를 [플레이] 했을 때 플레이 화면의 전개 상황을 설정하는 오브젝트입니다. 카메라 오브젝트를 잘 이해하고 사용하는 것으로 다양한 표현이 가능합니다.

카메라

코스페이시스 프로젝트를 생성하면 기본 [카메라]가 있는 프로젝트가 만들어집니다. [카메라]는 기본으로 제공되는 오브젝트로 다른 오브젝트와 마찬가지로 [회전 모드], [이동 모드], [드래그해서 올리기(수직 이동)] 가능합니다.

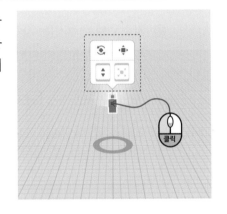

카메라를 선택하여 마우스 오른쪽 클릭하고 [이동 모드]를 선택하면 카메라의 위치를 확인할 수 있습니다. 제공되는 기본 카메라의 높이는 Z축의 위치인 1.7m입니다. 카메라의 회전 각도는 카메라 선택 후 나타나는 아래쪽 파란 동그라미를 선택하여 Z축을 회전할 수 있습니다.

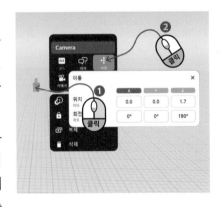

카메라의 시선은 카메라의 렌즈 부분이 비추는 쪽을 가리키고 있으며 [플레이] 했을 때 카메라의 방향이 보이게 됩니다. 카메라를 이동하거나 회전하게 되면 [플레이] 했을 때 시선이 변경되어 집니다. 프로젝트 제작 중 카메라 시점이 보고 싶을 때 키보드의 'F' 키를 눌러 카메라의 시선을 확인할 수 있습니다.

다시 한번 'F' 키를 눌러 카메라 시점에서 빠져나올 수 있습니다.

카메라 종류

[걸음]

카메라 오브젝트를 선택하고 마우스 오른쪽 클릭하여 [카메라] 메뉴의 [걸음]을 선택합니다. 카메라의 기본 설정은 '걸음'으로 선택되어 있습니다. '걸음'의 경우 [플레이]를 선택했을 때 이동, 점프, 방향 조절이 가능합니다. 이동의 경우 키보드의 화살표 방향키 또는 'A S D W' 키로 전후좌우 움직임이 가능하고, 'Space' 키를 눌러 점프할 수 있습니다.

[플레이] 상태에서 마우스 왼쪽 클릭한 채로 마우스를 움직이면 사방 둘러보기가 됩니다.

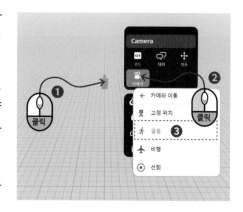

카메라 걸음 상태에서 충돌이 활성화되어 있으면 카메라에 물리 기능이 적용되어 높은 곳에 있을 때 카메라가 아래로 떨어지고 카메라 시선에 오브젝트가 있을 때 오브젝트를 통과하지 못하고 부딪치게 됩니다.

[고정 위치]

카메라 선택이 '고정 위치'로 되어 있으면 카메라가 해당 위치에 고정됩니다. [플레이] 했을 때 마우스 왼쪽 클릭한 상태로 움직여 시선을 상하좌우 사방 둘러보기만 가능합니다. [카메라]를 다른 오브젝트에 붙이면 카메라는 자동으로 '고정 위치'상태가 되고 [플레이] 했을 때 마우스 왼쪽 클릭해서 둘러보기만 가능하고 고정상태가 되므로 키보드로 움직일 수 없습니다.

[비행]

[카메라]의 비행 모드입니다. '걸음'상태의 카메라처럼 보이지만 [플레이] 실행 시 점프를 할 수 없고 '수직 상하 이동'이 가능합니다. 이동은 화살표 방향키와 'A S D W' 키로 이동하고 수직 상하 이동은 'Q'와 'E' 키보드로 실행합니다. [플레이] 모드에서 마우스 왼쪽 클릭하여 시점을 X, Y, Z 축 사방으로 둘러 보기 가능합니다. 이동 속도는 0.1m/s ~ 20m/s 까지 조절할 수 있고 기본 이동 속도는 3.0m/s 로 설정됩니다.

[선회]

카메라를 '선회'로 선택하면 선회하는 경로가 표시됩니다. [플레이] 모드에서 키보드 방향키로 카메라를 선회 궤적 안에서 좌우로 방향 이동이 가능합니다. 상하 방향 키보드의 경우 카메라의 이동 방향을 궤적 안에서 위아래로 움직일 수 있습니다. 프로젝트에서 카메라를 마우스로 선택하여 움직이면 궤적의 크기를 조절할 수 있습니다. 선회 궤적 안에 다른 오브젝트를 배치하고 [플레이] 실행 후 방향키로 실행을 확인합니다.

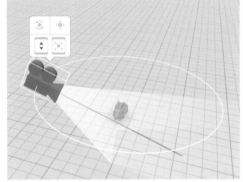

[360 사진 저장하기]

'360 사진 저장하기'를 선택하면 현재 프로젝트의 화면을 360도 사진으로 저장할 수 있습니다.

프로젝트를 새롭게 생성할 때 [+코스페이스 만들기]-[360° 이미지]를 선택하여 만들면 360도 이미지를 배경으로 넣을 수 있습니다. [배경]-[수정] 선택 후 360도 사진을 선택하면 코스페이시스에서 만든 360도 사진을 배경으로 넣을 수 있습니다.

카메라 추가

카메라 오브젝트는 기본 카메라 이외에 카메라를 추가할 수 있습니다.

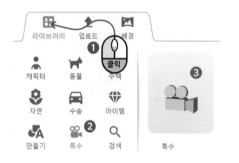

기본 카메라는 파란색으로 활성화되고 [라이브러리]-[특수] '카메라' 오브젝트를 추가하면 흰색 투명의 카메라를 추가할 수 있습니다. 카메라 오브젝트는 프로젝트에 추가할 때마다 'Camera1'부터 이름이 자동으로 숫자가 부여됩니다. 추가한 카메라는 메인 카메라로 설정되어 있지 않습니다.

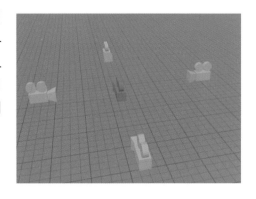

프로젝트에서 메인 카메라는 기본으로 주어진 카메라이고 메인 카메라를 변경하고자 한다면
카메라를 선택 후 카메라 옵션 메뉴에서 [메인 카메라로 사용하기]를 선택합니다. 메인 카메라
를 변경하면 기존의 메인 카메라는 비활성 됩니다.

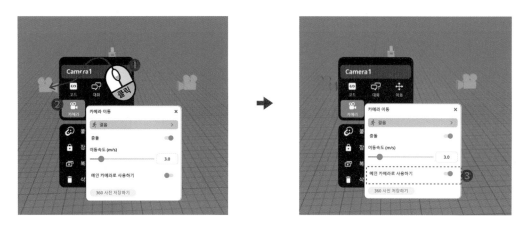

또는 [코드]에서 '코블록스 사용'을 선택하고 코드에서 [형태]-[일반] '카메라를 Camera1 (으)
로 바꾸기'를 선택하여 코드에서 카메라 선택 설정이 가능합니다.

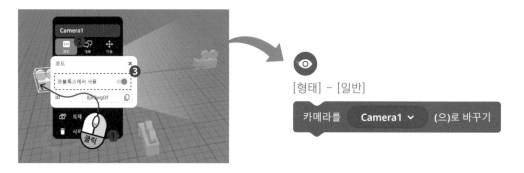

캐릭터 오브젝트를 추가하고 카메라의 선택이 변동되는 내용의 코드를 작성하고 살펴보겠습
니다.

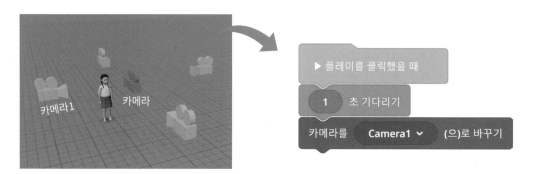

메인 카메라가 'Camera'에서 'Camera1'으로 변경되는 것을 캐릭터 오브젝트가 보이는 방향이 바뀌는 것으로 확인할 수 있습니다.

[메인 카메라 Camera 시점]

[메인 카메라를 Camera1로 바꾼 후 시점]

카메라 활용

카메라를 다른 오브젝트에 붙이기를 하여 [플레이] 화면을 표현합니다.

[라이브러리]-[수송]-[땅] '자전거' 오브젝트를 추가하고 사람 오브젝트를 마우스 오른쪽 클릭하여 [애니메이션] 'Postures - Ride bike' 선택합니다.

사람 오브젝트에서 '붙이기' 선택하고 자전거의 'Top' 선택하여 사람을 자전거에 붙입니다.

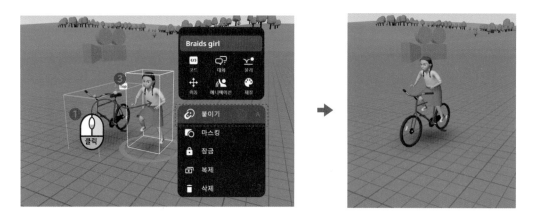

카메라도 마찬가지로 마우스 오른쪽 클릭하여 '붙이기' 선택하고 사람 머리 위 'Top' 선택하여 붙입니다.

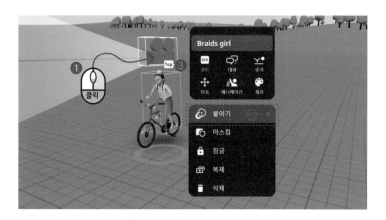

이와 같은 순서대로 붙이기를 실행하면 왼쪽메뉴 오브젝트 리스트에서 [자전거]-[사람]-[카메라]의 순서로 오브젝트의 포함관계를 알 수 있습니다. 포함관계는 부모-자식 관계라고도 합니다.

단축키 사용하기

코스페이시스 단축키와 마우스 작동

코스페이시스는 단축키를 활용하여 기능을 빠르게 작업할 수 있습니다. 단축키로 조작할 수 있는 기능을 알아보고 마우스의 클릭과 마우스 휠을 작동하여 봅니다.

[방향전환 - Navigation]

	화면 방향전환	키보드 화살표 키로 방향전환 가능함.
	화면 확대/축소	화면을 가깝게 당겨 보거나 멀리 밀어볼 수 있음.
SPACE +	화면 앞/뒤/옆으로 움직이기	화면을 클릭해서 화면을 왼쪽으로 움직이거나 오른쪽으로 움직임.
SPACE +	마우스 커서 쪽으로 화면 확대/축소	마우스가 있는 위치로 화면이 확대 축소됨.
V	클릭한 오브젝트를 화면 중앙에 오도록 보기	클릭한 오브젝트를 기준으로 화면 중앙에 보이게 함.
C	전체 화면 보기	작업하는 화면을 전체 보기로 전환함. 가장 바깥에서 볼 수 있는 위치로 보임.
+	화면 확대	마우스 휠과 같은 기능. 키보드로 화면 확대
-	화면 축소	키보드로 화면 축소. 마우스 휠과 같은 기능.
F	카메라 시점 모드	카메라 시점에서 편집 모드에서 [플레이] 상태를 확인할 수 있음.

[만들기 - Building]

R	오브젝트 회전 모드	오브젝트를 클릭했을 때 나타나는 메뉴 중 회전모드를 단축키로 선택
T	오브젝트 이동 모드	오브젝트를 클릭했을 때 나타나는 메뉴 중 이동모드를 단축키로 선택
S	'격자에 맞추기' 기능 전환	물체에 붙이거나 바닥에 붙일 때 격자를 활성화 해서 격자에 붙이거나 격자를 비활성화 함.
Shift + **S**	'아이템에 붙이기' 기능 전환	자석 기능 중 아이템에 붙이기 활성/비활성 기능 전환. 선택해도 화면상에는 변화가 없음. 해당 기능을 활성화하고 오브젝트를 클릭하고 다른 오브젝트에 가져갔을 때 붙이기 기능이 실행됨.
G / **U**	여러 오브젝트를 선택해서 그룹화 / 그룹화 해제	여러 오브젝트를 동시에 선택해서 그룹화 / 그룹화 해제
ALT + 🖱	오브젝트 복제	Alt 키를 누르고 오브젝트를 마우스 클릭 한 채로 옮기면 오브젝트가 복제됨.
CTRL + **A**	모든 오브젝트를 선택	화면에 있는 모든 오브젝트를 선택함. 카메라는 선택되지 않음.
CTRL + **C**	오브젝트 복사	오브젝트를 선택하고 복사함.
CTRL + **V**	오브젝트 붙여넣기	복사한 오브젝트를 붙여넣기함.
CTRL + **D**	선택한 오브젝트를 해제	선택한 오브젝트를 해제함.
CTRL + **Z**	실행 취소하기	실행 취소를 한 단계씩 뒤로 돌리기
H	화면의 오브젝트 목록 보기	왼쪽 메뉴의 오브젝트 목록 보기
delete	오브젝트 삭제	선택한 오브젝트 삭제함.
backspace	오브젝트 삭제	선택한 오브젝트를 삭제함.

[코블록스]

CTRL + C	코블록스 코드 복사	코블록스 코드 복사
CTRL + V	코블록스 코드 붙여넣기	복사된 코드를 붙여넣기함.
CTRL + A + C	코드 전체 선택 복사	Ctrl 키를 누르고 A 누르고 C를 Ctrl 키 누른 상태에서 순서대로 입력함. 코드를 모두 선택하고 붙여넣기 함.
delete	선택 코드 삭제	선택한 코드를 삭제함.
backspace	선택 코드 삭제	선택한 코드를 삭제함.
Shift + 🖱	코드 선택	코드를 선택하고 다른 코드를 선택하면 시작점과 끝점까지 코드가 선택됨.

[플레이 모드]-[카메라 비행모드]

↑ W	앞으로 이동	
← A	왼쪽 이동	
↓ S	아래로 이동	
→ D	오른쪽 이동	
Q	z축(공중)으로 이동(업)	하늘 방향으로 올라감
E	z축(아래)로 이동(다운)	땅 방향으로 내려옴

[플레이 모드]-[카메라 걷기모드]

키	기능	설명
↑ W	앞으로 이동	
← A	왼쪽 이동	
↓ S	아래로 이동	
→ D	오른쪽 이동	
SPACE	점프	제자리에서 뛰는 효과

[플레이 모드]-[카메라 선회모드]

조작	기능	설명
마우스	카메라 시점 회전	카메라 방향 회전
SPACE + 마우스	화면 앞/뒤/옆으로 움직이기	화면을 클릭해서 화면을 왼쪽으로 움직이거나 오른쪽으로 움직임.
마우스 휠	확대 / 축소	화면을 가깝게 당겨 보거나 멀리 밀어볼 수 있음.
+	화면 확대	마우스 휠과 같은 기능. 키보드로 화면 확대
-	화면 축소	키보드로 화면 축소. 마우스 휠과 같은 기능.

[태블릿 & 모바일]-[방향전환 - Navigation]

동작	기능	설명
한 손가락 회전	360도 방향 회전	오른쪽 왼쪽 방향으로 화면을 돌려볼수 있음.
한 손가락 상하	화면 상하 방향 전환	위 아래를 보도록 화면의 방향을 전환
두 손가락	화면 확대 축소	터치하는 곳의 화면을 가깝게 당겨 보거나 멀리 밀어볼 수 있음.
한 손가락 이동	화면 이동	클리해서 이동과 같이 화면을 터치하여 원하는 방향으로 화면을 이동

[태블릿 & 모바일]-[만들기 - Building]

	오브젝트 선택	선택하고자 하는 오브젝트를 터치하여 선택
	오브젝트 이동	오브젝트를 터치하여 이동함. 원하는 방향으로 터치 드래그 함.
	오브젝트 크기 조정	오브젝트를 두 손가락으로 선택하여 오브젝트의 크기를 크게 또는 작게 함.
x2	오브젝트 옵션메뉴 열기	오브젝트를 선택하고 더블터치하면 해당 오브젝트의 옵션메뉴가 열림.

[태블릿 & 모바일]-[플레이 모드]

	오브젝트 터치	상호작용이 있는 오브젝트의 경우 반응을 볼 때 터치함.

[태블릿 & 모바일]-[플레이 모드 - 카메라 비행모드/걷기모드/고정]

	카메라 시점 둘러보기	카메라 위치에서 360도 둘러보기 함. 카메라의 이동이 아닌 제자리 둘러보기 임.
	카메라 시점 이동	앞으로 이동. 플레이 모드이기 때문에 앞으로 전진하는 효과임.

[태블릿 & 모바일]-[플레이 모드 - 카메라 선회모드]

	카메라 시점 상하 이동	플레이-카메라 선회모드이기 때문에 정해진 자리에서 카메라의 각도를 바꿈.
	카메라 선회궤적 확대 축소	카메라 궤적을 멀게 가깝게 당겨 보거나 멀리 밀어볼 수 있음.
	카메라 선회궤적 이동	선회모드에서 작동되기 때문에 카메라의 뷰를 위아래 선회 궤적을 이동함.

03 템플릿 선택하기

코스페이시스의 [+ 코스페이스 만들기]를 눌러 작품 만들기를 시작합니다. 처음 시작을 위해
장면을 선택합니다.

장면 선택은 4가지 형태 중에서 선택할 수 있습니다. 3D환경은 3차원의 환경을 구성할 수 있
습니다. 빈 공간에서 시작하거나 기본 제공되는 템플릿을 사용합니다.

3D환경 템플릿

기본 제공되는 템플릿 중 파쿠르게임 기본 화면은 점프게임으로 오브젝트를 추가하며 작품
을 완성 가능합니다.

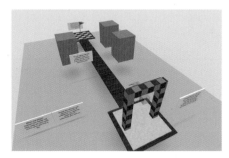

디오라마 템플릿은 축소모형으로 나누어진 각 영역에 각 영역을 주제별로 나누어 구성할 수 있고, 화면을 회전하면서 4개의 영역에 다른 화면을 구성할 수 있습니다.

갤러리 템플릿은 주제에 대하여 갤러리 형태의 나눠진 공간에 쉽게 구성할 수 있습니다.

 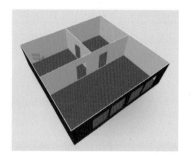

방 탈출 템블릿은 미리 만들어진 수수께끼를 풀어 탈출하는 예시와 열쇠를 모아 방문을 열거나 메시지로 암호를 풀거나 암호를 사용하여 안쪽 링을 한 칸씩 옮겨 카이사르 암호를 풀도록 되어 있습니다. 책상 서랍을 열거나 닫는 형태와 그림을 클릭하여 비밀 금고를 열거나 번호키를 조합하여 문을 열 수 있는 형태, 플러그를 클릭해서 플러그를 꽂아 TV 화면에서 힌트를 얻을 수 있습니다.

롤러코스터 템플릿으로 롤러코스터를 디자인할 수 있습니다. 5종류의 기본 롤러코스터 레일이 주어지고 해당 레일의 길이를 늘이거나 방향을 바꿔가며 배치하여 롤러코스터를 디자인하고 경로를 그 위에 배치하고 카트를 움직이도록 코블록스로 구현합니다.

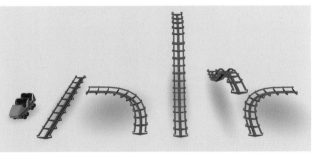

단어학습 템플릿은 단어게임에 단어를 더 추가하는 방법으로 사용할 수 있습니다. 버튼을 클릭하여 단어장의 뒤를 보고 다음 단어를 외우도록 유도합니다.

나를 소개하는 템플릿은 내가 누구인지 간단하게 소개하는 템플릿으로 자신을 소개할 때 항목들을 채워서 완성할 수 있습니다.

중력 슬라이드 템플릿은 중력이 어떻게 작용하는지 보여주는 템플릿입니다. 고급자용 코블록스에서 중력을 설정하고 방과 실린더에서 어떤 일이 일어나는지 관찰할 수 있습니다.

 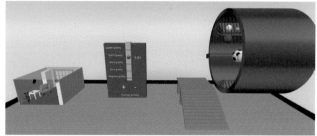

COVID-19 실천계획 템플릿은 코로나바이러스 팬데믹에 대항하기 위해 개인 스스로가 실천해야 할 실천계획을 작성할 수 있습니다.

 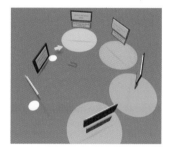

360도 이미지 템플릿

장면 선택의 4가지 중 360도 이미지는 공간에 배경으로 360도 이미지를 넣고 공간을 구성할 수 있습니다.

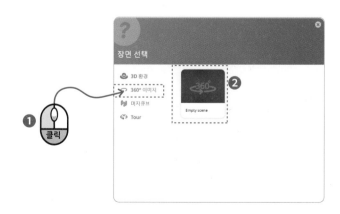

머지큐브 템플릿

머지큐브 장면은 머지큐브를 선택하여 머지큐브 공간의 내부와 외부를 구성하여 증강현실 (Augmented Reality)을 구현합니다.

Book report 템플릿은 머지큐브에 읽은 책에 대한 내용 및 정보를 표현할 수 있는 내용이 기본 제공됩니다.

3D환경에서 단어학습 템플릿이 있는 것과 같이 머지큐브에도 단어학습 템플릿이 있습니다.

6면체 중에 앞/뒤 면을 이용하여 구현합니다. 코블록스를 활용하여 다른 단어도 추가할 수 있습니다.

COVID-19 실천계획 템플릿은 6면에 코로나바이러스 팬데믹에 대응하기 위한 실천계획을 표시할 수 있습니다. 다른 실천계획을 표현해도 좋습니다.

 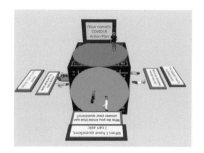

지구 템플릿은 머지큐브에 구성하여 손안에 지구를 잡는 효과를 구현할 수 있고 다른 행성을 넣어도 좋습니다. 지구를 머지큐브에 넣을 때는 머지큐브의 크기보다 지구를 크게 만들면 머지큐브를 모두 감쌀 수 있습니다.

 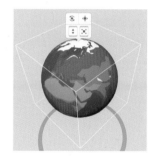

나를 소개하는 템플릿은 간단하게 머지큐브의 면마다 본인을 나타낼 수 있는 글이나 원하는 것, 좋아하는 것을 써서 표현합니다.

투어 템플릿은 출판일 현재 베타버전입니다. 투어 템플릿은 360도 이미지를 배경으로 넣는 것과 유사합니다. 오브젝트를 추가하거나 정보창을 넣어서 각각의 위치를 설명하거나 표현합니다. 정보창을 추가해 뷰포인트에 대한 설명이나 건축물을 설명할 수 있고, 인터넷에서 360도 이미지를 검색해서 배경으로 추가할 수 있습니다. 또한, 360도 카메라로 촬영해 배경화면으로 추가할 수 있습니다. 장면을 추가해서 여러 장면을 클릭해서 투어를 표현합니다.

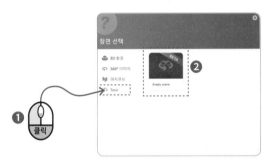

04 오브젝트 추가하기

라이브러리

코스페이시스 프로젝트를 생성하여 기본 빈 화면에서 시작하고 오브젝트를 추가합니다. 라이브러리에서 추가할 수 있는 오브젝트는 캐릭터, 동물, 주택, 자연, 수송, 아이템, 만들기, 특수가 있습니다.

다양한 오브젝트들은 라이센스 플랜에 가입하여 프로계정을 사용할 경우 모든 오브젝트를 사용할 수 있고 무료계정의 경우 일부 오브젝트만 사용이 가능합니다.

캐릭터는 사람, 직업, HISTORICAL, 기타로 나뉘어있습니다. 사람은 어린이, 아기, 성인 남성, 성인 여성의 캐릭터를 포함합니다. 각 캐릭터는 오브젝트의 의상에 따라 상의, 하의, 자켓, 스카프, 눈, 머리카락, 피부 등의 색을 21가지 기본 색상에서 선정할 수 있고 사용자 지정 색상으로 지정할 수 있습니다. 캐릭터들은 기본적으로 애니메이션을 가지고 있습니다. 애니메이션은 리액션, 자세, 액션으로 나뉘어있고, 각 항목의 하위 애니메이션이 존재합니다. 적절한 애니메이션으로 구성하여 오브젝트의 움직임을 선택할 수 있습니다.

[라이브러리]-[캐릭터]-[사람]

[라이브러리]-[캐릭터]-[직업]

[라이브러리]-[캐릭터]-[HISTORICAL]

[라이브러리]-[캐릭터]-[기타]

라이브러리의 동물 오브젝트는 땅에 있는 동물, 물에 있는 동물, 하늘에 있는 동물로 나뉘어 있습니다. 동물 오브젝트들도 각 동물의 특성에 맞게 애니메이션을 설정하고 색상을 지정할 수 있습니다.

주택 오브젝트는 거실가구, 침실, 부엌, 도시의 건물, 기타, 랜드마크로 되어 있습니다. 가구, 장소에 맞는 물품, 건물, 도로, 신호등, 문, 블라인드 등이 있습니다.

[마법봉] 기능을 확인해보겠습니다. [라이브러리]-[주택]-[거실] 'Adjustable sofa'를 꺼내 봅니다.

쇼파의 양옆으로 화살표가 있습니다. 2인용 쇼파의 경우 화살표를 옆으로 늘여 3인용, 4인용 등 실내 가구를 꾸미기 위해 충분한 사이즈까지 늘일 수 있습니다.

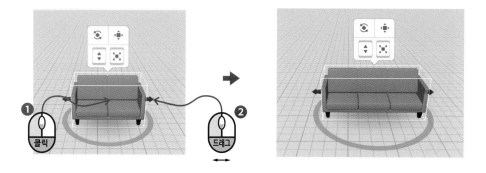

객체 중 오른쪽 위에 [마법봉] 표시가 된 오브젝트는 문의 크기를 넓히거나 기둥의 높이를 높이거나 계단의 수를 올리는 등 특별한 기능이 숨어 있습니다. 건물의 경우는 폭과 층을 조절할 수 있습니다.

자연 오브젝트는 자연물들이 있고, 나무, 풀, 꽃, 돌, 행성 등이 포함됩니다.

수송 오브젝트는 땅에서 움직이는 바퀴가 있는 이동수단이 있습니다. 자동차에는 사람을 붙이기 기능으로 좌석에 앉게 할 수 있고, 물에서의 수송 수단인 배에도 사람을 승선시킬 수 있습니다.

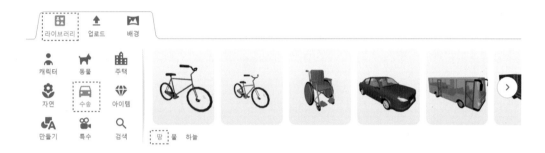

아이템 오브젝트는 소품, 장식, 음식, 악세사리, 심볼로 되어 있습니다. 다양한 오브젝트들이 포함되어 있어서 소품으로 장식을 하거나 아이템을 얻어서 방탈출을 하거나 퀴즈를 푸는 형태의 작품을 만드는데 사용할 수 있습니다. 그릇, 모자, 가방, 표지판 등의 아이템도 있습니다.

만들기 오브젝트는 평면 오브젝트와 3차원 오브젝트가 있습니다. 다양한 모양을 조합해서 새로운 모양을 만들거나 색깔과 방향을 바꿔 새로운 디자인을 만들 수 있습니다.

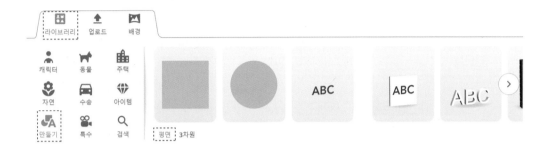

특수 오브젝트는 한 장면에 카메라를 여러 개 놓을 때 사용할 수 있고 투명 매직 존, 경로, 연기, 폭포, 불 등의 특수효과를 특수 오브젝트에서 선택하여 쓸 수 있습니다. 특수 오브젝트들은 각 오브젝트별로 폭 또는 강도를 조절하여 사용합니다. 경로 오브젝트는 방향을 바꾸거나 너비를 바꾸고 플레이모드에 표시하여 경로를 보이게 할 수 있습니다.

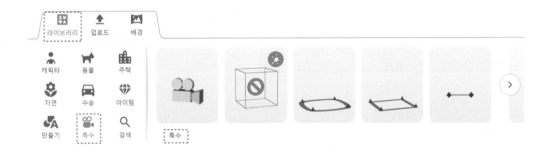

[라이브러리]-[특수] 'Magic zone'을 확인해보겠습니다.

[배경]-[Effects] 비오는 모양을 선택하고 건물과 매직존을 배치합니다. 매직존을 조절하여 건물을 감싸도록 구성합니다.

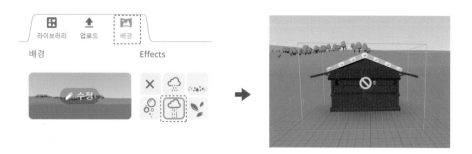

건물 안과 밖을 확인해 봅니다. 매직존 효과는 [플레이] 모드가 아니어도 확인하고자 하는 부분을 확대 축소해 확인 가능합니다. 매직존 안쪽은 비가 들어오지 않고, 매직존 바깥쪽의 경우 비가 내리는 효과가 나타납니다.

[매직존 안쪽]

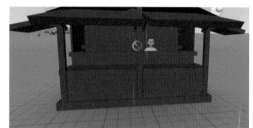

[매직존 바깥쪽]

매직존과 같이 보이지 않는 컴포넌트로 오브젝트를 감싸면 바깥에서 일어나는 효과가 매직존 안쪽으로는 나타나지 않는 현상을 만들어 낼 수 있습니다. 바깥의 경우 비가 오는 상황이고 건물 안으로 비가 들어오면 안 되기 때문에 매직존으로 감싸는 효과가 필요한 경우입니다.

업로드

업로드 항목에는 이미지, 3D 모델, 비디오, 소리 등을 업로드할 수 있습니다. 이미지 파일은 웹검색을 사용하거나 사용자 파일을 업로드하여 사용 가능합니다. 이미지를 지원하는 파일 형식은 jpg, png, gif, svg, bmp 파일입니다. 지원하지 않는 형식의 경우 업로드 할 수 있다 하더라도 화면에 이미지가 보이지 않을 수 있습니다.

3D 모델은 3차원 오브젝트를 외부자원에서 검색하여 저장하고 업로드하여 사용할 수 있습니다. 3D 오브젝트 obj, 유니티 mtl(Material Library File), 유니티 fbx, zip, gltf, glb 등 3D 모델 오브젝트를 사용합니다. 비디오 파일은 mp4만 지원됩니다. 소리는 녹음하여 사용할 수 있고 브라우저에서 마이크 접근 권한을 허용하여 녹음 가능합니다. 업로드 녹음파일 형식은 mp3, wav, aac, m4a 파일을 지원합니다.

배경

배경 오브젝트는 기본으로 주어진 배경 15개 중에서 선택할 수 있습니다. 효과는 눈, 비, 물 방울 등의 효과를 적용할 수 있고, 필터는 색깔 필터나 밤, 구름 등의 필터 옵션을 넣을 수 있습니다. 바닥에 이미지나 배경음악을 컴퓨터에 저장된 이미지와 음악을 불러와 넣을 수 있습니다.

05 오브젝트 다루기

1 오브젝트 크기

오브젝트는 라이브러리에서 꺼내 화면에 배치하고 다른 조작을 하지 않았을 때 오브젝트별 기본 크기로 설정되어 있습니다. 전체 크기를 키우기 위해 [드래그해서 크기 바꾸기]를 클릭 후 드래그하여 크기를 바꾸거나 오브젝트에서 마우스 오른쪽 클릭해서 나오는 팝업메뉴에서 [이동]-[크기]를 통해 오브젝트의 크기를 변경할 수 있습니다. 크기는 비율을 의미하고 크기 1.0은 원래의 크기를 나타냅니다.

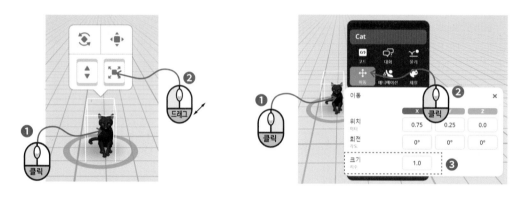

2 오브젝트 회전

[회전 모드]를 선택하면 오브젝트 둘레로 3개의 링이 생깁니다. 빨강 초록 파랑의 링은 빨강은 X축, 초록은 Y축, 파랑은 Z축을 의미합니다. 축을 마우스로 선택하면 노란색으로 바뀌고 방향을 돌리면 22.5도씩 회전합니다. [자석기능]-[격자에 맞추기] 활성화되어 있으면 각도에 상관없이 회전할 수 있습니다.

[회전 모드]는 선택 후 해제하지 않으면 모드가 계속 켜져 있어 다른 오브젝트에서도 [회전 모드]가 활성화됩니다.

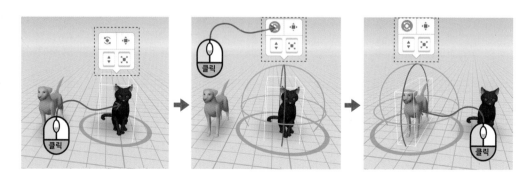

오브젝트 회전은 옵션 메뉴 [이동] 메뉴에서 회전의 각도를 변경하여 사용할 수도 있습니다.

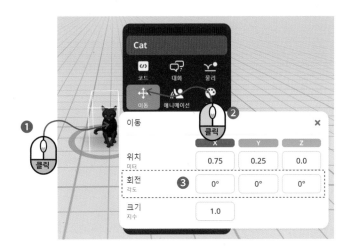

❸ 오브젝트 이동

[이동 모드]를 선택하고 오브젝트를 3축 방향으로 이동합니다. 각 방향으로 이동할 때 [자석 기능]-[격자에 맞추기]가 선택되어 있으면 격자에 맞춰 이동합니다. [격자에 맞추기] 선택을 해 제하면 세밀하게 움직일 수 있습니다. 바탕에 보이는 격자무늬는 한 칸이 기본 0.25미터로 굵 은 선 사이 4칸이 있으므로 굵은 선 사이는 1미터입니다.

[이동 모드]는 선택 후 해제하지 않으면 계속 모드가 켜져 있어 다른 오브젝트에서도 [이동 모 드]가 활성화됩니다.

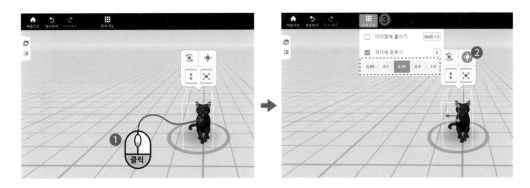

[드래그해서 올리기]를 선택하면 바닥에서 위로 움직일 수 있습니다. [이동]-Z축을 움직이는 것과 동일합니다.

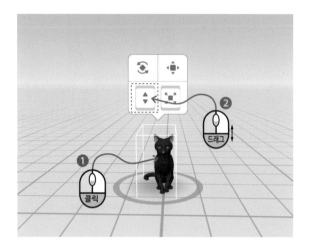

④ 오브젝트 재질

오브젝트의 세부설정 메뉴에서 [재질]을 선택하면 색상을 변경할 수 있습니다. 색상은 사용자 지정 색상으로 변경할 수 있습니다.

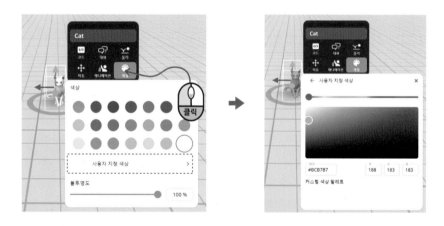

오브젝트별로 무늬 및 색상을 변경 가능합니다. 색상변경에서 Shirt, Pants, Skin, Hair, Eyes, Uniform등 색상을 다양하게 변경할 수 있는 오브젝트들도 있습니다. 불투명도를 변경하여 화면에서 투명하게 보이도록 설정 가능합니다. 오브젝트별 구성이 다르니 각 오브젝트의 옵션을 확인해 봅니다.

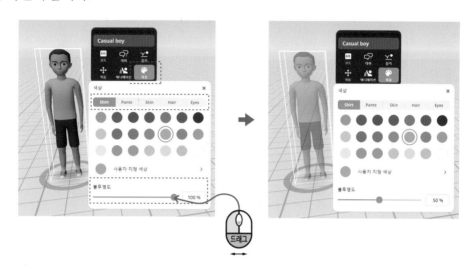

5 오브젝트 이름 변경

오브젝트 옵션 메뉴에서 이름은 한글로 변경 가능합니다. 원하는 이름으로 변경 후 [코드]-[이름 보이기] 실행하면 오브젝트 아래쪽에 이름이 보입니다. 화면을 회전, 축소 확대해도 오브젝트의 이름이 화면에 보이는 방향으로 보이게 됩니다.

⑥ 코블록스 코드

오브젝트를 코드에서 사용하기 위해 옵션 메뉴에서 [코드]-[코블록스에서 사용]을 선택합니다.

[코드] 메인 메뉴를 선택하고 코딩언어를 선택합니다. 코딩언어는 코블록스, TypeScript, Python 언어가 있습니다. Python 언어는 출판일 현재 베타버전입니다. TypeScript와 Python 언어는 텍스트 언어이고, 코블록스는 블록코드 언어입니다.

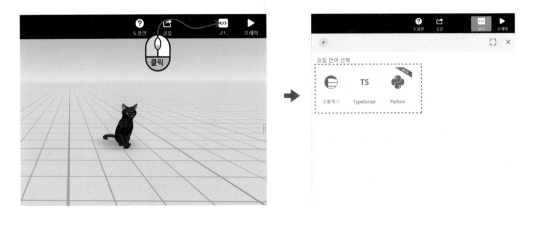

코블록스의 메뉴와 옵션 메뉴를 확인해 봅니다.

❶ 이름 변경, 코드 탭 전체를 이미지로 저장 가능, 코드 탭 전체 삭제

❷ 코드창 전체 창으로 보기 다시 누르면 이전 창 크기로 돌아오기

❸ 코드창 닫기

❹ 코드검색

❺ 코드창 코드 확대

❻ 코드창 코드 축소

❼ 초급자용 코블록스와 고급자용 코블록스 선택 가능

06 코블록스 사용하기

각 코드 묶음의 기능을 확인해 봅니다. 아래 코블록스 코드는 코드 묶음 중 일부입니다. 실제 코스페이시스에서 모든 코드를 확인해 볼 수 있습니다.

✛ 동작

오브젝트의 이동, 위치, 회전, 크기와 관련된 코드 묶음입니다. 방향, 좌표, 경로, 시계방향 등 회전과 위치 크기와 관련된 코드를 사용합니다.

◉ 형태

오브젝트의 애니메이션, 말하기, 생각하기, 색상, 불투명도, 정보창, 퀴즈창, 선택창, 카메라 바꾸기, 소리, 비디오 관련 코드 묶음입니다. 팝업창을 사용하거나, 카메라, 소리, 비디오 등 화면과 연관 있거나 보이는 정도 등을 표현하는 코드를 사용합니다.

▶ 이벤트

입력, 충돌, 웹, 기타 코드 묶음입니다. 오브젝트를 클릭하거나 오브젝트에 마우스가 올라가거나 내려갈 때, 키보드가 눌려졌을 때 작동합니다. 충돌이벤트는 오브젝트가 다른 오브젝트와 충돌, 또는 떨어질 때 동작합니다. 클릭했을 때 유튜브나 링크를 열기도 하고 이벤트를 제거하기도 합니다.

▼ 제어

반복, 조건, 기타의 코드 묶음입니다. 무한 반복하기 또는 ~번 반복합니다. 인덱스에 따라 반복할 수 있고, 조건이나 리스트의 항목을 가져와 반복할 수 있습니다. 반복에서 강제로 빠져나오기 위해 빠져나오기 코드도 있습니다. 동시에 실행하기 코드의 경우 설정 모양을 눌러 동시에 실행할 항목을 추가할 수 있습니다. 개별로 실행하거나 장면 전환, 장면 재시작, 코스페이스 끝내기도 코블록스 코드로 가능합니다.

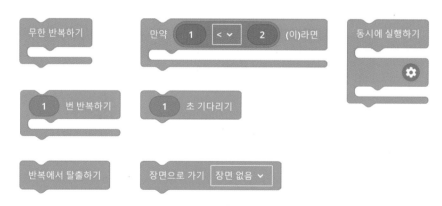

연산

숫자 비교 논리연산, 참 거짓 비교 연산, 불(Bool:참 거짓) 연산, 조건 비교 반환, 수학 계산, 랜덤 정수, 랜덤 실수, 범위 제한, 홀수인지, 짝수인지, 나누어떨어지는지, 나머지 값, 반올림 내림 올림, 소수점, 제곱근, 삼각함수계산 등 다양한 수학 계산을 코블록스로 구현 가능합니다. 연산의 많은 기능은 고급블록에 포함되어 있습니다.

[고급자용]

아이템

아이템은 부모-자식 간의 연결 관계를 가집니다. 붙이기를 통해 부모에 붙이거나 분리하거나 할 수 있고, 아이템을 삭제, 물리 기능 여부, 아이템 생성, 이름 설정이 가능합니다. 오브젝트의 아이템, 그룹 아이템, 카메라, 경로, 비디오, 비디오 아이템 재생 중인지, 물리 아이템, 복제본, 부모자식 아이템 수, 인덱스 위치 등의 정보를 가지고 오브젝트간의 관계를 코블록스로 구현 가능합니다.

[고급자용]

📊 데이터

변수를 설정하고 코스페이시스의 키-값의 형태로 구현 가능합니다. 숫자, 참 거짓, 수학 물리 계산의 값, null 빈 값, 랜덤색상, 오브젝트의 색상, RGB 색상, 혼합색상, 문자열 합치기, XYZ 위칫값, 리스트와 인덱스 등 리스트에서 사용할 아이템과 관련된 값들이 데이터 코드 묶음에 있습니다.

💬 함수

함수를 만들거나 함수에서 결과값을 반환하거나 함수탈출 기능이 있습니다. 동일한 기능을 반복하거나 기능별로 나누어 코드를 작성해야 할 경우 함수 기능을 사용합니다.

🎯 물리

물리코드는 속도와 질량에 영향을 받는 코드들입니다. 오브젝트를 속도와 방향에 맞춰 밀거나, 회전을 조절합니다. 물리블록의 지속시간을 조절할 수 있습니다. 물리 아이템의 충돌, 마찰, 질량, 탄성, 중력, 물리 속도를 오브젝트의 옵션 메뉴뿐만 아니라 코드에서도 설정할 수 있습니다.

07 스크래치와 코블록스 비교하기

스크래치와 코블록스

블록코딩으로 널리 쓰이는 스크래치에서 사용하는 코드의 기능이 코블록스에서는 어떻게 사용되는지 확인할 수 있습니다. 명칭이 유사한 경우도 있고, 기능은 비슷하지만, 코드 분류는 다른 묶음으로 구현된 코드도 있습니다. 스크래치와 코스페이시스 코블록스를 코드 내용에 따라 양쪽의 코드를 비교해보고 코블록스에서 확인해봅니다.

[이벤트-이벤트]

[동작-동작]

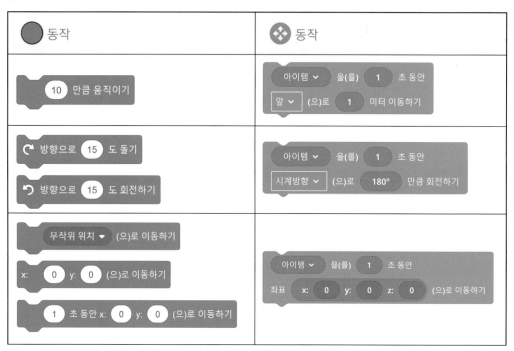

[동작-데이터]

[형태-형태/동작]

[소리-형태]

[제어-제어]

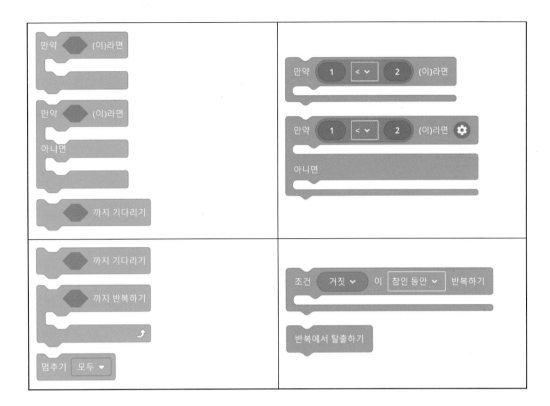

[비디오-형태]

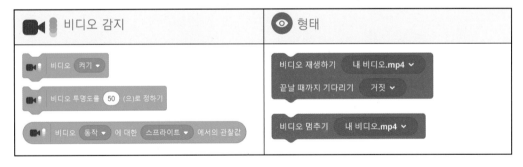

[연산-연산]

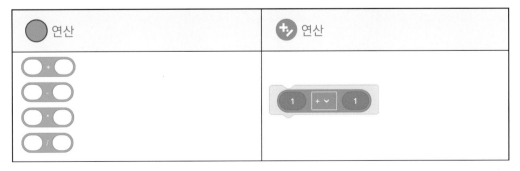

코블록스 퀵가이드

코블록스 코드 실행

동작

	오브젝트 또는 캐릭터를 이동하기	아이템 ▼ 을(를) 1 초 동안 앞 ▼ (으)로 1 미터 이동하기
	오브젝트 또는 캐릭터를 회전하기	아이템 ▼ 을(를) 1 초 동안 시계방향 ▼ (으)로 180° 만큼 회전하기
	오브젝트 또는 캐릭터의 동작 멈추기	아이템 ▼ 의 동작 멈추기

이벤트

	아이템을 클릭했을 때 실행하기	

🔀 제어

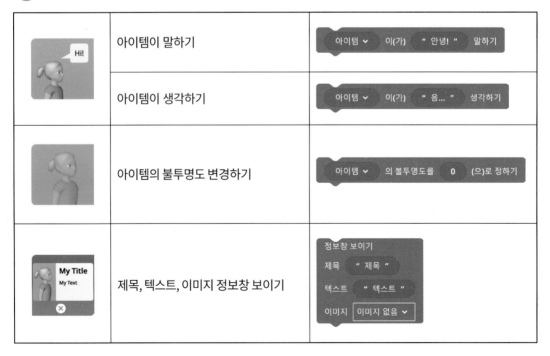	하나 이상의 실행 코드를 주어진 횟수(1회)만큼 반복하기	1 번 반복하기
	주어진 시간(1초~)만큼 기다리기	1 초 기다리기
	시작하기에 앞서 장면을 다시 시작하기	장면 재시작하기

👁 형태

	아이템이 말하기	아이템 ∨ 이(가) " 안녕! " 말하기
	아이템이 생각하기	아이템 ∨ 이(가) " 음... " 생각하기
	아이템의 불투명도 변경하기	아이템 ∨ 의 불투명도를 0 (으)로 정하기
My Title / My Text	제목, 텍스트, 이미지 정보창 보이기	정보창 보이기 / 제목 " 제목 " / 텍스트 " 텍스트 " / 이미지 이미지 없음 ∨

	소리 파일 재생하기	소리 재생하기 내 소리 ✔ 끝날 때까지 기다리기 거짓 ✔
	소리 파일 재생 멈추기	소리 멈추기 내 소리 ✔

09 장면 추가하기

장면추가

코스페이스를 처음 시작하면 장면 1이 자동으로 만들어집니다. 장면 아이콘을 선택하여 장면 뷰를 열어줍니다. 장변이 여러 개이면 장면 개수만큼 장면이 보입니다. 작품의 이름을 변경하는 것과 같이 장면의 이름도 변경 가능합니다.

[+새 장면]을 선택하여 장면을 추가하면 [장면 선택] 창이 보이고 새로 추가될 장면을 3D환경이나 360도 이미지로 선택하게 됩니다. 첫 번째 장면이 3D환경이었으므로 새로 추가되는 장면도 3D환경에서 선택하도록 합니다.

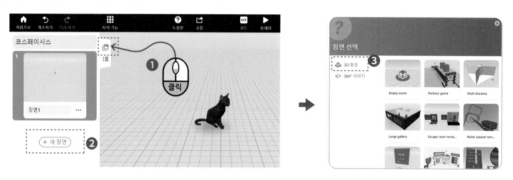

장면은 이름 변경, 복제, 삭제할 수 있습니다. 이름 변경은 메뉴를 선택해도 되고 장면 이름을 클릭하고 변경도 가능합니다. 장면을 복제하면 복제된 장면은 이전 장면의 이름 뒤 숫자가 붙으며 복제됩니다.

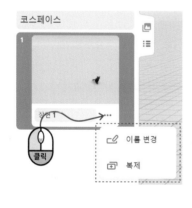

[장면이 1개인 경우 옵션 메뉴]

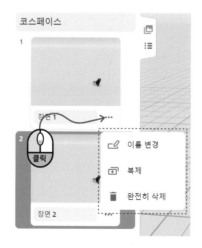

[장면이 여러 개인 경우 옵션 메뉴]

코스페이스에서는 장면이 1개 이상 존재해야 하기 때문에 장면이 1개이면 장면 삭제 메뉴는 보이지 않습니다.

오브젝트 리스트뷰

코스페이스의 오브젝트 리스트뷰는 단축키 키보드 'h'로 작동됩니다. 기본 화면에 고양이만 배치한 뒤 h키를 누르거나 오브젝트 리스트 뷰를 보면 해당 장면에 추가된 오브젝트 리스트를 볼 수 있습니다.

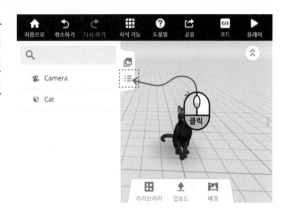

고양이에 모자를 붙이기하고 오브젝트 리스트를 다시 확인해 봅니다. 'Party hat'을 'Cat'에 붙이기 했기 때문에 부모-자식의 관계가 오브젝트에 만들어졌습니다. 여기서 부모는 'Cat'이고 자식은 'Party hat'입니다.

오브젝트 리스트뷰에서 'Party hat'을 드래그하여 'Cat'에서 떼어내면 오브젝트 리스트에서 부모-자식 관계가 사라지고 같은 수준의 위치로 오브젝트가 분리됩니다. 오브젝트 리스트는 오브젝트가 많은 코스페이시스 작품의 경우 오브젝트 선택이나 이동 등에 유용하게 사용됩니다.

CO
SPACES

User

Chapter 3

SDGs 코스페이시스 작품만들기

1. 해양 쓰레기 퇴치 잠수함

바다 환경 지키기 – SDGs Goal14
지속가능한 해양을 위한 관심

해양 생태계 보전은 지속가능발전목표(SDGs : Sustainable Development Goals)의 14번째 목표입니다. 바다 및 해양 자원을 보존하고 해양 생태계 보전 등을 위한 지속 가능 계획을 수립하고 실천하겠다는 목표입니다.

14번째 목표는 육지에서 발생하는 쓰레기, 해양에서 발생하는 쓰레기로 인한 해양 생태계 붕괴를 막으려고 하는 것입니다.

[출처 : THE Global Golas : World's Largest Lesson Protect Life Below Water]

SDG14의 3가지 구체적인 목표

● 모든 종류의 해양 오염, 특히 해양 쓰레기 및 영양 오염을 포함한 육상 활동으로 인한 해양 오염을 방지하고 크게 줄인다.

● 생태계 복원을 포함하여 심각한 악영향을 방시하기 위해 해양 및 해안 생태계를 시속 가능하도록 관리 및 보호한다.

● 과학 협력을 포함하여 해양 산성화의 영향을 최소화하도록 해결방안을 즉각 실행한다.

SDG14의 세부 목표

● 육상과 해상의 오염물질로부터 해양환경 보전을 위한 관리체계를 확립한다.

● 바다의 생태환경과 수산자원의 서식처를 적극적으로 관리한다.

● 과학기술 협력 강화 등을 통한 해양 산성화에 의한 영향을 최소화한다.

● 수산자원을 지속 가능하게 관리하고 과도한 어업을 지양한다.

"해양 생태계 보전을 위한 노력"

[출처 : THE Global Golas : https://www.globalgoals.org/goals/14-life-below-water/]

14번째 목표의 지속 가능이라는 것은 인간을 포함한 해양 생태계를 장기적으로 건강하고 다양하게 유지하고자 하는 의미를 가지고 있습니다.

선박에서 쓰레기 배출을 금지하는 등 폐기물 및 기타 쓰레기 투기로부터 해양 오염을 방지하는 노력을 해야 합니다. 플라스틱 사용량의 증가로 해양에 유입된 플라스틱은 전 세계 해양에 걸쳐 존재하고 오염 수준이 전 지구적 위기로 다가왔습니다. 해양 플라스틱은 대부분 해양생물이 섭취하거나, 몸에 뒤엉키거나 질식 사고가 일어나고 있습니다. 이렇게 플라스틱에 오염된 생물은 이동하며 플라스틱을 새로운 지역으로 확산시키고 있기도 합니다. 해양 동물이 섭취한 플라스틱은 해양 먹이사슬의 상위까지 이동하여 인간이 섭취하는 식품에서도 발견되고 있습니다.

[출처 : The Global Goals https://youtu.be/lUjYMrGreRw]

SDG14의 실천을 위해 해야할 일

육지에서 발생하는 많은 플라스틱 폐기물은 바다로 흘러가게 됩니다. 폐기물 감소를 위해 즉각적으로 실천할 수 있는 것이 있습니다.

- 플라스틱의 사용을 줄입니다.
- 비닐봉지 사용을 중단하고 장바구니를 활용합니다.
- 마시는 물로 생수를 절대 사서 마시지 말고, 염소 처리된 수돗물을 끓여 마시는 것이 좋습니다.
- 빗물을 활용해서 걸러내어 사용합니다.
- 플라스틱 사용이 바다에 미치는 영향에 대한 캠페인 활동을 진행합니다.
- 강과 바다의 청소 프로젝트를 지역사회와 함께 지역의 강, 해변, 바다를 청소합니다.
- 지역 인증 생선을 구입하고 지역 시장과 상점에서 쇼핑하며 소규모 생산자를 지원하도록 합니다.

[출처 : 국가지속가능성 보고서, The Global Golas]

해양 쓰레기 퇴치 잠수함 만들기

작품 미리 보기

SDGs의 14번째 목표인 '해양 생태계 보전'을 실천하기 위해 해양 오염의 원인에 대해 생각해 봅니다. 만들기 도형블록을 활용하여 잠수함을 만들어봅니다.

육지에서 발생한 쓰레기가 바다로 흘러가 잠긴 쓰레기를 클릭해서 제거하면서 해양 쓰레기를 수거합니다. 쓰레기를 클릭할 때마다 안내문을 보여주며 쓰레기 모으기를 격려하도록 구성해 봅니다.

1. 바다에 어울리는 오브젝트로 해양 생태계를 꾸며봅니다.

2. 만들기 도형 오브젝트를 활용하여 잠수함을 표현해봅니다.

3. 경로를 설정하고 잠수함을 경로를 따라 이동시켜 봅니다.

4. 해양 쓰레기를 모으면 사라지는 효과를 구현하고 코블록스 코딩을 작성합니다.

이번 활동에서는 도형 오브젝트를 이용하여 잠수함 형태를 구현합니다. 그룹 만들기를 활용하여 만들어진 오브젝트를 하나의 오브젝트로 묶어주는 방법을 알아봅니다. 바다에 구성한 오브젝트를 클릭했을 때 사라지는 효과를 구현해 봅니다. 클릭했을 때 사라지는 기능은 어떻게 구현할 수 있을까요?

01 배워봅시다

카메라

[기본 카메라]

3D환경 프로젝트를 빈 화면으로 생성하면 기본 '카메라'가 있는 프로젝트가 만들어집니다. '카메라'는 3D환경에서 기본으로 제공되는 오브젝트입니다. 기본 오브젝트는 삭제가 가능하고 [라이브러리]-[특수]메뉴에서 작업공간으로 클릭 드래그 드랍으로 꺼낼 수 있습니다.

카메라의 시선은 카메라의 렌즈 부분이 비추는 쪽을 가리키고 있으며 [플레이] 했을 때 카메라의 방향이 보이게 됩니다. 카메라를 이동하거나 회전하게 되면 [플레이] 했을 때 시선이 변경됩니다.

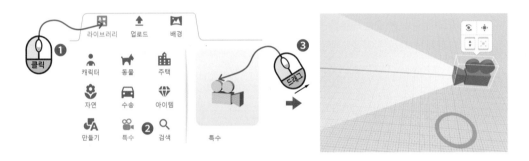

[배경] 수정에서 기본 이미지 중 배경 선택 숲을 선택합니다.

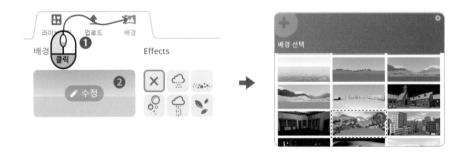

배경이 추가되면 오른쪽 위의 ▶ [플레이]를 선택해서 보이는 화면을 확인합니다.

플레이 화면에서 마우스로 클릭해서 왼쪽 오른쪽 위아래로 뷰를 확인합니다. 마우스 휠도 돌리며 확인합니다. 네 방향 화살표 키, a, s, d, w 키, 스페이스 키를 눌러 확인합니다. 화면이 어떻게 움직이는지, 카메라의 방향이나 움직임은 어떤지 확인합니다. 카메라의 기본 설정 모드는 '걸음'입니다.

[기본 카메라 삭제]

기본 카메라의 플레이를 확인하고 편집모드로 돌아와 기본 카메라를 삭제합니다. 삭제 후 ▶ [플레이]를 선택하고 카메라의 무빙을 확인합니다. 키보드로 움직일 때 네 방향 화살표 키를 쓸 수 있고, 마우스 휠을 이용해서 전체화면을 볼 수 있습니다. 기본 카메라를 삭제하면 카메라의 '선회'모드와 동일한 상태로 플레이를 확인할 수 있습니다.

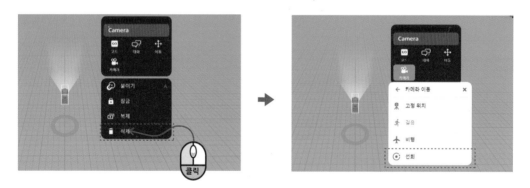

경로 설정

[라이브러리]-[특수] 경로 선택해 화면에 넣습니다. 'Round path(둥근경로)', 'Square path(사각경로)', 'Straight path(직선경로)'를 선택합니다.

둥근 경로는 이동 점이 8개 있습니다. 경로를 지정할 수 있는 점은 클릭해서 바닥에서 움직일 수 있고 위아래로 이동 가능합니다. '플레이 모드'에 표시를 선택하면 [플레이] 했을 때 화면에 레일이 보입니다. '너비'는 레일의 폭을 지정할 수 있습니다. 'Type'을 'Straight'로 지정하면 'Round path(둥근경로)'의 곡선이 직선으로 변경됩니다. 'Flip direction'은 이동 방향이 반대로 뒤집히는 효과가 나타납니다. 경로의 파란점을 선택하면 '드래그해서 올리기'할 수 있고해당 점을 '이동 모드'로 3축 방향으로 이동할 수 있습니다.

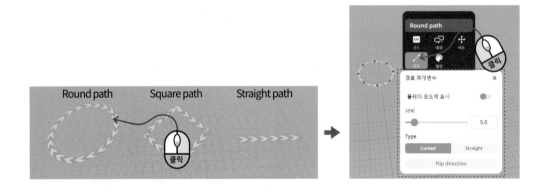

'Straight path(직선경로)'의 경우 'Curved'로 변경해도 직선은 변화가 없습니다. 또한, 다른 오브젝트와 마찬가지로 재질로 경로의 색상을 변경할 수 있습니다.

불투명도

[라이브러리]-[자연] 'Cloud'를 꺼냅니다.

오브젝트를 마우스 오른쪽 클릭하거나 더블클릭하여 [재질]을 선택합니다. [재질] 메뉴에서 '색상'을 지정할 수 있고, '사용자 지정 색상'으로 원하는 색상을 선택할 수 있습니다. '불투명도'는 숫자를 선택해서 변경할 수 있고, 슬라이드 바를 이동해서 불투명도를 조절할 수 있습니다. 불투명도가 100%이면 본래의 지정된 색으로 보이고, 불투명도가 0에 가까울수록 오브젝트는 투명해집니다.

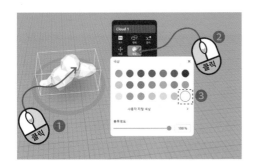
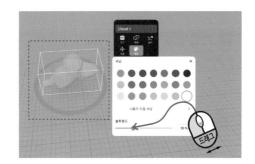

오브젝트의 [코드]메뉴에서 '코블록스에서 사용'을 선택하고 코드에서 '불투명도를 정하기' 블록으로 변경할 수 있습니다. 코드로 구현했을 때, 오브젝트를 클릭하면 해당 오브젝트가 사라지는 등의 효과를 나타나게 할 수 있습니다.

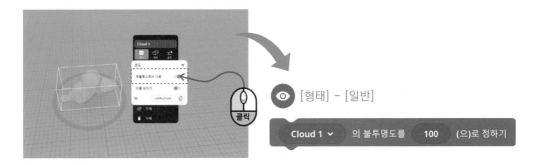

02 작품 만들기

코스페이시스 3D환경으로 만들기

1 코스페이시스 만들기

[3D환경]으로 작품 공간을 만듭니다.

2 프로젝트 이름

코스페이시스가 생성되면 장면 아이콘을 클릭하여 장면 탭을 펼칩니다. 펼쳐진 장면의 공간 이름을 클릭하여 SDGs의 14번째 목표인 [해양 쓰레기 퇴치 잠수함] 프로젝트로 이름을 바꿉니다.

배경 및 오브젝트 추가하기

1 배경 추가

[배경]-[수정]을 클릭하여 '바다' 배경을 선택합니다.

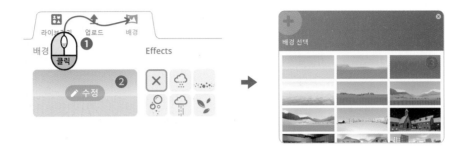

2 카메라 삭제하기

해양 쓰레기 퇴치 잠수함 만들기 프로젝트는 마우스를 클릭하거나 확대하여 프로젝트를 체험하기 때문에 카메라의 걷기 동작은 사용하지 않고 전체화면을 바라보도록 구성합니다. 만들어진 코스페이스에서 카메라를 선택하여 키보드의 'delete'키 또는 카메라를 선택하고 마우스 오른쪽 클릭하면 나타나는 메뉴에서 [삭제]를 선택하여 카메라 오브젝트를 삭제합니다. 프로젝트에서 카메라를 삭제한 후 [플레이]했을 때 전체화면으로 볼 수 있습니다.

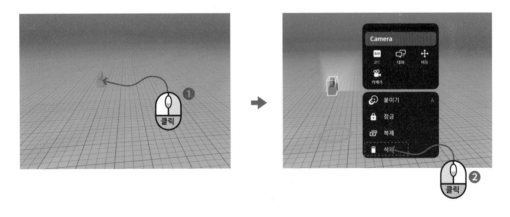

❸ 오브젝트 추가

해양 쓰레기 퇴치 잠수함은 3차원 오브젝트를 조합하여 만듭니다. 잠수함을 여러 조각으로 나눠 만들기 위해 잠수함 본체, 잠수함 창문, 잠수함 기둥, 잠수함 프로펠러, 잠수함 공기 방울을 만들고 각각을 합쳐 그룹을 만듭니다. 잠수함을 경로로 이동하기 위해 경로를 설정합니다. 오브젝트를 추가하여 바다 환경을 꾸미고, 바다 동물을 추가하고 적당한 애니메이션을 설정합니다. 바다에 잠수부를 배치하고 공기 방울도 추가해 봅니다. 바다에 있으면 안 되는 쓰레기로 암체어, 책장, 프라이팬, 스케이트보드, 세탁기 등의 오브젝트를 추가하는 형태로 만들어봅니다.

❶ 잠수함 본체

[라이브러리]-[만들기]를 선택한 후 3차원 오브젝트 'Capsule'을 선택 드래그하여 화면으로 가져옵니다.

오브젝트를 마우스 오른쪽 클릭하거나 더블클릭하여 [이동 모드]를 선택하고 x축을 회전하여 90도로 조정합니다.

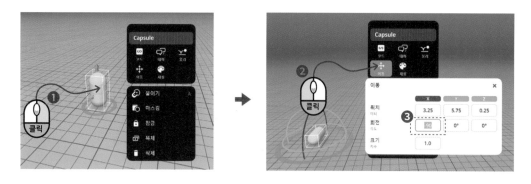

반지름(1.68), 높이(14.72)로 조정하여 잠수함 본체를 만듭니다. 높이를 조절하는 것은 캡슐 오브젝트를 회전하였기 때문에 높이로 보입니다. 오브젝트를 마우스 오른쪽 클릭하거나 더블클릭하여 옵션 메뉴에서 [재질]을 선택하고 '색상'을 지정합니다. [드래그해서 올리기]를 선택하여 잠수함을 바닥에서 위로 올려줍니다.

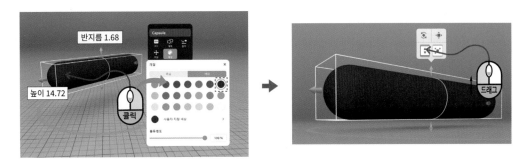

❷ 잠수함 창문

[라이브러리]-[만들기]를 선택한 후 3차원 오브젝트 'Cylinder'를 선택 후 드래그하여 화면으로 가져옵니다.

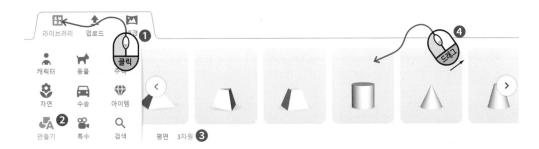

오브젝트를 클릭하여 [회전 모드]를 선택하고 x축을 회전하여 90도로 조정하고 길이, 높이, 너비는 (0.63, 1.25, 0.63)로 조정하여 잠수함 창문을 만듭니다. 창문의 길이와 너비를 조정한 후 [드래그해서 올리기] 메뉴로 바닥에서 올려줍니다.

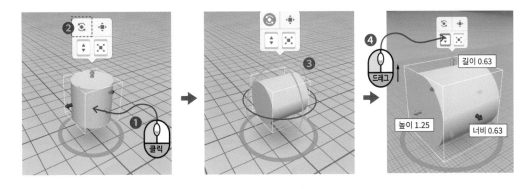

오브젝트를 마우스 오른쪽 클릭하거나 더블클릭하여 [재질]을 선택하고 '무늬'와 '색상'을 바다에 어울리도록 지정합니다.

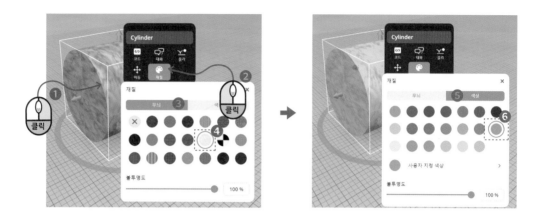

잠수함 창문을 잠수함 본체에 배치하기 위해 [회전 모드]와 [이동 모드]메뉴를 사용하여 잠수함 외벽에 배치합니다.

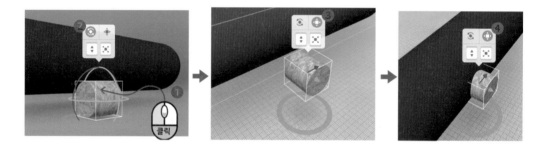

잠수함 창문을 잠수함 본체에 위치시키고 창문을 잠수함 본체를 따라 복제하여 배치합니다. 복제할 때 오브젝트를 클릭하고 'Alt'키를 누르고 드래그하여 복제합니다. 이때 [이동 모드]를 선택하고 이동하면 오브젝트를 선택한 방향으로 움직일 수 있습니다.

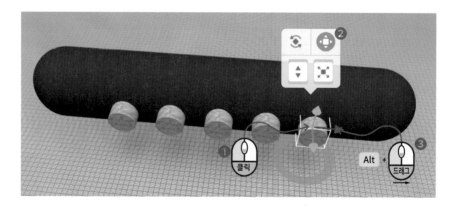

❸ 잠수함 기둥

[라이브러리]-[만들기]를 선택한 후 3차원 오브젝트 'Tube'를 선택하여 드래그하여 화면으로
가져옵니다.

'Tube' 오브젝트의 높이, 바깥쪽 반지름, 안쪽 반지름은 (1.13, 1.13, 0.91)로 조정하여 잠수함
기둥을 만듭니다.

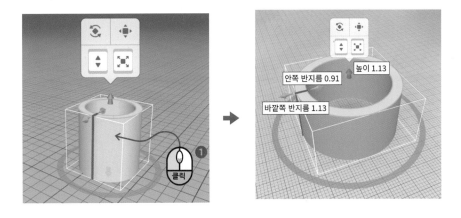

오브젝트를 마우스 오른쪽 클릭하거나 더블클릭하여 [재질]을 선택하고 무늬를 지정합니다.

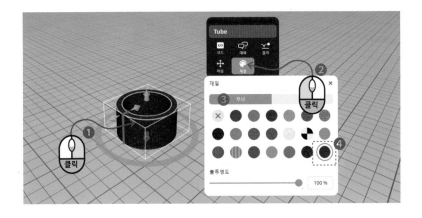

[라이브러리]-[만들기]를 선택한 후 3차원 오브젝트 'Cylinder'를 선택하여 드래그하여 화면으로 가져옵니다. 길이, 높이, 너비는 (0.84, 3.66, 0.84)로 조정하여 잠수함 기둥을 만듭니다. 오브젝트를 마우스 오른쪽 클릭하거나 더블클릭하여 [재질]을 선택하고 색깔을 지정합니다.

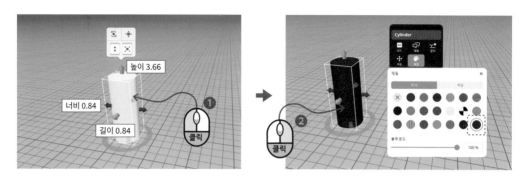

같은 방법으로 'Cylinder'를 길이, 높이, 너비(0.56, 3.66, 0.56) 크기로 하나 더 만들어줍니다.

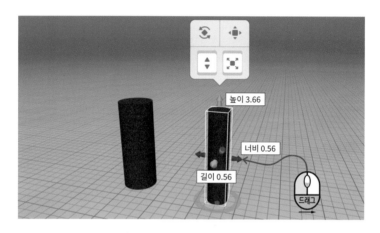

기둥이 될 'Tube'안쪽 구멍에 'Clinder'를 [이동 모드]를 이용해서 위치를 옮기고 다른 하나의 'Cylinder'를 그 위에 쌓아 올립니다.

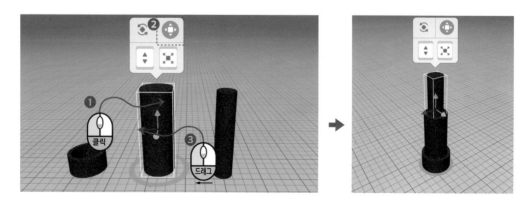

'Shift'키를 누르고 오브젝트를 하나씩 선택하여 세 개의 오브젝트를 함께 선택하여 마우스 오른쪽 클릭하고 [그룹 만들기]를 실행합니다.

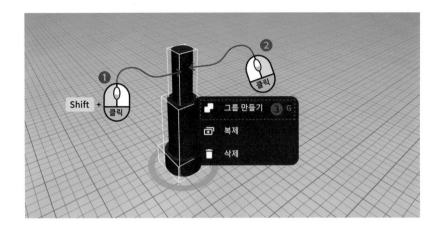

그룹으로 만든 잠수함 기둥 부분을 [이동 모드]를 이용하여 잠수함 본체 위로 올려 중심 부분에 배치합니다.

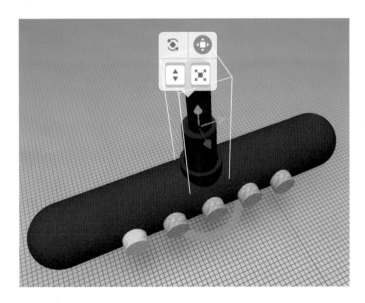

❹ 잠수함 프로펠러

[라이브러리]-[만들기]를 선택한 후 3차원 오브젝트 'Cylinder'를 선택하여 드래그하여 화면으로 가져옵니다.

오브젝트를 클릭하여 길이, 높이, 너비는 (0.25, 1.31, 0.25)로 조정하여 잠수함 프로펠러 중심을 만듭니다. 오브젝트를 더블클릭하여 [재질]을 선택하고 '색상'을 지정합니다.

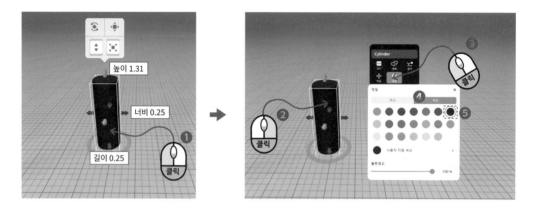

[라이브러리]-[만들기]를 선택한 후 3차원 오브젝트 'Frustum 4 sides'를 선택하여 드래그하여 화면으로 가져옵니다.

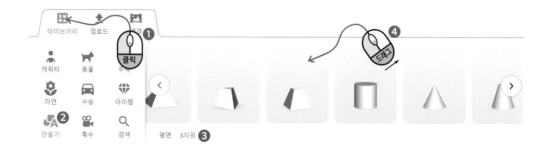

기본 모양에서 상단길이, 하단길이, 높이, 상단너비, 하단너비는 (0.1, 0.1, 1.0, 0.6, 0.2)로 각
방향의 화살표를 드래그하여 모양을 만들어줍니다. 오브젝트를 더블클릭하여 [재질]을 선택
하고 '무늬'를 지정합니다.

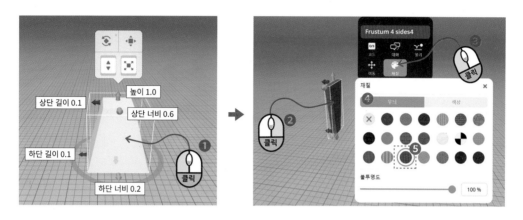

프로펠러 날개를 만들기 위해 [회전 모드]를 이용해 Y축을 90도 회전합니다.

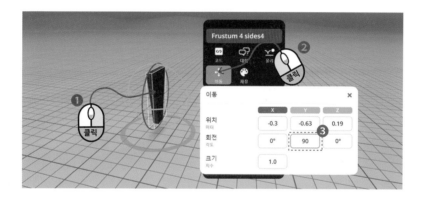

[이동 모드]를 켜고 'Alt'키를 누른 채로 날개를 4개 복제하여 [회전 모드]로 4방향에 맞게 배열
을 맞춰줍니다.

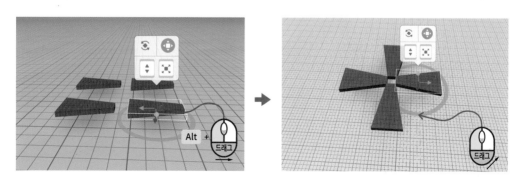

프로펠러 중심 기둥과 날개 부분을 맞춥니다.

'Shift'키를 눌러 오브젝트를 모두 선택한 후에 [그룹 만들기] 합니다.

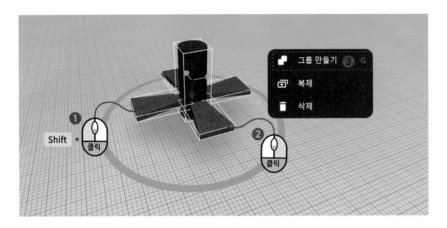

[회전 모드], [이동 모드]를 이용하여 그룹으로 만들어진 프로펠러를 이동하여 잠수함 본체 끝에 위치시킵니다.

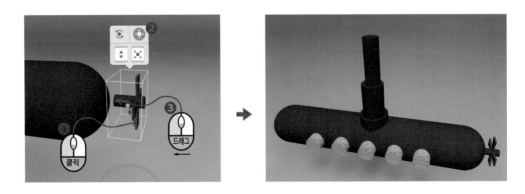

❺ 잠수함 공기 방울

[라이브러리]-[특수]에서 'Water fountain'선택 드래그하여 화면으로 가져옵니다.

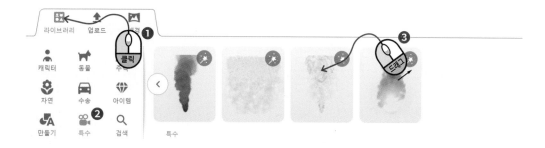

오브젝트를 더블클릭하거나 마우스 오른쪽 클릭 후 [이동] 메뉴에서 '크기'를 8.0으로 합니다.
잠수함에 붙이기 위해 크기를 키워줍니다.

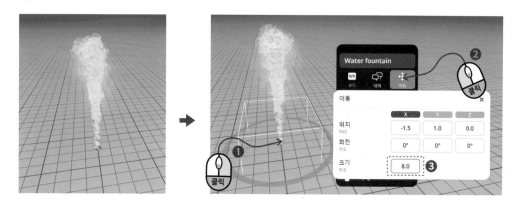

메뉴에서 '붙이기'를 누르고 프로펠러에 붙여줍니다.

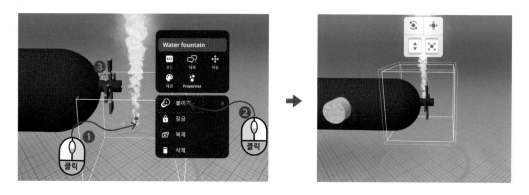

❻ 잠수함 그룹 만들기

잠수함을 구성하는 잠수함 본체, 창문, 기둥 그룹, 프로펠러 그룹(물방울, 프로펠러) 오브젝트를 'Shift'키를 누르고 모두 선택하여 [그룹 만들기] 합니다.

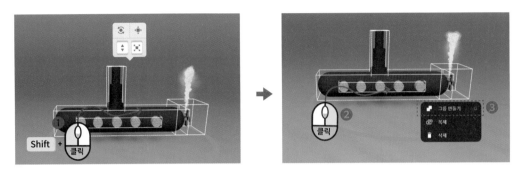

그룹 만들기 한 오브젝트의 이름을 '잠수함'으로 변경하고 [코드]에서 '코블록스에서 사용'을 선택합니다. 잠수함 오브젝트를 마우스로 선택해서 이동해보면서 그룹이 잘 만들어 졌는지 확인합니다.

❼ 잠수함 경로 설정

[라이브러리]-[특수]에서 'Round path'선택 드래그하여 화면으로 가져옵니다.

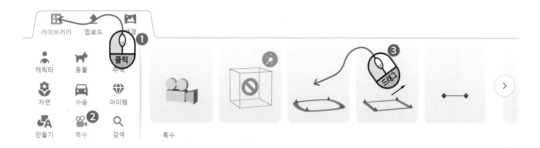

'Round path'는 경로에 점이 8개 있습니다. 오브젝트를 선택하면 나타나는 [드래그해서 크기 **바꾸기**] 메뉴로 경로 오브젝트의 크기를 크게 만들어줍니다. 경로 오브젝트를 마우스 오른쪽 클릭하거나 더블클릭하여 나타나는 메뉴에서 [**경로**]를 선택하고 '너비'를 1.0으로 설정합니다. 경로 오브젝트는 자동으로 '코블록스에서 사용'이 설정되어 있습니다.

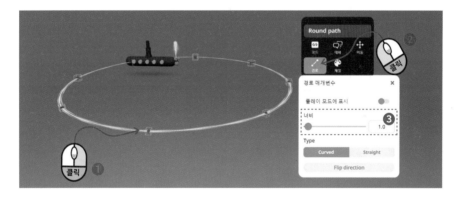

오브젝트는 기본적으로 화면에 꺼내면 바닥에 붙어있게 됩니다. 경로를 따라 오브젝트가 움직이도록 설정하면 [플레이]했을 때 오브젝트의 중심이 경로에 붙게 되어 입체감이 있는 오브젝트는 바닥 아래로 내려간 현상이 나타나게 됩니다.

따라서, 잠수함은 바닥보다 높은 위치에서 움직여야 하므로 이동 경로를 바닥에서 위로 올려 주어야 합니다.

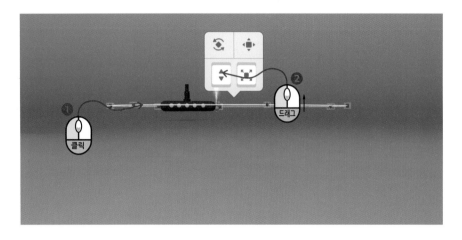

❽ 바다 환경 꾸미기

[라이브러리]-[자연]에서 'Arch rock', 'Pointy rock'을 선택해 꺼내와 방향과 크기, 위치를 적절 히 변경합니다. [라이브러리]-[자연]에서 바다에 어울리는 식물들을 꺼내어 크기 색깔을 변경 하여 바다 환경을 꾸밉니다.

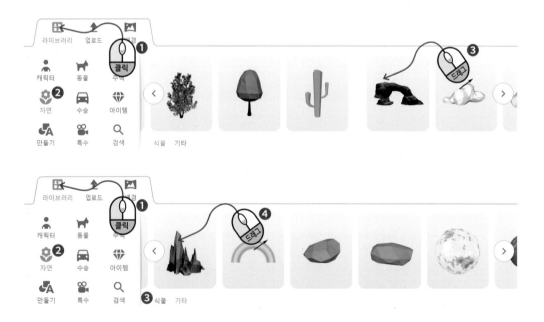

[라이브러리]-[자연]에서 'Spiky plant'의 경우 기본색에서 '사용자 지정 색상'으로 변경하고 여러 개를 복제하여 수초 느낌을 표현합니다. 이외에도 다양한 자연물로 꾸며줍니다.

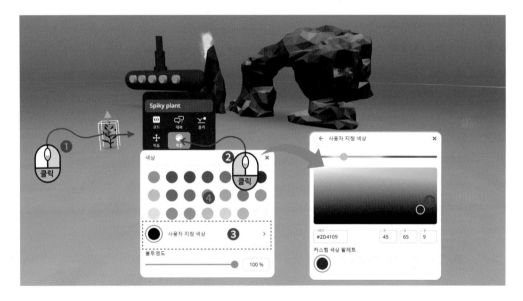

❾ 바다 동물 추가하기

[라이브러리]-[동물]-[물]에서 적당한 오브젝트를 배치하고 크기를 조절해 구현합니다.

동물의 경우 각각의 애니메이션이 존재합니다. 적당한 애니메이션을 설정해줍니다.

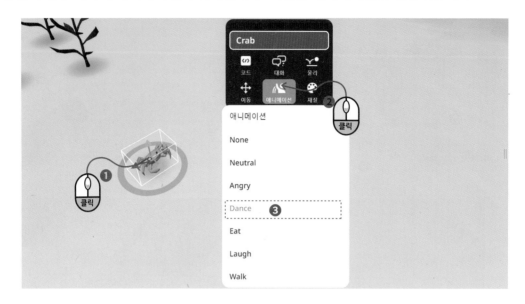

애니메이션을 설정한 뒤 오브젝트를 복제하면 설정된 애니메이션도 복제됩니다.

❿ 잠수부 추가하기

[라이브러리]-[캐릭터]-[직업]에서 잠수부를 적당한 위치에 추가합니다. 잠수부의 산소통에서 공기 방울이 나올 수 있도록 붙이기 기능을 사용하여 구현합니다.

[라이브러리]-[특수] 'Water fountain'을 드래그해서 꺼냅니다.

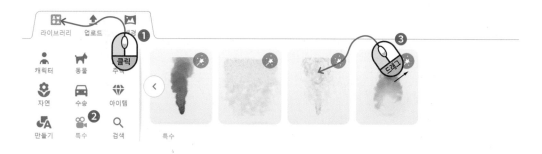

'Water fountain' 오브젝트를 마우스 오른쪽 클릭하거나 더블클릭하여 [붙이기]를 선택합니다. 선택 후 오브젝트의 여러 곳에 파란점이 보이게 됩니다. 점들 중에서 잠수부의 산소통 위 파란점(Top)을 선택하고 붙이기 합니다. 붙이기 후 화면의 방향을 돌려가며 확인합니다. 다른 잠수부에게도 공기 방울이 잘 붙었는지 확인합니다.

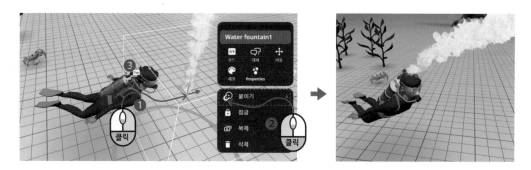

전체 배치된 화면을 확인합니다.

❶ 해양 쓰레기 오브젝트 추가하기

[라이브러리]-[주택]-[거실]에서 'Armchair', 'Filled book shelf'를 적당한 위치에 추가합니다.

오브젝트를 클릭하고 [회전 모드]를 선택하고 방향을 돌립니다. [드래그해서 올리기] 메뉴로 오브젝트의 높이를 조절하여 바닥에 잠기도록 조절합니다. 오브젝트 이름은 '암체어', '책장'으로 변경합니다. [코드]에서 '코블록스에서 사용'을 선택합니다.

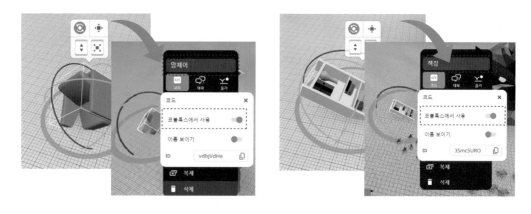

[라이브러리]-[아이템]-[소품]에서 'Frypan'을 적당한 위치에 추가합니다.

오브젝트를 클릭하고 [회전 모드]를 선택하고 방향을 돌립니다. [드래그해서 올리기] 메뉴로 오브젝트의 높이를 조절하여 바닥에 잠기도록 조절합니다. 오브젝트 이름은 '프라이팬'으로 변경합니다. [코드]에서 '코블록스에서 사용'을 선택합니다.

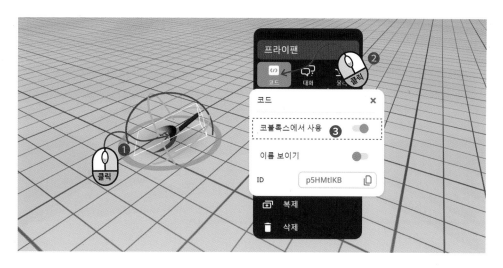

같은 방법으로 '스케이트보드', '냉장고'도 위치와 방향을 조정하고 이름을 변경한 후에 '코블록스에서 사용'을 선택합니다.

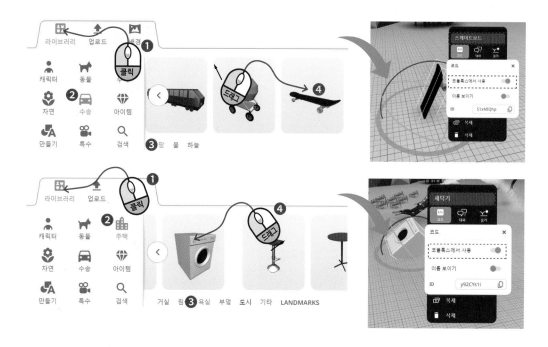

를 선택하여 실행을 확인합니다.

03 코블록스 코딩하기

1 코딩 언어 선택

[코드]를 클릭 후 코딩 언어로 코블록스를 선택합니다.

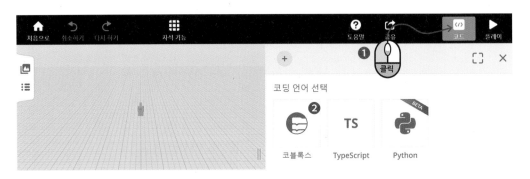

2 시작 안내 메시지 출력

아래와 같은 메시지를 출력하기 위해 정보 창에 제목과 텍스트에 직접 메시지를 입력 합니다. 정보창은 X버튼을 눌러야 종료되 는 안내창입니다.

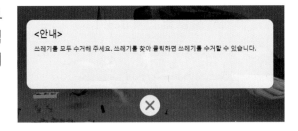

[형태]-[일반] 정보창 보이기 블록을 선택하여 코드 영역으로 옮기고 "쓰레기를 모두 수거해 주세요. 쓰레기를 찾아 클릭하면 쓰레기를 수거할 수 있습니다."라는 메시지를 텍스트 부분 에 작성합니다.

한글 입력 시 글자 수가 늘어나 입력 팝업이 발생할 때 한글 조합이 깨질 수 있습니다. 모두 입력 후 글 자가 깨진 부분은 지우고 다시 작성해주세요.

③ 잠수함 경로 이동

잠수함을 경로를 따라 이동시키기 위해 **[동작]** 코드 묶음에서 **[이동]** 부분에 '경로를 따라 이동하기'코드를 추가합니다. 잠수함이 '둥근 경로(Round path)'를 따라 앞으로 이동하는 속도는 시간으로 조절합니다. 이동 방향은 '앞'과 '뒤' 중에서 선택합니다. 동작 코드만 사용하면 잠수함은 경로를 한 바퀴 돌고 멈추게 됩니다. 계속해서 잠수함이 도는 효과를 주기 위해 **[제어]** 코드 묶음에서 '무한 반복하기'로 잠수함이 경로를 따라 무한 반복 이동하도록 코드를 만듭니다.

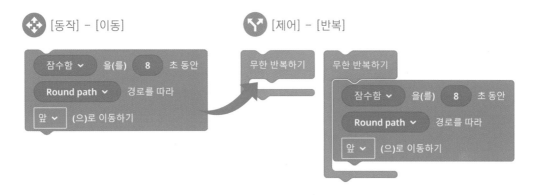

④ 해양 쓰레기

해양 쓰레기를 클릭하면 아이템이 사라지면서 쓰레기 수거 메시지를 띄우는 코드를 작성합니다. 오브젝트를 클릭했을 때 나타나는 이벤트이기 때문에 해양 쓰레기 오브젝트는 '코블록스에서 사용'이 설정되어 있어야 합니다.

오브젝트를 클릭했을 때 사라지는 효과로 **[형태]** 코드 묶음에서 오브젝트의 '불투명도를 정하기' 블록을 사용합니다. 불투명 정도를 조절하는 값은 불투명도가 100이면 원래의 색을 유지하며 0에 가까울수록 투명해집니다. 클릭하면 사라지는 효과로 코블록스 코드 불투명도 값을 0으로 수정합니다.

해양 쓰레기를 클릭했을 때 불투명도를 0으로 정하여 사라지게 하고 정보창이 보이도록 코드를 만들고 오브젝트를 클릭 후 안내 메시지창을 그림과 같이 구성합니다. 제목은 '쓰레기 수집 성공', 텍스트는 클릭한 오브젝트 이름으로 '세탁기 쓰레기를 청소해 주셔서 감사합니다.'라고 정보창에 입력합니다.

세탁기를 클릭했을 때 코드 묶음에서 마우스 오른쪽 클릭하고 '복제하기'를 오브젝트 수 만큼 반복합니다. 각 코드를 프라이팬, 스케이트보드, 암체어, 책장으로 수정합니다. 아래쪽으로 코드를 이어 연결하여 코드를 완성합니다.

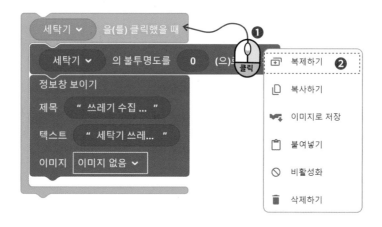

[전체 코드]

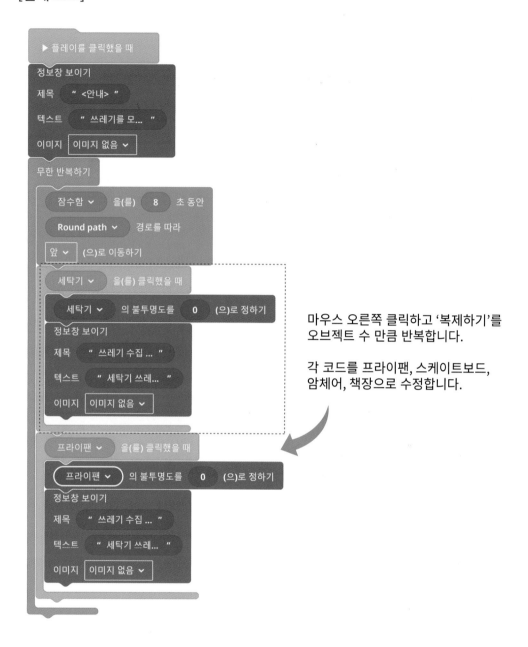

마우스 오른쪽 클릭하고 '복제하기'를
오브젝트 수 만큼 반복합니다.

각 코드를 프라이팬, 스케이트보드,
암체어, 책장으로 수정합니다.

▶ 버튼을 눌러 완성코드가 잘 동작하는지 확인합니다.

응용 작품 만들기

마지막 쓰레기 수거 완료했을 때 메시지를 나타내어봅니다.

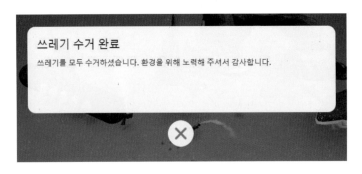

변수 추가하기

1 모은쓰레기 변수

[데이터] 코드 모음 탭에서 '변수를 정하 기' 블록을 선택하여 원하는 변수의 이름 을 '모은쓰레기'로 입력하고 그 초기값을 '0'으로 설정합니다.

2 변수 값 변경하기

해양 쓰레기를 클릭했을 때 변수 '모 은쓰레기'의 값을 1 만큼 바꿉니다. 프라이팬, 스케이트보드, 암체어, 책 장이 클릭했을 때도 넣어 줍니다.

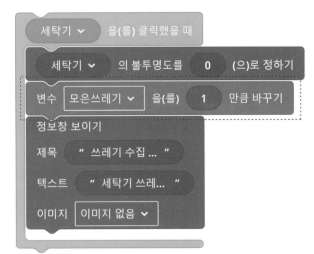

메시지 정보창 보이기

■ 비교 확인하기

쓰레기를 다 모았을 경우 메시지를 보여주기 위해서 모은쓰레기가 5개 이상이면 정보창을 보여주고 반복을 종료하도록 합니다.

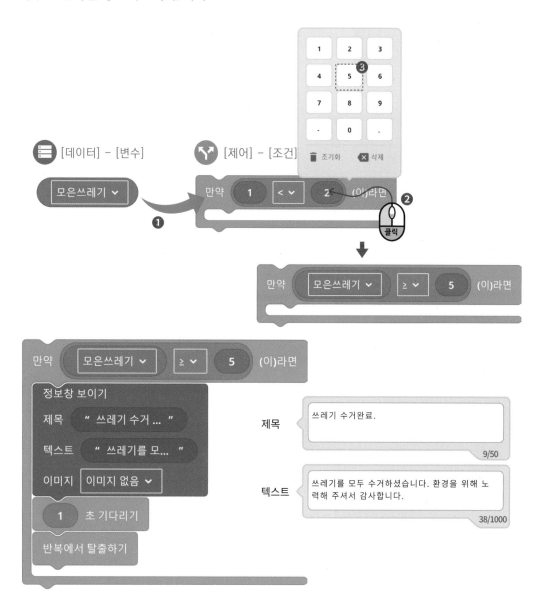

[전체 코드]

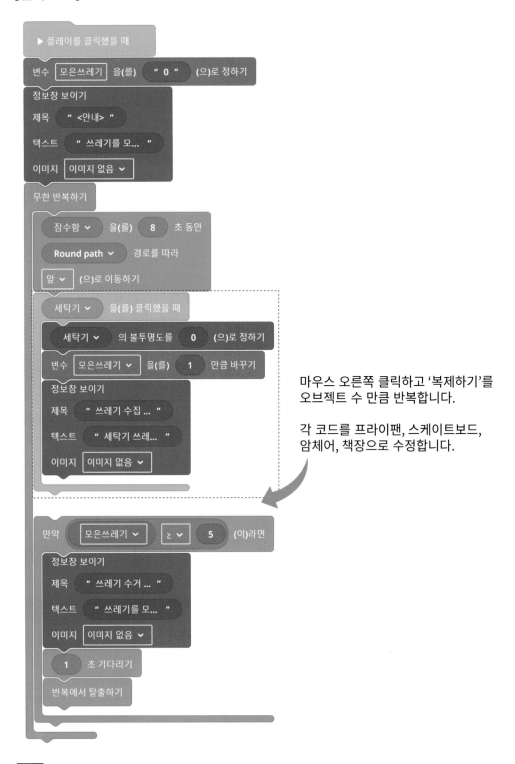

▶ 플레이를 클릭했을 때

변수 `모은쓰레기` 을(를) `" 0 "` (으)로 정하기

정보창 보이기
제목 `" <안내> "`
텍스트 `" 쓰레기를 모... "`
이미지 `이미지 없음 ▾`

무한 반복하기

잠수함 ▾ 을(를) `8` 초 동안
`Round path ▾` 경로를 따라
`앞 ▾` (으)로 이동하기

세탁기 ▾ 을(를) 클릭했을 때
`세탁기 ▾` 의 불투명도를 `0` (으)로 정하기
변수 `모은쓰레기 ▾` 을(를) `1` 만큼 바꾸기
정보창 보이기
제목 `" 쓰레기 수집 ... "`
텍스트 `" 세탁기 쓰레... "`
이미지 `이미지 없음 ▾`

마우스 오른쪽 클릭하고 '복제하기'를
오브젝트 수 만큼 반복합니다.

각 코드를 프라이팬, 스케이트보드,
암체어, 책장으로 수정합니다.

만약 `모은쓰레기 ▾` `≥ ▾` `5` (이)라면
정보창 보이기
제목 `" 쓰레기 수거 ... "`
텍스트 `" 쓰레기를 모... "`
이미지 `이미지 없음 ▾`
`1` 초 기다리기
반복에서 탈출하기

▶ 버튼을 눌러 완성코드가 잘 동작하는지 확인합니다.

05 나만의 아이디어로 완성하기

1. 다양한 오브젝트를 넣고 프로젝트에 추가 완성해 봅니다.

2. 카메라를 제거했을 때와 아닐 때를 비교해 보고 차이점을 알아봅니다.

3. 내가 찾은 해양 오염원인은 어떤 것이 있는지 작품에 적용해 봅니다.

4. 잠수부, 바다생물들도 경로를 따라 움직이도록 해봅니다.

06 생각해보기

바다를 오염시키는 것은 어떤 것이 있는지 알아봅니다. 오염원을 줄이고 해양 생물을 보호하기 위해 할 수 있는 것은 무엇이 있을지 생각해봅니다.

자신의 생각을 적어보세요

바다오염의 원인은 무엇인지 알아보세요.	
바다 오염원에는 어떤 것들이 있나요?	
해양 생물을 지키고 오염을 막기위해 실천할 수 있는 것들에는 무엇이 있을까요?	

2. 기후 행동 골드버그

기후 행동 - SDGs Goal13
하나뿐인 지구를 위한 과감하고 긴급한 조치

기후 행동은 지속가능발전목표(SDGs)의 13번째 목표입니다. 기후변화와 그로 인한 영향에 대처하는 긴급행동 시행을 목표로 합니다.

인간의 행동과 개발 등으로 발생하는 이산화탄소와 온실가스로 인해 지구 온난화가 가속화되고 있습니다. 이는 극심한 가뭄, 산불 등의 기후 재해를 잦아지게 하며, 해수면이 상승하고, 기상이변이 심화하고 있는 등 지구상에 존재하는 모든 생명체의 삶에 큰 영향을 미치고 있습니다.

| 대형 산불 | 가뭄 | 허리케인 | 홍수 |

SDG13의 3가지 구체적인 목표
- 모든 국가에서 기후 관련 위험 및 자연재해에 대한 탄력성과 적응 능력을 강화한다.
- 기후변화 조치를 국가 정책, 전략 및 계획에 통합한다.
- 기후변화 완화, 적응, 영향 감소 및 조기 경보에 대한 교육, 인식 제고 및 인적·제도적 역량을 향상시킨다.

SDG13의 세부 목표
- 유엔 기후변화협약(UNFCCC)에 따라 선진국들이 공동으로 매년 1천억 달러를 동원한다.
- 최빈국과 소도서 개도국에서 효과적인 기후변화 대응 계획 및 관리 역량을 강화한다.
- 여성, 청년, 지역사회 등의 참여를 지원한다.

"기후 변화 대처를 위한 긴급 조치"

SDG13의 실현을 위한 노력

재생 가능 에너지에 대한 투자를 늘여 탄소배출량을 줄이기 위해 노력하고 있지만 2050년까지 탄소배출량은 감소시키고 흡수, 제거량은 증가시켜 순 배출량이 0이 되는 상태인 탄소중립을 실천하기는 쉽지 않습니다. 저탄소, 기후 탄력적 경제로의 전환을 달성하려면 지금보다 훨씬 더 많은 연간 투자가 필요하며, 더 혁신적이고 과감한 목표 설정과 긴급한 대응이 필요합니다.

"한국은 OECD 가입국 중 온실가스 총배출량 몇위 일까요?"

[온실가스 총배출량 (2018)]

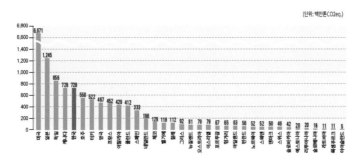

출처: OECD (stats.oecd.org)

[미래세대, 기후재앙에 더 많이 노출]

2020년생이 1960년생과 비교해 평생 기후위기를 겪을 확률

출처 : 세이브더칠드런

기후변화는 우리의 생존을 위협하는 우리 모두에게 닥친 긴급한 위기입니다. 따라서 국가뿐만 아니라 전세계 구성원들 개개인의 적극적인 참여도 필요합니다. 나무심기, 친환경·신재생에너지 사용, 전기자동차, 플라스틱 사용줄이기 등 생활에서 작은 선택과 행동이 변화를 일으킬 수 있다는 '생각'의 전환을 통해 환경을 위한 선택을 실천에 옮김으로써 우리는 기후위기를 극복할 수 있습니다.

골드버그 게임 만들기

작품 미리 보기

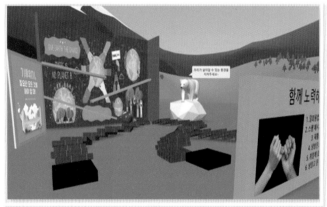

SDGs의 13번째 목표인 '기후행동'을 실천하기 위해 기후변화의 내용과 그 원인을 생각해봅니다.
공이 아래로 굴러서 떨어지면 벽돌 블록들이 도미노로 넘어져 이상 기후현상이 붙어있는 마지막 블록이 넘어지도록 합니다.

이상기후를 일으키는 원인을 생각해보고 지구상의 모든 생명체가 잘 살아갈 수 있는 환경을 만들 작은 실천 방법을 생각하여 나타내봅니다.

학습 내용

1. 자석 기능을 활용하여 아이템을 붙여봅니다.

2. 물리 효과로 정밀한 충돌을 표현해봅니다.

3. 마찰과 탄성 조건에 대해 알아봅니다.

4. 텍스트 메시지 상자를 코딩으로 구현해 봅니다.

이번 활동에서는 물리 속성을 이용하여 오브젝트에 충돌과 마찰 옵션을 구현하는 방법을 알아봅니다. 과연 물리 속성으로 구현할 수 있는 효과는 어떤 것이 있을까요?

01 배워봅시다

자석

[자석 기능]

[자석 기능]-[아이템에 붙이기]

오브젝트를 드래그했을 때 자동으로 그 면에 수직이 되도록 배열합니다. 벽에 오브젝트를 붙이거나 오브젝트 위에 다른 오브젝트를 수직으로 올릴 때 사용할 수 있습니다. 이때 오브젝트의 축 방향을 잘 이해해야 합니다. 오브젝트의 [이동 모드]를 선택했을 때 하늘색이 가리키는 방향이 Z축, 녹색이 가리키는 방향이 Y축, 빨간색이 가리키는 방향이 X축인 것을 기억하고 [자석 기능]을 사용합니다.

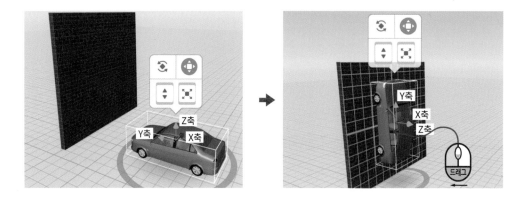

벽의 수직 방향으로 도형이 붙습니다. (Z축이 시계방향으로 90도 회전합니다.)

[자석 기능]-[격자에 맞추기]

기능은 격자 모양을 활성화해 공간의 크기를 확인할 수 있고, 격자 모양으로 거리를 짐작할 수 있습니다.

[격자에 맞추기]는 0.05, 0.1, 0.25, 0.5, 1.0 중 그 값을 선택할 수 있습니다. 기본 0.25로 설정되어 있고 격자의 크기를 말합니다. 0.05는 5cm, 0.1은 10cm, 0.25는 25cm, 0.5는 50cm, 1.0은 1m를 의미합니다.

[격자에 맞추기 선택 전]

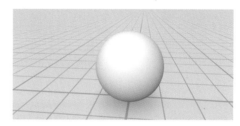

[격자에 맞추기 선택 후]

[격자에 맞추기] 기능이 켜져 있으면 오브젝트는 격자 단위로 이동이 가능하고 오브젝트를 가로세로 정렬하여 맞출 때 유용하게 사용할 수 있습니다. 오브젝트를 세밀하게 이동하고자 할 때는 [격자에 맞추기] 기능을 해제하고 오브젝트를 움직여 배치하도록 합니다.

물리

코스페이시스에서 만들어진 3D환경에서 위에서 아래로 떨어지거나 구르는 등 오브젝트에 움직임 효과를 주기 위해서는 중력을 작용시켜야 합니다. 물리가 적용되지 않으면 오브젝트를 공중에 띄워 놓고 [플레이]를 했을 때 오브젝트는 바닥으로 떨어지지 않고 공중의 제자리에 그대로 있게 됩니다.

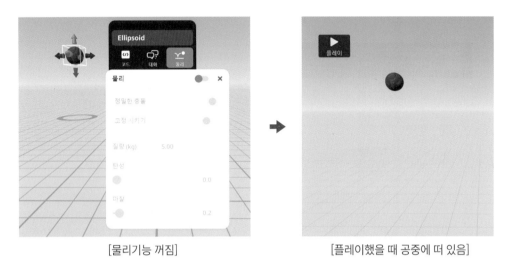

[물리기능 꺼짐]　　　　　　　　　　[플레이했을 때 공중에 떠 있음]

오브젝트에 움직임을 주고 싶을 때 [물리] 기능을 활성화합니다. [물리] 기능을 활성화하면 오브젝트에 중력이 적용되어 [플레이] 하면 바닥으로 떨어집니다.

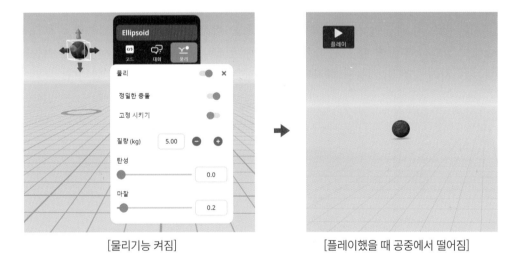

[물리기능 켜짐]　　　　　　　　　　[플레이했을 때 공중에서 떨어짐]

[충돌]

코스페이시스에서 오브젝트는 기본 설정으로 사용할 경우 오브젝트는 다른 오브젝트와 만났을 때 서로 통과합니다. 현실 세계에서 오브젝트는 서로 통과할 수 없으므로 이때도 [물리] 개념을 적용해야 합니다. 오브젝트가 서로 부딪쳤을 때 부딪치는 효과를 표현하기 위해 부딪치는 오브젝트 모두에 [물리]-[정밀한 충돌]을 활성화해야 합니다.

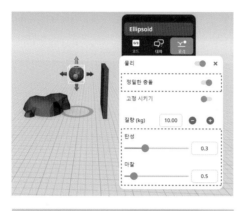

[정밀한 충돌]

정밀한 충돌을 활성화하면 오브젝트의 각진 모양에 따라 부딪치는 오브젝트의 충돌 방향이 다르게 표현됩니다. [플레이] 실행했을 때 공이 떨어지면서 바위에 부딪히고 굴러 내려와 벽에 닿아 벽은 넘어지고 공은 계속 굴러가게 됩니다.

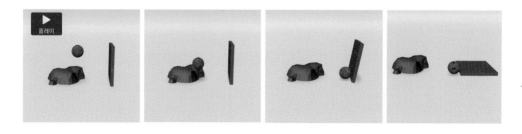

[고정시키기]

오브젝트를 그 자리에 고정시킵니다. 오브젝트가 서로 충돌하는 효과를 만들기 위해 충돌하는 모든 오브젝트는 [물리]를 활성화합니다. 오브젝트가 충돌하면 의도와 다르게 공이 벽에 부딪히면 벽이 밀려 넘어지는 일이 발생합니다. 이런 현상이 일어나지 않도록 벽의 질량을 높게 설정하거나 [고정시키기]를 선택합니다.

[질량]

코스페이시스에서 오브젝트의 질량은 모두 5kg으로 초기 설정되어 있습니다. 물리 기능을 사용하여 오브젝트를 현실감 있게 구현하기 위해서는 실제 오브젝트의 질량과 비례하여 질량 값을 설정해 주어야 합니다. 오브젝트의 크기에 따른 질량을 설정해 주어야 서로 충돌했을 때 원하는 효과를 만들어 낼 수 있습니다.

[탄성]

오브젝트가 잘 튕기도록 하는 기능으로 그 값은 0.0~1.0 사이의 값을 설정할 수 있습니다. 탄성은 외부의 힘에 의해 변형된 물체가 외부의 힘을 제거하면 원래의 상태로 돌아가려는 성질로 고무공이나 탁구공 등 둥근 물체를 예상하지만 진자 충돌실험이나 당구에서 보면 탄성은 물체 사이로 힘이 전달되기도 합니다.

코스페이시스에서 [탄성]은 힘이 전달되어 튕기는 효과로 나타납니다. 공중에 띄운 공이 [물리] 기능을 활성화했을 때 바닥으로 떨어지고 바닥으로 떨어진 공이 바닥과 부딪쳐서 다시 튕겨 오르는 효과를 만들어 낼 수 있는 것입니다.

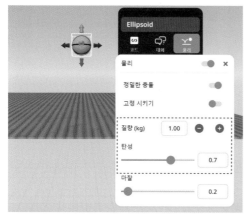

[탄성 0.7, 질량 1kg]

 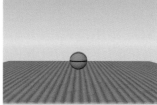 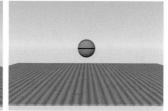

[공이 떨어지고 바닥에 튕김]

공의 탄성을 0.0으로 설정하면 공은 전혀 튕겨 오르지 않습니다. 공 또는 바닥의 탄성을 1.0으로 설정할 경우 공은 잘 튕기게 됩니다. 두 오브젝트 모두의 탄성을 1.0으로 설정하여도 공은 잘 튕기게 됩니다.

[마찰]

마찰은 두 물체 접촉면 사이에서 물체의 운동을 방해하는 힘으로 코스페이시스 [물리] 선택 후 마찰 값을 조절할 수 있습니다. [마찰] 값은 0.0~5.0으로 설정할 수 있으며 [물리]를 활성화 하면 기본 마찰 값은 0.2입니다.

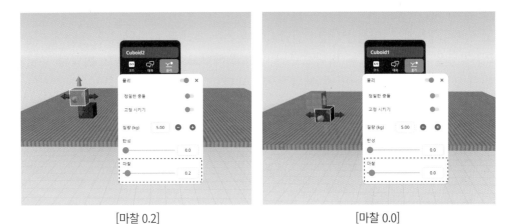

[마찰 0.2] [마찰 0.0]

마찰 값을 0으로 설정할 경우 밀리는 오브젝트가 미끄러지는 효과와 같이 나타납니다.

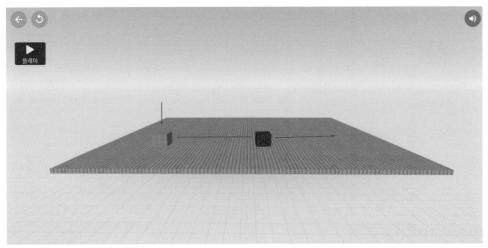

[플레이 모드 - 마찰 0.2 블록 바닥으로 떨어짐, 마찰 0.0 블록 옆으로 계속 미끄러짐]

넘어지는 효과를 나타내기 위해 부딪히는 오브젝트의 마찰 값을 조절해야 합니다.

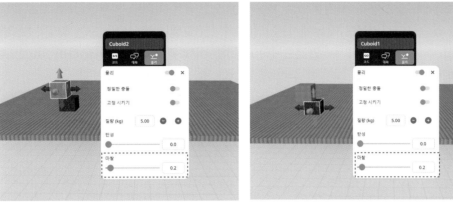

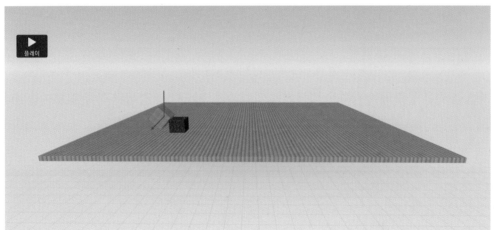

코스페이시스 기본 마찰 값 0.2를 0으로 하면 미는 오브젝트는 마찰이 없어 다른 오브젝트를 밀 수 없습니다. 원하는 효과를 나타내기 위해 오브젝트 간의 적절한 마찰 값을 찾아 입력합니다.

현실 세계에서의 물리현상을 코스페이시스에서 구현하기 위해 사용한 [물리] 기능의 탄성, 마찰, 충돌 등 각각의 기능은 현실 세계와 동일하게 구현되지 않기 때문에 일부분 비슷하지만 다른 점도 있다는 것을 기억하고 구현하도록 합니다. 코스페이시스에서의 [물리] 효과는 구현하고자 하는 대상마다 적절히 물리 값을 조절하여 사용합니다.

외부 이미지 검색

[업로드]메뉴를 사용하여 기본으로 제공하는 오브젝트 이외에 외부 자료를 오브젝트로 사용할 수 있습니다. [업로드]메뉴에서는 [이미지], [3D모델], [비디오], [모든 파일], [소리] 타입을 추가할 수 있습니다. 이 중 [업로드]-[이미지]에서 [웹 검색]메뉴를 사용하면 원하는 이미지를 코스페이시스에서 바로 사용할 수 있게 됩니다.

[웹 검색]을 클릭하여 원하는 검색어를 입력하면, Bing에서 검색된 목록을 보여줍니다.

02 작품 만들기

코스페이스 3D환경으로 만들기

■ 코스페이스 만들기

[3D환경]으로 작품 공간을 만듭니다.

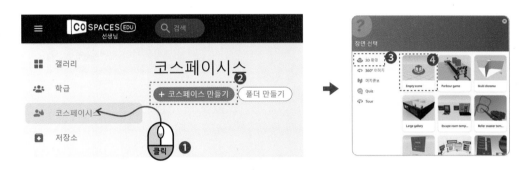

2 프로젝트 이름

공간의 이름을 이름변경의 메뉴를 이용하여 SDGs의 13번째 목표인 [기후행동] 프로젝트로 생성해봅니다.

배경 및 오브젝트 추가하기

1 배경 추가

[배경]-[수정]을 클릭하여 원하는 배경을 선택합니다.

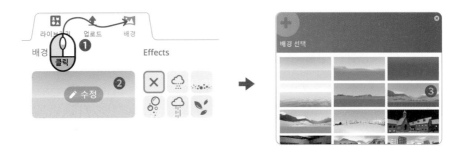

2 이미지와 소리 파일 추가하기

[업로드]-[이미지], [소리] 메뉴를 이용하여 작품에 어울리는 이미지와 소리를 웹 검색이나 준비된 파일 업로드를 통해 작품에 추가할 수 있습니다.

미리 준비해둔 이미지가 있다면 [업로드]-[이미지]-[업로드]를 통해 사용하고, 그렇지 않을 경우는 [웹검색]를 통해 '기후위기', '지구 온난화', '홍수', '허리케인', 'CO2', '실천 약속'을 나타내는 이미지를 한글 또는 영어로 검색합니다. 검색된 이미지 중 사용할 이미지를 화면에 한 번 드래그해서 꺼냈다가 웹 검색 목록에 등록이 되면 화면에서 삭제합니다. 선택된 이미지들의 이름을 더블 클릭하여 변경해줍니다.

*검색된 이미지는 교재 이미지와 다를 수 있습니다.

업로드를 통해 위험을 경고하는 소리파일(위험경고.mp3)과 작품 배경음악으로 사용될 소리 파일 (walking.mp3)을 추가합니다.

③ 오브젝트 추가

골드버그를 만들기 위해 지구온난화벽, 굴러 가기를 구현하기 위해 기울인 받침판을 구성합니다. 굴러가는 공과 도미노를 만들고 이상기후 이미지를 업로드해 이미지판을 완성합니다. 빙하와 북극곰 추가해 봅니다.

❶ 지구온난화벽

[라이브러리]-[만들기]를 선택한 후 3차원 오브젝트 'Cuboid'를 선택하여 드래그하여 화면으로 가져옵니다.

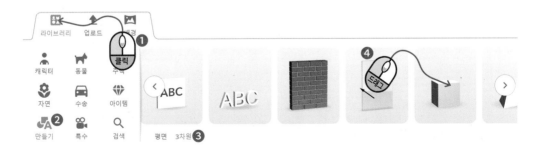

오브젝트를 클릭하면 길이, 높이, 너비를 조정하여 넓은 판을 만들어 세웁니다.

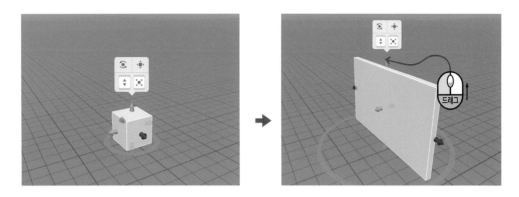

오른쪽 마우스를 클릭하여 [팝업메뉴]를 띄우고 [재질]에서 '무늬'나 '색상'을 변경합니다.

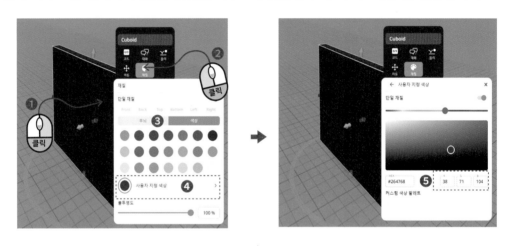

세워질 벽의 길이, 높이, 너비는 (0.75, 22.36, 32.87) 로 각 방향의 화살표를 드래그하여 키워 줍니다. 오른쪽 마우스를 클릭하여 [팝업메뉴]를 띄우고 [이동]에서 'Cuboid'의 위치 X, Y, Z 를 (6.5, -21.38, 0.0)으로 변경합니다.

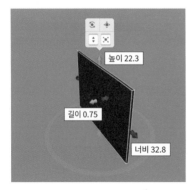

❷ 기울인 받침판

[라이브러리]-[만들기]를 선택한 후 3차원 오브젝트 'Cuboid'를 선택하여 드래그하여 화면으로 가져옵니다.

오브젝트를 클릭하고 길이, 높이, 너비를 (0.50, 2.52, 16.38)로 조정하여 '기울인 받침판'을 만들고, [재질]에서 색상을 변경합니다.

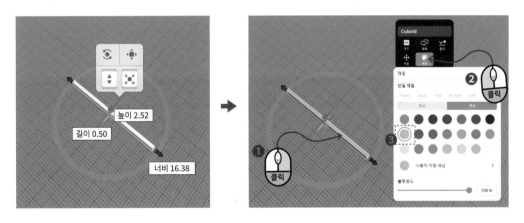

'기울인 받침판'을 클릭하여 회전을 선택한 후 아래의 그림과 같이 받침판을 90도만큼 앞으로 기울여줍니다.

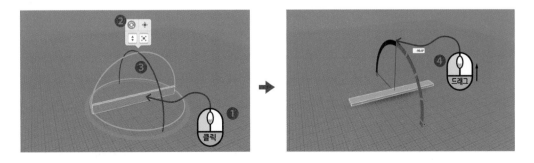

받침판을 지구온난화벽에 배치하기 위해 상위 메뉴바에서 [자석기능]메뉴를 선택합니다.

'아이템에 붙이기'와 '격자에 맞추기'항목을 선택한 후 기울인 받침판을 이동시키면 지구온난화벽에 격자가 보이며 받침판이 자동으로 벽에 붙게 됩니다.

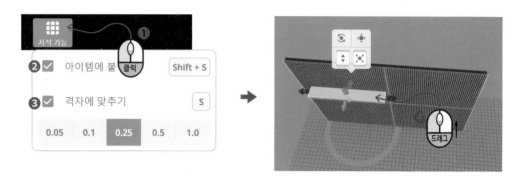

'Cuboid1'에서 오른쪽 마우스를 클릭하여 팝업메뉴를 띄우고 [이동]에서 위치와 회전 값을 변경합니다.

골드버그에서 공이 굴러 내려갈 수 있도록 X, Y, Z축에 (-90, -8, 0) 값을 넣어 경사를 표현하여 기울어진 받침판을 만듭니다.

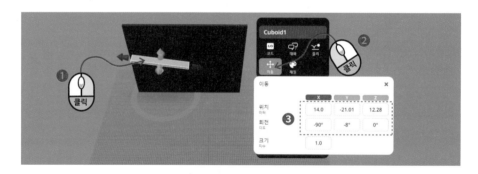

[Alt] 키를 누르고 기울인 받침판을 선택하고 드래그하여 오브젝트를 복제하여 'Cuboid2'를 생성합니다.

기울인 받침판 오브젝트를 반대 방향으로 기울이기 위해 Y회전 값을 수정하여 X, Y, Z의 회전값을 (-90, 10, 0)으로 설정하고 위치 X, Y, Z 값을 (0.12, -21.0, 8.77)로 정하여 배치합니다.

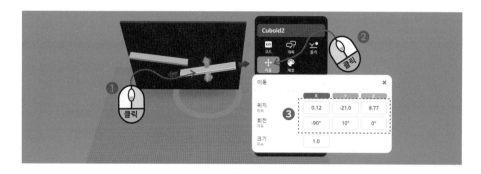

[Alt] 키를 누르고 기울인 받침판을 선택하고 드래그하여 오브젝트를 복제합니다.

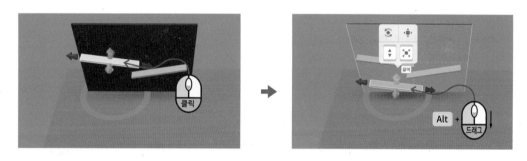

공이 바닥으로 굴러 내려갈 수 있도록 Y 회전 값을 수정하여 X, Y, Z의 회전 값을 (-90, -16, 0)으로 설정하고 위치 X, Y, Z값을 (14.5, -21.0, 4.69)로 정하여 배치합니다.

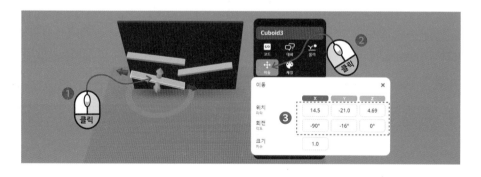

⚠️ 프로젝트 완성 후 공굴리기를 실행하였을 때 공이 밖으로 튀는 경우 '기울인 받침판'의 너비를 조금 넓게 설정해 줍니다.

공이 바깥으로 굴러가지 않도록 양쪽으로 벽을 세웁니다.

[Alt] 키를 누르고 '지구온난화벽'을 선택하고 드래그하여 벽을 복제하고 복제된 벽의 너비를 적당하게 조절합니다.

복제된 벽의 위치 X, Y, Z를 (22.63, -18.19, 0.0) , 회전 X, Y, Z값을 (0, 0, 90)으로 조절하여 '지구온난화벽' 왼쪽에 배치합니다.

[Alt] 키를 누르고 왼쪽 벽을 선택하고 드래그하여 벽을 복제한 후, '지구온난화벽' 오른쪽에 배치합니다. 이렇게 복제할 때 자석 기능이 활성화되어 있으므로 복제되는 벽이 '지구온난화벽'에 붙지 않도록 주의합니다.

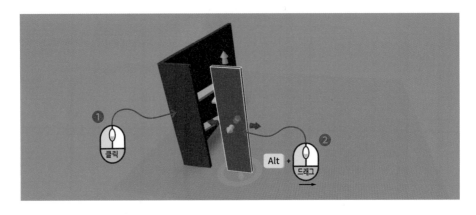

오른쪽에 배치할 벽의 위치 X, Y, Z를 (-9.67, -17.88, 0.0)으로, 회전 X, Y, Z값을 (0, 0, -90)으로 변경하여 '지구온난화벽' 오른쪽에 배치합니다.

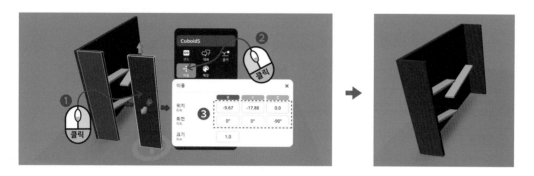

❸ 공

[라이브러리]-[자연]을 선택하고 기타 오브젝트 'Earth'를 선택 후 드래그하여 화면으로 가져옵니다.

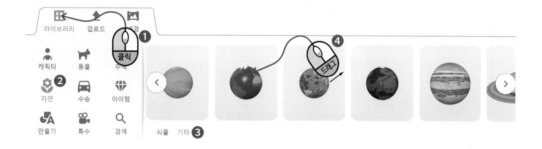

'Earth' 오브젝트를 선택하고 오른쪽 마우스를 클릭하여 [이동]을 선택하고 Earth의 X, Y, Z 위치를 (-4.75, -18.19, 1.63) 으로 조절합니다.

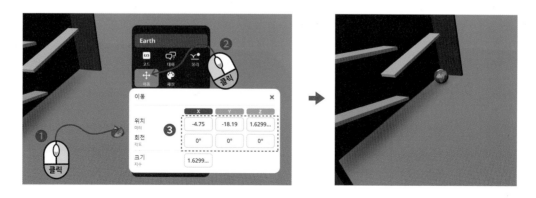

[Alt]키를 누르고 'Earth'를 선택하고 드래그하여 복제합니다.

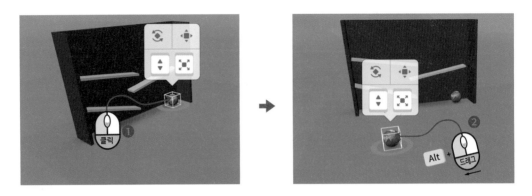

복제된 'Earth1' 오브젝트를 선택하고 오른쪽 마우스를 클릭하여 [이동]을 선택하고 'Earth1'의 위치 X, Y, Z는 (20.94, -19.58, 14.75) 으로, 회전 X, Y, Z는 (0, -8, 0), 크기는 0.75로 조절하여 첫 번째 기울임 받침대 위로 이동시킵니다.

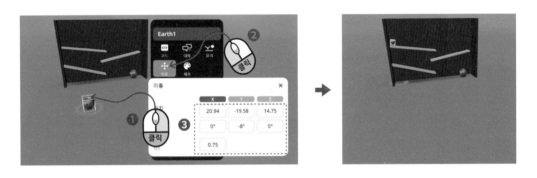

'Earth1'을 공처럼 굴려 'Earth'와 충돌시키기 위해 [물리] 기능을 사용합니다. 충돌 후 부딪치는 오브젝트와 세밀한 효과를 만들기 위해 '정밀한 충돌'을 설정합니다. 무거운 공을 굴리는 효과를 만들기 위해 '질량'은 '10kg'으로 변경하고 튀어 오르는 효과는 없어야 하므로 '탄성'은 '0.0'으로 설정합니다. 무거운 공이 천천히 굴러가고 기울인 받침판 밖으로 굴러떨어지지 않게 표현하기 위해 '마찰'을 '0.5'로 변경합니다.

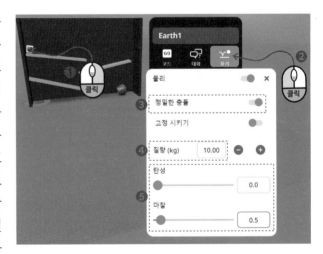

바닥에 있는 'Earth' 오브젝트도 물리를 적용합니다. 'Earth1'과 충돌 후 오른쪽 벽에 부딪혀 팅겨 나와야 하므로 'Earth'는 '탄성' 값을 '0.32'로 주도록 합니다.

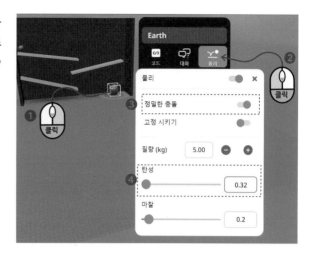

지금의 상태로 [플레이]를 실행하면 'Earth1'은 물리가 적용되어 있고 기울인 받침판은 물리가 적용되어 있지 않기 때문에 Earth1이 바닥으로 떨어지게 됩니다.

'Earth1'이 굴러가는 효과를 내도록 '기울인 받침판'에도 [물리]를 적용해 주어야 합니다. [물리] 적용 후 중력이 작용하여 '기울인 받침판'이 바닥으로 떨어지지 않도록 [고정 시키기]를 활성화합니다. '기울인 받침판', 'Cuboid1, 2, 3' 모두 [물리]를 적용하고 [고정 시키기]를 활성화합니다.

굴러간 'Earth'와 'Earth1'이 벽과 충돌했을 때 통과되지 않도록 삼면으로 세운 벽에 [물리]를 적용합니다. 벽이 Earth와 부딪쳐도 넘어지지 않게 하기 위해 [고정 시키기]를 선택합니다.

즉, 삼면의 벽 모두를 [물리] 적용하고 [정밀한 충돌], [고정 시키기]를 선택합니다.

▶ 를 선택하여 실행을 확인합니다.

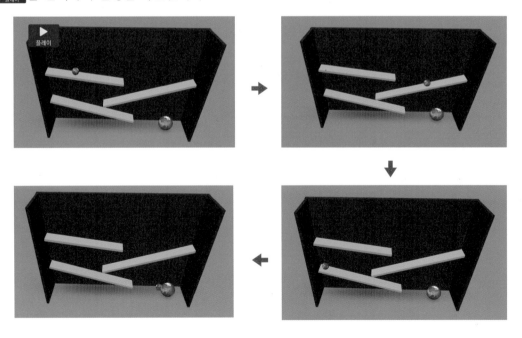

❹ 도미노 블록

[라이브러리]-[만들기]를 선택한 후 3차원 오브젝트 'Cuboid'를 선택하여 드래그하여 화면으로 가져옵니다.

오른쪽 마우스를 클릭하여 팝업메뉴를 띄우고 [재질]에서 '무늬'를 변경합니다.

오브젝트의 벽돌 무늬를 살리기 위해 오른쪽 마우스를 클릭하여 팝업메뉴를 띄우고 [이동]에서 '크기'를 '8.5'로 변경합니다. 크기를 먼저 키우고 길이, 높이, 너비를 조정하여 큰 벽돌 무늬를 표현합니다.

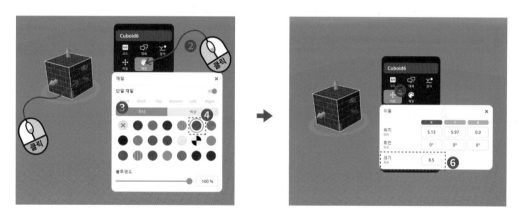

오브젝트를 클릭하고 길이, 높이, 너비를 (0.62, 3.87, 4.12)로 조정하여 도미노 블록을 만들고 오른쪽 마우스를 클릭하여 팝업메뉴를 띄우고 [이동] 메뉴에서 위치 X, Y, Z를 (-4.31, -15.81, 0.0)으로 설정합니다.

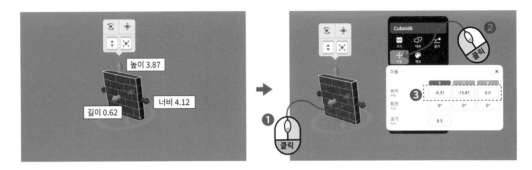

'Earth' 오브젝트가 굴러와 도미노 블록에 부딪히면 도미노 블록이 넘어져야 하므로 도미노 블록에 [물리]를 적용합니다. 부딪쳐 넘어지기 때문에 [고정 시키기]는 선택하지 않고 질량, 탄성, 마찰은 기본값 그대로 수정하지 않습니다.

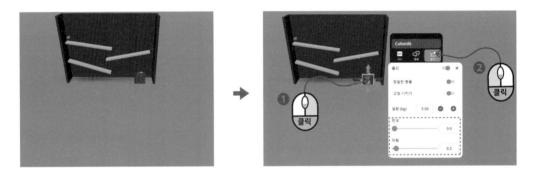

[Alt] 키를 누르고 도미노 블록을 선택하고 드래그하여 도미노 블록을 복제합니다. [Alt] 키를 누르며 블록을 계속 복제하여 도미노 길을 만듭니다.

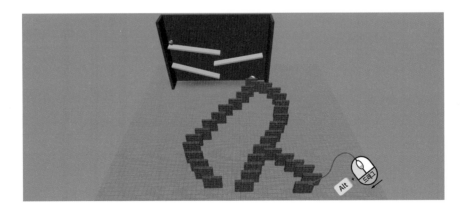

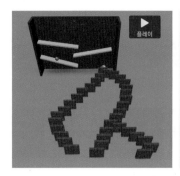를 선택하여도미노 블록이 모두 넘어지는지 확인합니다.

도미노 블록 길 마지막 블록은 이상기후 현상에 대한 블록으로 마지막 블록을 복제하여 [무늬]를 없애고 '색상'에서 '사용자 지정 색상'을 선택하고 색상을 검정으로 변경합니다.

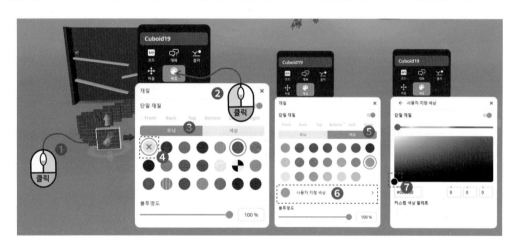

❺ 이상기후 이미지

[라이브러리]-[업로드]-[이미지]를 선택하여 도미노 블록에 배치할 웹에서 검색하여 등록해놓은 이미지를 드래그하여 검정 도미노 블록에 배치합니다.

가져온 이미지를 검정 도미노 블록에 배치 후 [드래그해서 크기 바꾸기]를 클릭하여 이미지의 크기를 조절합니다.

'Earth1' 오브젝트가 굴러내리는 뒷면의 벽에도 이미지를 드래그하여 배치 후 [드래그해서 크기 바꾸기]를 클릭하여 이미지의 크기를 조절합니다.

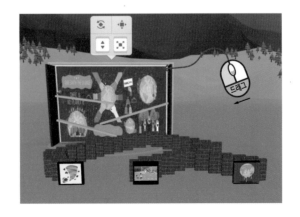

❻ 기후위기 이미지판

[라이브러리]-[만들기]를 선택한 후 3차원 오브젝트 'Cuboid'를 선택하여 드래그하여 화면으로 가져옵니다.

오른쪽 마우스를 클릭하여 팝업메뉴를 띄우고 [이동]에서 크기를 26.5로 변경하고, 길이, 높이, 너비를 조정하여 이상기후 이미지판을 만듭니다.

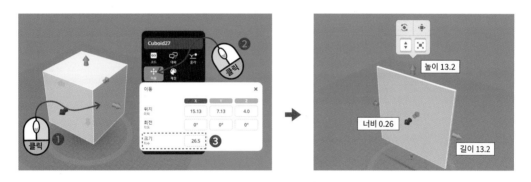

오른쪽 마우스를 클릭하여 팝업메뉴를 띄우고 [이동]에서 오브젝트의 X, Y, Z(28.84, -7.07, 0.0) 위치를 변경하고 회전 각을 Z축 '-22'도로 설정합니다.

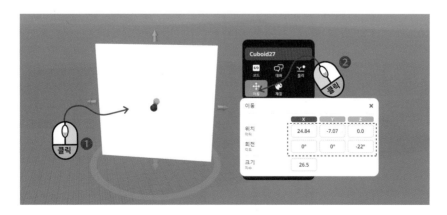

[라이브러리]-[업로드]-[이미지]를 선택하여 기후위기 이미지판에 배치할 이미지를 드래그하여 이미지판에 배치하고, [드래그해서 크기 바꾸기]를 클릭하여 이미지의 크기를 변경하여 기후위기 이미지판의 크기에 맞게 이미지의 크기를 조절합니다.

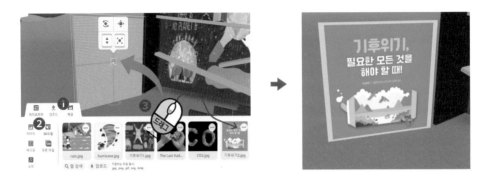

❼ 빙하

[라이브러리]-[자연]을 선택한 후 오브젝트 'Stone2'를 선택하여 드래그하여 화면으로 가져옵니다.

오른쪽 마우스를 클릭하여 팝업메뉴를 띄우고 [재질]에서 '색상'을 흰색으로 변경하고, 팝업메뉴 [이동]에서 X, Y, Z 위치, 크기를 변경하거나 적당한 위치에 빙하를 배치합니다.

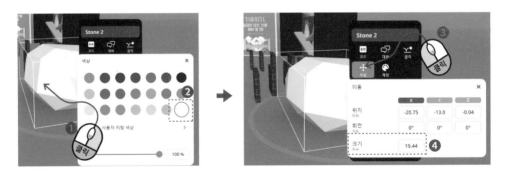

❽ 곰

[라이브러리]-[동물]을 선택한 후 [땅]에서 오브젝트 'Bear'를 선택 드래그하여 화면으로 가져옵니다.

오른쪽 마우스를 클릭하여 팝업메뉴를 띄우고 [재질]에서 '색상'을 '흰색'으로 변경하여 북극곰을 표현합니다.

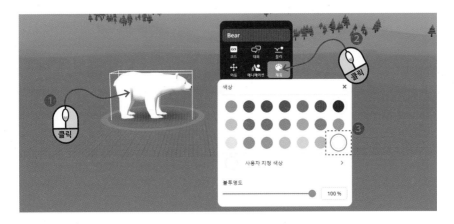

'Bear' 오브젝트 오른쪽 마우스를 클릭하여 팝업메뉴를 띄우고 [이동]에서 [크기]를 '4.0'으로 변경합니다.

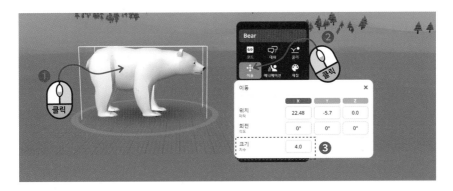

오브젝트 'Bear'를 빙하 'Stone2' 오브젝트와 한 화면에 보이도록 위치를 옮깁니다. 오브젝트 'Bear'에서 오른쪽 마우스를 클릭하여 팝업메뉴를 띄우고 [붙이기]를 선택합니다. 다른 오브젝트들에 파란점이 보이면 붙일 곳의 파란점을 선택합니다. 'Bear' 오브젝트는 빙하 'Stone2' 오브젝트에 붙여야 하기 때문에 'Top'점을 선택합니다.

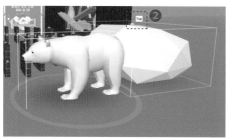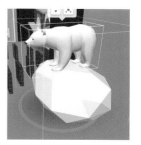

붙이기 후 'Bear' 오브젝트의 방향과 위치를 적절하게 조절합니다. 팝업메뉴 [이동]에서 X, Y, Z(0.01, 0.09, -0.03)위치를 변경하고 회전 각을 Z축 '-67'도로 설정합니다.

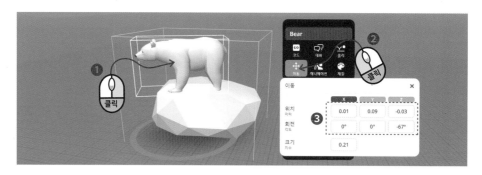

'Bear' 오브젝트에서 오른쪽 마우스 클릭하여 팝업메뉴를 띄우고 [애니메이션]에서 'Walk'를 선택합니다. 선택한 후 'Bear'오브젝트의 걷는 모양을 미리 보기로 잠시 볼 수 있습니다. 걷는 모양과 빙하 위에서 잘 걷게 되는지는 오른쪽 위의 [플레이]로 확인합니다.

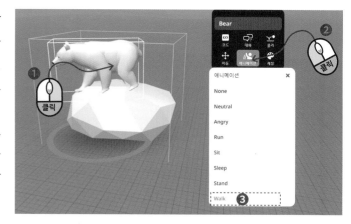

북극곰이 안내 메시지를 전달할 수 있도록 팝업메뉴의 [대화]-[말하기]에 '우리가 살아갈 수 있는 환경을 지켜주세요~' 메시지를 추가합니다.

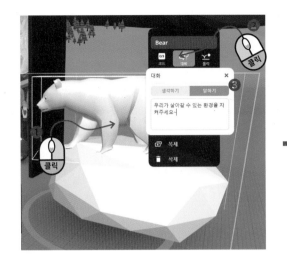 

03 코블록스 코딩하기

1 코딩 언어 선택

[코드]를 클릭 후 코딩 언어로 코블록스를 선택합니다.

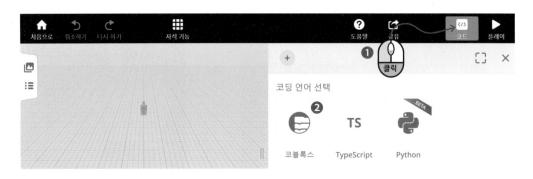

2 시작 안내 메시지 출력

아래와 같은 메시지를 출력하기 위해 정보창에 제목과 텍스트에 직접 메시지를 입력합니다. 정보창은 X버튼을 눌러야 종료되는 안내창입니다.

추가한 음악파일 'Walking.mp3'를 선택하여 소리를 재생하는 코드와 메시지를 출력할 수 있는 정보창을 띄우는 코드를 형태 블록묶음에서 가져옵니다. 재생할 소리 파일을 선택합니다.

3 정보창 메시지

아래와 같은 메시지를 출력하기 위해 정보창에 제목과 텍스트에 직접 메시지를 입력합니다.

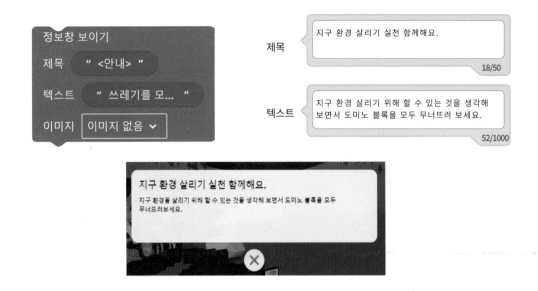

⚠️ 한글 입력 시 글자 수가 늘어나 입력 팝업이 발생할 때 한글 조합이 깨질 수 있습니다. 한글 모두 입력 후 글자가 깨진 부분은 지워주세요.

[전체 코드]

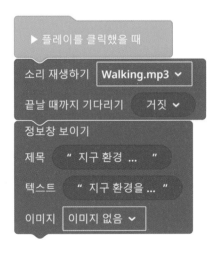

▶️플레이 를 선택하여도미노 블록이 모두 넘어지는지 확인합니다.

04 응용 작품 만들기

실천방안을 게시판에 나타내어봅니다.

오브젝트 추가하기

▮ 실천 보드판

[라이브러리]-[만들기]를 선택한 후 3차원 오브젝트 'Cuboid'를 선택하여 드래그하여 화면으로 가져옵니다.

오브젝트를 클릭하고 길이, 높이, 너비를 조정하여 실천 보드판을 만듭니다.

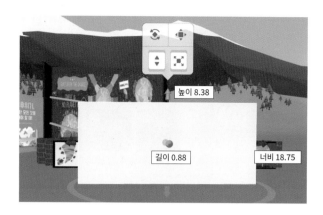

오른쪽 마우스를 클릭하여 팝업메뉴를 띄우고 오브젝트 이름을 '실천 보드판'으로 변경하고 [재질]에서 '색상'을 밝은 주황으로 설정합니다. [이동] 메뉴에서 X, Y, Z 위치를 조절하거나 오브젝트를 클릭 후 드래그하여 적당한 위치로 이동합니다.

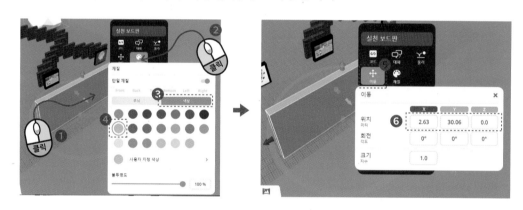

팝업메뉴에서 [코드]를 선택하고 '코블록스에서 사용'을 활성화합니다. 실천 보드판은 ▶플레이 실행 후 마지막 도미노가 넘어지면 나타나게 하기 위해 코드 영역에서 수정합니다.

실천 보드판에 약속 이미지와 실천 약속 내용을 입력합니다.

[라이브러리]-[업로드]-[이미지]를 선택하여 '실천 보드판'에 배치할 약속 이미지를 드래그하여 배치합니다.

[드래그해서 크기 바꾸기]를 클릭하여 이미지의 크기를 변경하여 조절합니다. 오브젝트 이름을 '보드판 이미지'로 변경하고, 팝업메뉴 [코드]를 선택하고 '코블록스에서 사용'을 선택합니다. 코드영역에서 실천보드판은 실행 마지막에 나타나도록 코드를 작성합니다.

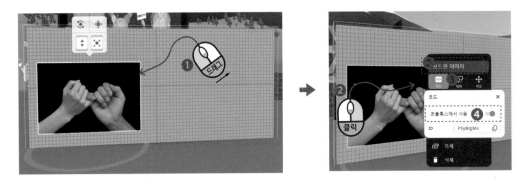

⚠️ [자석 기능]-[아이템에 붙이기]를 활성화하면 라이브러리에서 꺼내온 오브젝트의 방향이 원하는 대로 붙지 않는 현상이 있습니다. 붙일 오브젝트를 회전 기능을 사용하여 원하는 방향이 되도록 조정합니다.

약속 메시지를 표시하기 위해 팝업메뉴 [라이브러리]-[만들기]-[평면]-[ABC] 텍스트를 선택 후 드래그하여 실천 보드판에 내려놓습니다.

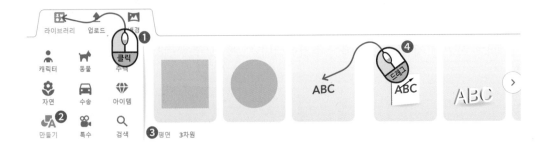

오브젝트 이름을 '보드판 타이틀'로 변경하고 [텍스트] '크기'와 메시지 '함께 노력해요!'를 입력합니다. 실천 보드판과 함께 코드로 나타나기를 구현하기 위해 팝업메뉴 [코드]에서 '코블록스에서 사용'을 활성화 합니다.

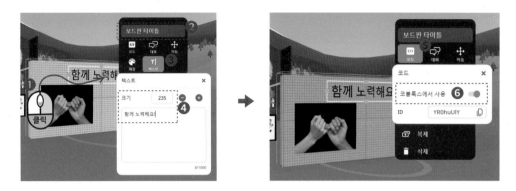

실천 내용이 담긴 텍스트 상자는 '보드판 텍스트'로 이름을 변경하고 팝업메뉴 [코드]에서 [코블록스에서 사용]을 활성화합니다. 텍스트의 내용을 작성하고 텍스트 상자의 크기와 글자 크기를 적절하게 변경합니다.

'실천 보드판', '보드판 이미지', '보드판 타이틀', '보드판 텍스트' 오브젝트를 'Shift'키를 누르고 선택하고 오른쪽 마우스 클릭하고 팝업메뉴 [그룹 만들기]를 선택합니다.

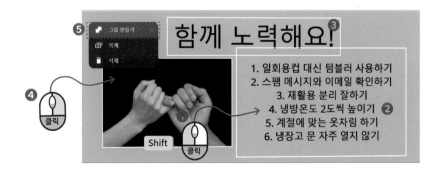

기능 구현을 위해 '지구온난화'도미노 블록과 '벽돌'도미노 블록의 오브젝트 이름을 변경하고 [코드]-[코블록스에서 사용]을 선택합니다.

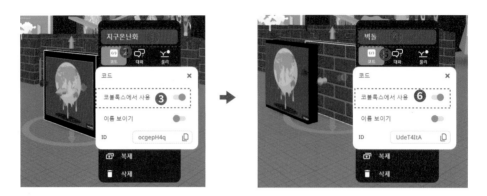

2 코블록스 코딩하기

실천보드판 그룹 안의 오브젝트의 불투명도를 0으로 하여 처음에는 화면에 나타나지 않게 합니다.

지구 온난화 그림이 붙은 블록이 뒤에 위치한 벽돌에 닿아 넘어졌을 때, 실천보드판의 불투명도를 100으로 하여 화면에 나타나게 합니다. 실천보드판이 나타나고 나서 2초 후에 알림창이 나타날 수 있도록 알림 메시지를 입력하여 코드를 만들어줍니다.

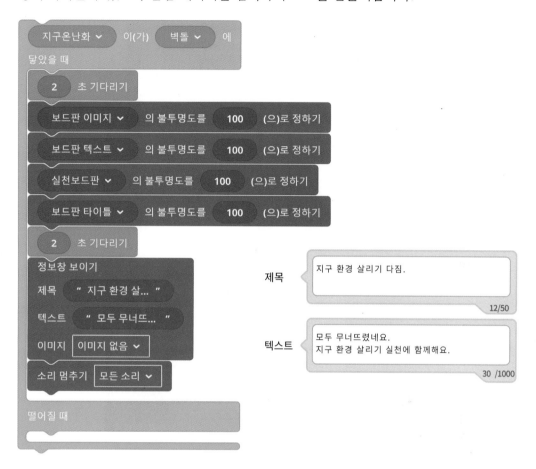

[전체 코드]

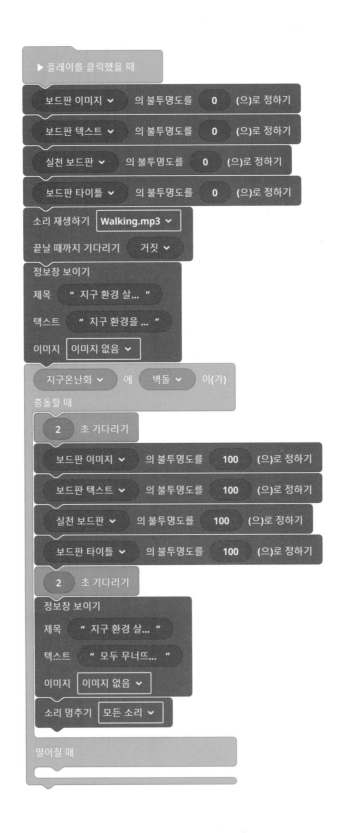

1. 스스로 스토리를 추가하여 나만의 골드버그 프로젝트를 완성할 수 있도록 아이디어를 더하여 봅니다.

2. 물리 기능 세부 항목을 정밀하게 조정해보고 적절한 옵션값을 찾아 적용해봅니다.

3. 내가 찾은 이상기후 현상에는 어떤 것들이 있는지 작품에 적용시켜 봅니다.

06 생각해보기

지구의 이상기후에는 어떤 것들이 있는지 알아보고 이상기후를 일으키는 원인을 알아봅니다. 또한, 이러한 원인의 발생을 줄이고 이상기후를 극복할 수 있는 실천방안에는 어떤 것들이 있는지 생각해봅니다.

자신의 생각을 적어보세요

이상기후에는 어떤 것들이 있나요?	
기후변화의 원인은 무엇인지 알아보세요.	
우리가 실천할 수 있는 것들에는 무엇이 있을까요?	

3. 친환경 에코시티 점프맵

지속가능한 도시와 주거지 조성 – SDGs Goal11
우리의 소중한 삶의 터전, 도시

SDGs 11번은 포용적이고 안전하며 회복력 있는 지속가능한 도시와 주거지 조성을 목표로 합니다. 그러나 우리 도시는 인구 밀도가 높아짐에 따라 자원의 과잉 소비, 대기 오염, 폐기물 처리 문제 등과 같은 환경적인 문제를 발생시키고 있습니다. 이는 생태계 파괴와 생활 품질 저하로 이어지며, 주민의 건강과 행복을 위협합니다. 또한, 도시화는 사회적 양극화를 가속화시킵니다. 재정적, 교육적, 건강적 기회에 대한 불균형은 도시 내에서의 사회적 불평등을 증가시키고, 가난층과 취약계층의 삶의 질을 저하시킵니다. 주거비 상승과 땅값 상승으로 인해 어려움을 겪는 저소득층은 안전한 주거와 필수 서비스에 접근하기 어렵습니다.

대기 오염은 전 세계적으로 인간의 건강에 심각한 위협이 됩니다.

2022년 기준 117개국 6,000개 이상의 도시에서 대기질을 모니터링하고 있으며 이는 2015년 이후 두 배나 되는 수치입니다. 하지만 2021년 기준 세계 도시 인구의 99%가 세계보건기구(WHO)가 정한 새로운 대기질 지침을 초과하는 지역에 살고 있습니다. 또한, 2019년 교통, 산업, 발전, 폐기물 연소 및 주거용 연료 연소로 인한 대기 오염으로 420만 명이 사망했습니다. 특히 저소득 및 중간 소득 국가의 사람들은 420만 명의 조기 사망 중 91%로 실외 공기 오염에 불균형적으로 영향을 받습니다.

도시 지역의 미세먼지($PM_{2.5}$)에 대한 연간 노출, 2017년부터 2019년까지 3년 평균(입방미터당 마이크로그램)

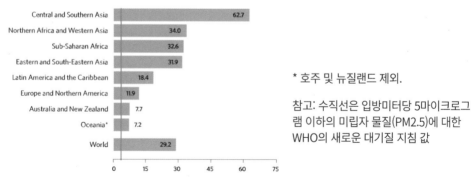

* 호주 및 뉴질랜드 제외.

참고: 수직선은 입방미터당 5마이크로그램 이하의 미립자 물질(PM2.5)에 대한 WHO의 새로운 대기질 지침 값

[출처 : 2022년 SDG 보고서 : https://unstats.un.org/sdgs/report/2022/Goal-11/)]z

SDG11의 3가지 구체적인 목표

● 도시의 기반 시설과 인프라를 개선하여 모든 사람들이 안전하게 생활할 수 있는 환경을 조성하기 위해서는 도로, 다리, 건물 등의 건설 및 유지 보수를 철저히 관리하여 안전성을 확보하고, 공원, 체육시설, 문화공간 등의 공공시설을 조성하여 도시 주민들이 즐겁게 생활할 수 있는 환경을 조성해야 한다.

● 안전하고 접근 가능한 대중교통을 개발하여 더 많은 사람들이 빠르고 편리하게 이동하기 위해서는 지하철, 버스, 택시 등의 대중교통 수단을 개선하고 확대하는 것이 중요하다. 또한, 보행자와 자전거 이용자를 위한 안전한 도로와 보행로를 조성하며, 신기술을 활용한 스마트 교통 체계를 구축하여 교통체증과 대기 오염을 해결하는 것이 필요하다.

● 도시의 문화와 자연환경을 보호하여 지속 가능한 도시 생활을 가능하게 하기 위해서는 도시의 공공공간을 보호하고, 건물과 도로 등의 개발 활동이 생태계에 미치는 영향을 최소화해야 한다. 또한, 재생 가능 에너지를 사용하여 친환경적인 도시를 만들고, 지속 가능한 자원 관리를 위해 재활용 및 폐기물 처리를 철저하게 관리하는 것이 중요하다.

SDG11의 세부 목표

● 적절하고 부담 가능한 가격의 주택과 기본서비스에 대한 접근을 보장하고, 노후 주거지의 환경을 개선한다.

● 안전하고 부담 가능한 가격의 교통시스템을 제공하고 특히 여성, 아동, 장애인, 노인 등 취약계층을 고려한 대중교통을 확대한다.

● 도시의 포용성과 지속가능성을 제고하며, 주거지에 대한 참여적, 통합적 계획 및 관리 역량을 강화한다.

● 세계 유산을 보호하고 보존하기 위한 노력을 강화한다.

● 재난으로 인한 인명피해와 경제적 손실을 현저히 감소시키며, 통합적 도시재난 위기관리를 개발, 이행한다.

● 대기질 및 폐기물 관리 등 도시가 가지는 부정적인 환경 영향을 감소시킨다.

● 여성, 아동, 장애인, 고령자를 포함한 모든 이에게 공공 녹지공간으로의 안전하고 용이한 접근을 보장한다.

SDG11의 실천을 위해 우리가 할 수 있는 일

지속 가능한 도시와 공동체를 위해 우리가 실천할 수 있는 내용은 다음과 같습니다.

빈민가에서 안전한 주거를 위한 프로젝트를 지원하고, 자원봉사를 통해 주택 건축, 기존 주택 수리, 공공 또는 녹지 조성을 도울 수 있습니다. 현지의 로컬 매장에서 쇼핑하고 외식을 하며, 지역 사회의 경제활동을 지원하고 지역 내 자금이 순환할 수 있도록 도울 수 있습니다. 지역 사회의 지도자를 선출할 수 있는 권리를 통해 자신의 목소리를 들려주고 지역 사회에 더 나은 변화를 요구할 수 있습니다. 대중교통, 도보, 자전거 등 지속 가능한 방식으로 출퇴근하고, 자동차 이동을 최소화하여 환경을 보호할 수 있습니다. 지역 사회의 공공장소를 관리하여 더 나은 지역 커뮤니티를 형성할 수 있습니다. 녹지에 물을 주고, 나무를 다듬고 심고, 운동장과 놀이터를 개선하고, 정기적으로 청소하는 등 스스로 주도하여 지속가능한 도시와 공동체를 만들고, 안전하고 건강한 생활 환경을 조성할 수 있도록 도울 수 있습니다.

친환경 에코시티

작품 미리 보기

친환경 에코시티의 작품은 총 2개의 장면으로 구성됩니다.

첫 번째 장면에서는 최종 목표 지점인 마법의 문을 클릭하여 현재 도시가 처한 문제점과 해결방안에 대한 유투브 영상을 시청할 수 있습니다. 그리고 점프맵과 퀴즈 미션을 통해 SDGs11번 목표인 지속가능한 도시와 주거지 조성과 관련된 퀴즈를 풀고 마법의 문을 통해 친환경 에코시티 장면으로 이동할 수 있습니다.

두 번째 장면에서는 '친환경 에코시티'라는 주제로 다양한 오브젝트를 이용해 지속가능한 도시와 주거지를 직접 만들어 보겠습니다.

1. 친환경 에코시티 점프맵은 총 2개의 장면을 만들고 이벤트를 통해 장면이동을 구현합니다.

2. 첫 번째 장면은 도시가 처한 문제점과 해결방안을 영상, 점프맵, 퀴즈로 구성해 봅니다.

3. 두 번째 장면은 만들기와 주택 오브젝트로 친환경 건축물을 만들어 도시를 구성해 봅니다.

4. 올바른 쓰레기 분리배출에 대해서 살펴보고 재활용 쓰레기 분리수거함을 만들어 봅니다.

5. 다양한 오브젝트로 개성있는 나만의 친환경 에코시티 점프맵을 완성해 봅니다.

이번 활동에서는 영상, 점프맵, 퀴즈로 SDG 11번에 대해서 살펴보는 장면과 만들기와 주택 오브젝트로 친환경 미래도시를 직접 구현해 보는 장면까지 총 2개의 장면을 만들려고 합니다. 응용 작품 만들기를 통해서 올바른 쓰레기 분리배출에 대해서 살펴보고 재활용 쓰레기 분리수거함을 추가해 보겠습니다.

01 배워봅시다

장면 추가하기

[장면 목록보기]

코스페이시스 화면 왼쪽 상단의 장면 목록보기 메뉴를 선택하면 작품 이름과 장면 목록, 새 장면 추가하기 메뉴가 있습니다.

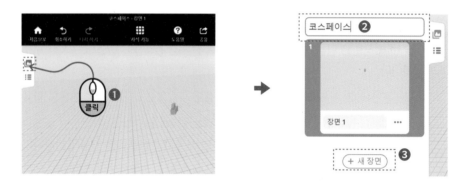

[새 장면 추가하기]

+ 새 장면을 선택하면 3D 환경 또는 360도 이미지 중에서 하나를 선택하여 새 장면을 추가할 수 있습니다.

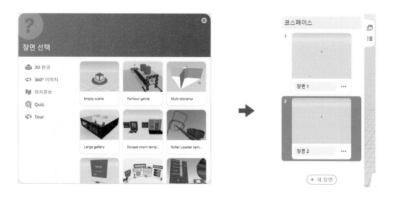

[장면 관리하기]

장면의 제목 오른쪽에 점 세 개를 눌러 옵션에서 장면의 이름을 변경하거나 복제 또는 완전히 삭제할 수 있습니다. 단, 장면이 2개 이상일 때만 완전히 삭제 메뉴가 보입니다.

 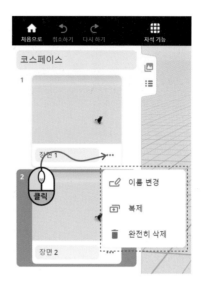

[장면 이동하기]

장면끼리의 이동은 2가지 방법이 있습니다. 장면 네비게이션으로 이동하거나 코블록스를 이용해 장면 이동 기능을 추가할 수 있습니다.

 [제어] – [장면으로 가기, 장면 재시작하기, 장면 네비게이션 보기]]

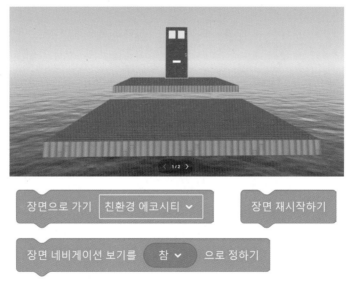

[장면 목록 숨기기]

작업이 모두 끝나면 장면 목록의 오른쪽 상단 이미지 아이콘을 클릭해서 장면 목록을 숨기기 합니다.

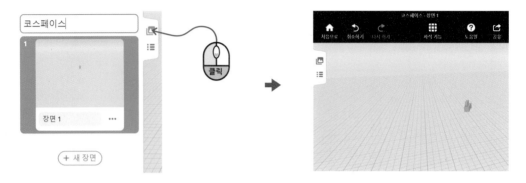

마법봉 사용하기

[마법봉]

라이브러리의 [주택]이나 [특수]에서 제공하는 오브젝트 중에 오른쪽 상단에 마법봉 표시 (🪄)가 있는 오브젝트가 있습니다. 마법봉 표시가 있는 오브젝트는 확장해서 사용하거나 다른 오브젝트와 결합해서 사용하거나 크기를 조절할 수 있는 기능을 제공합니다.

[주택] 라이브러리의 가구, 건물, 기찻길과 같은 오브젝트는 화살표를 드래그하면 확장해서 사용할 수 있습니다.

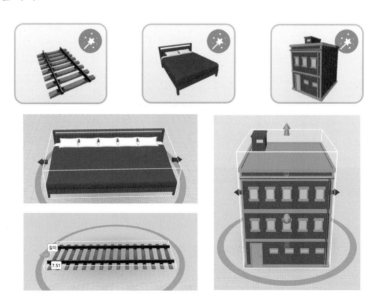

[주택] 라이브러리의 문, 창문, 차고문과 같은 오브젝트는 [만들기] 라이브러리의 벽, 투명벽, 정육면체 오브젝트와 결합해서 사용합니다. 이때 자석기능의 아이템에 붙이기가 비활성화되어 있어야 합니다.

[주택] 라이브러리

[만들기] 라이브러리

결합하기

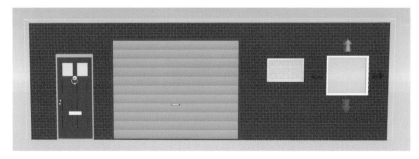

[특수] 라이브러리의 매직존은 배경의 Effects 효과가 적용되지 않도록 영역을 설정하는 데 사용합니다.

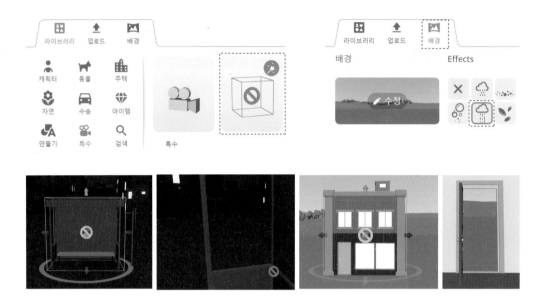

　[특수] 라이브러리의 'Smoke', 'Waterfall', 'Water fountain', 'Fire' 오브젝트는 실감 나는 효과를 주는 데 사용합니다. [팝업메뉴]의 Properties(속성)에서 크기를 설정하거나 재질에서 색을 변경할 수 있습니다.

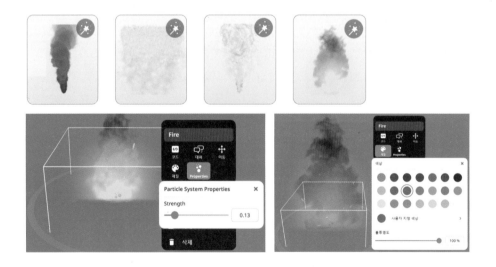

02 작품 만들기

코스페이시스 3D환경으로 만들기

▌ 코스페이스 만들기

[3D환경]으로 작품 공간을 만듭니다.

▌ 프로젝트 이름

코스페이스가 생성되면 장면 아이콘을 클릭하여 장면 탭을 펼칩니다. 펼쳐진 장면의 공간 이름을 클릭하여 [친환경 에코시티] 로 이름을 바꿉니다.

③ 장면 추가하기

[새 장면]을 클릭해 장면2를 만들어 줍니다. 장면1은 '점프맵 퀴즈 미션'으로 장면2는 '친환경 에코시티'로 이름을 변경합니다. 그리고 장면1을 선택합니다.

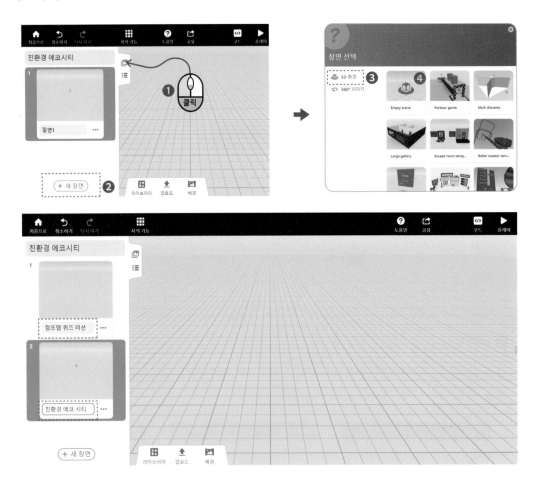

장면1. 점프맵 퀴즈 미션 배경 및 오브젝트 추가하기

1 배경 추가하기

[배경]-[수정]을 클릭하여 원하는 배경을 선택합니다.

2 오브젝트 추가하기

화면에는 눈으로는 잘 확인이 되지 않지만 점프맵 게임 도중 바닥에 떨어지는 것을 감지하기 위한 바닥판과 시작점, 도착점, 점프맵이 있습니다. 먼저 바닥판과 시작점을 구성해보겠습니다.

❶ 바닥판과 시작점, 플레이어

[라이브러리]-[만들기]를 선택하고 'Square' 오브젝트를 선택한 후 드래그하여 화면으로 가져옵니다.

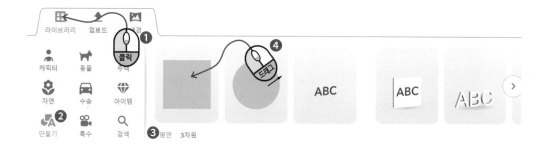

흰색 팝업메뉴의 [드래그해서 크기 바꾸기]를 선택해 'Square' 오브젝트의 크기를 맵과 비슷한 크기로 확대합니다.

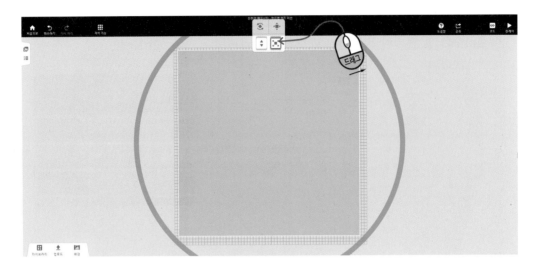

[팝업메뉴]를 띄워 이름을 '바닥판'으로 변경하고 [코드]-[코블록스에서 사용]을 활성화합니다. [재질]의 색상을 바닥과 비슷한 색으로 불투명도를 0~10% 정도로 변경하고 바닥면이 움직이지 않도록 [잠금]합니다.

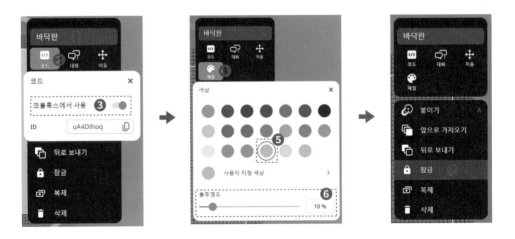

[라이브러리]-[자연]-[기타]를 선택하고 'Pirate island' 오브젝트를 선택한 후 드래그하여 화면으로 가져옵니다.

흰색 팝업메뉴의 [드래그해서 크기 바꾸기]를 선택해 크기를 줄이거나 [팝업메뉴]-[이동]에서 [크기] 치수를 '0.4'로, [Z축 회전 각도]를 '180'도로 변경합니다. 왼쪽 중간에 가져다 놓고 [잠금] 합니다.

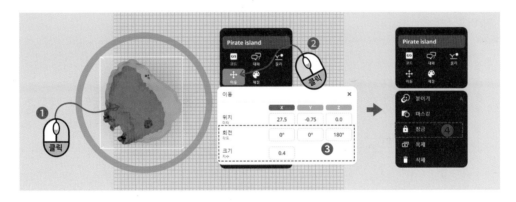

'Camera' 오브젝트의 [팝업메뉴]에서 이름을 '플레이어'로 변경한 뒤 [코드]-[코블록스에서 사용]을 활성화합니다. 카메라는 시작점에 가져다 놓고 이동 방향에 맞게 회전을 합니다.

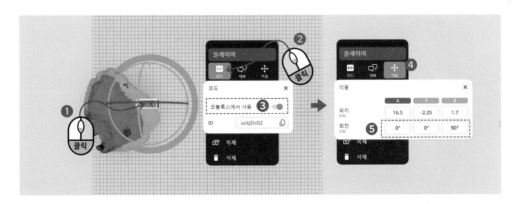

❷ 점프맵과 도착점, 마법의 문

[라이브러리]-[만들기]-[3차원]을 선택하고 'Cuboid' 오브젝트를 선택한 후 드래그하여 화면으로 가져옵니다.

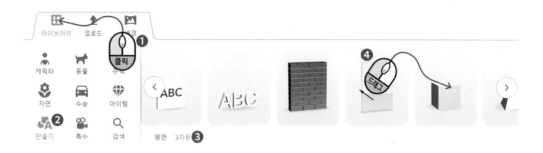

X, Y, Z 방향의 화살표를 드래그해서 오브젝트의 크기를 너비(4.5), 길이(4.5), 높이(0.25)로 아래와 같이 설정합니다. 크기가 정확하지 않아도 비슷하게 만들면 괜찮습니다. 크기 설정 화살표가 보이지 않는 경우에는 흰색 팝업메뉴의 [회전 모드] 또는 [이동 모드]를 다시 선택해서 비활성화합니다.

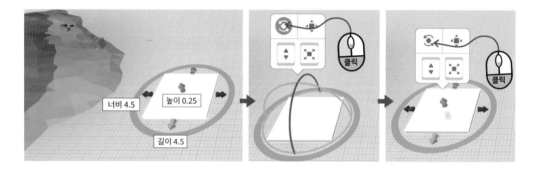

'Cuboid' 오브젝트의 [팝업메뉴]-[재질]에서 원하는 재질을 설정합니다.

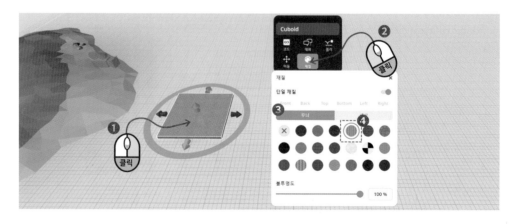

'Cuboid' 오브젝트를 복사(단축키:Ctrl+C)하고 제자리 붙여넣기(단축키:Ctrl+V)를 합니다. 제자리 붙여넣기를 해서 그냥 보기에는 하나만 보입니다. 흰색 팝업메뉴에서 [이동 모드]를 선택한 뒤 다음 점프맵 자리로 이동합니다. 점프맵은 지그재그 형태나 높낮이를 다르게 해서 각자 원하는 대로 총 5개의 점프맵을 만들어 봅니다.

두 번째 'Cuboid' 오브젝트의 [팝업메뉴]에서 이름을 '이동판'으로 변경하고 [코드]-'코블록스에서 사용'을 활성화합니다. 끝에서 두 번째 'Cuboid' 오브젝트의 [팝업메뉴]에서 이름을 '퀴즈판'으로 변경하고 [코드]에서 '코블록스에서 사용'을 활성화합니다.

마지막 'Cuboid' 오브젝트 위에 도착점으로 문을 하나 가져다 놓으려고 합니다. 그러기 위해서 [자석 기능]에서 '아이템에 붙이기'를 활성화합니다.

[라이브러리]-[주택]-[기타]를 선택하고 'Front door' 오브젝트를 선택한 후 드래그하여 화면의 마지막 'Cuboid' 오브젝트 위로 가져옵니다.

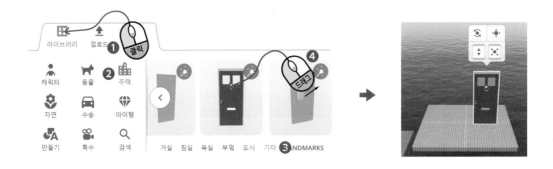

'Front door' 오브젝트의 [회전 모드]를 선택한 뒤 90도 회전합니다. [팝업메뉴]에서 이름을 마법의 문'으로 변경하고 [코드]-[코블록스에서 사용]을 활성화합니다.

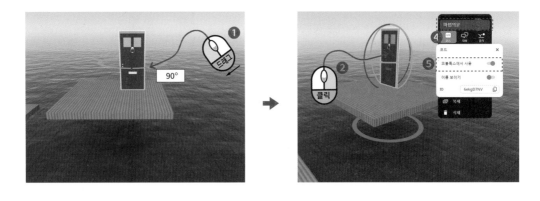

미션 성공 후 장면 이동중에 바닥에 떨어지지 않도록 '마법의 문' 오브젝트가 놓인 점프판의 뒷부분 길이를 길게 늘려줍니다.

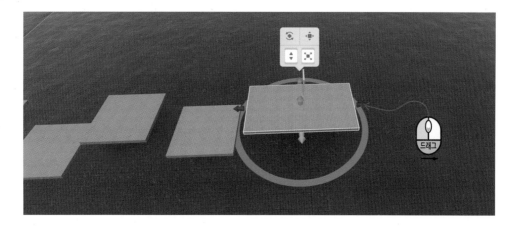

이렇게 '점프맵 퀴즈 미션'장면의 오브젝트가 아래 그림과 같이 모두 준비되었습니다.

장면2. 친환경 에코시티 배경 및 오브젝트 추가하기

▣ 배경 추가하기

[배경]-[수정]을 클릭하여 원하는 배경을 선택합니다.

▣ 오브젝트 추가하기

❶ 에너지 제로 하우스 만들기

[라이브러리]-[만들기]를 선택하고 'Brick wall' 오브젝트를 선택한 후 드래그하여 화면으로 가져옵니다. X, Y, Z 방향의 화살표를 드래그해서 오브젝트의 크기를 너비(10.0), 길이(7.0), 높이(0.05)로 아래와 같이 설정합니다. 크기가 정확하지 않아도 비슷하게 만들면 괜찮습니다.

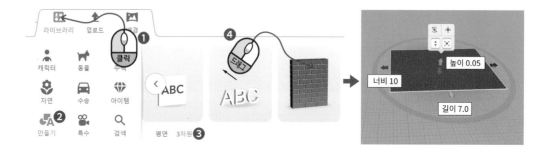

바닥 왼쪽에 벽을 세워보겠습니다. 'Brick wall' 오브젝트를 선택한 상태로 단축키 Ctrl+C(복사)를 누르고 Ctrl+V(제자리 붙여넣기) 합니다. 붙여넣기 한 오브젝트를 그대로 두고 너비랑 높이 조절 화살표만 드래그해서 너비(0.10), 높이(3.5)로 조절한 후 [팝업메뉴]를 띄워 잠금 합니다. 이 과정에서 오브젝트를 건드려 위치가 틀어진 경우 Ctrl+Z(되돌리기)를 눌러 바로 이전 상태로 되돌리기 합니다.

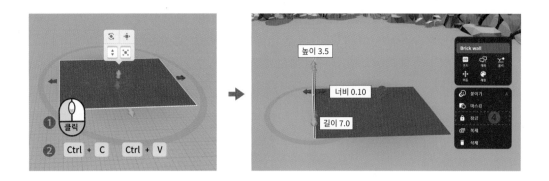

바닥 오른쪽에 벽을 세워보겠습니다. 바닥의 'Brick wall' 오브젝트를 선택한 상태로 단축키 Ctrl+C(복사)를 누르고 Ctrl+V(제자리 붙여넣기) 합니다. 붙여넣기 한 오브젝트를 그대로 두고 너비랑 높이 조절 화살표만 드래그해서 너비(0.10), 높이(3.5)로 조절한 후 [팝업메뉴]를 띄워 잠금합니다.

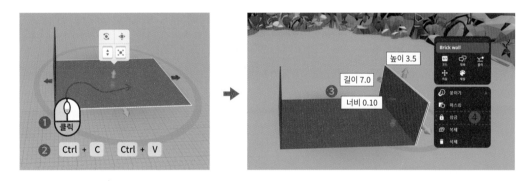

바닥 뒤쪽에 벽을 세워보겠습니다. 바닥의 'Brick wall' 오브젝트를 선택한 상태로 단축키 Ctrl+C(복사)를 누르고 Ctrl+V(제자리 붙여넣기) 합니다. 붙여넣기 한 오브젝트를 그대로 두고 길이랑 높이 조절 화살표만 드래그해서 길이(0.10), 높이(3.5)로 조절한 후 [팝업메뉴]를 띄워 잠금합니다.

바닥 앞쪽에 벽을 세워보겠습니다. 바닥의 'Brick wall' 오브젝트를 선택한 상태로 단축키 Ctrl+C(복사)를 누르고 Ctrl+V(제자리 붙여넣기) 합니다. 붙여넣기 한 오브젝트를 그대로 두고 길이랑 높이 조절 화살표만 드래그해서 길이(0.10), 높이(3.5)로 조절한 후 [팝업메뉴]를 띄워 잠금합니다.

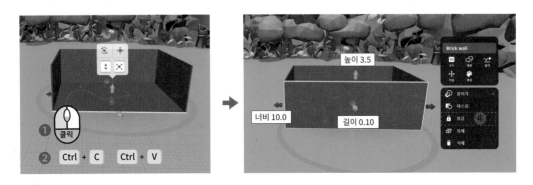

지붕을 올리기 전에 바닥 'Brick wall' 오브젝트의 [팝업메뉴]를 띄워 모두 잠금합니다.

이번에는 지붕을 올리겠습니다. [라이브러리]-[만들기]를 선택하고 'Frustum 4 sides' 오브젝트를 선택한 후 드래그하여 화면으로 가져옵니다.

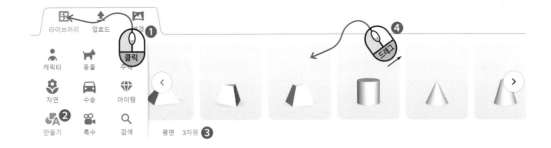

5개 방향의 화살표를 드래그해서 하단길이(11.0), 상단길이(11.0), 하단너비(8.0), 상단너비(0.6), 높이(3.0)로 아래와 같이 설정합니다.

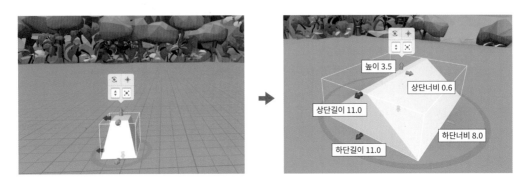

'Frustum 4 sides' 오브젝트의 [팝업메뉴]를 띄우고 붙이기를 선택하고 바닥면의 Top 파란점을 클릭합니다.

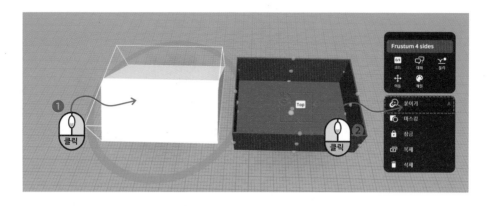

바닥면에 붙은 'Frustum 4 sides' 오브젝트의 [팝업메뉴]를 띄우고 이동을 선택하고 Z축의 위치를 3.5로 설정합니다.

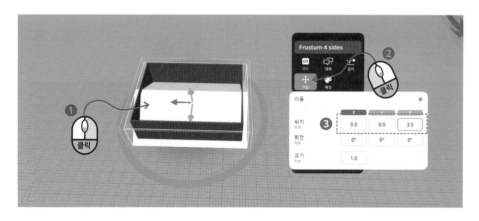

제로 에너지 하우스의 바닥과 벽, 지붕의 [팝업메뉴]를 띄우고 재질을 원하는 대로 설정합니다.

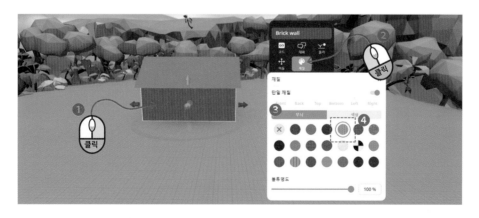

현관문을 만들기 위해 [라이브러리]-[주택]을 선택하고 'Front door' 오브젝트를 선택한 후 드래그하여 화면으로 가져옵니다.

[자석 기능]의 '아이템에 붙이기'를 비활성화한 다음 현관문을 달 위치에 'Front door' 오브젝트를 이동합니다.

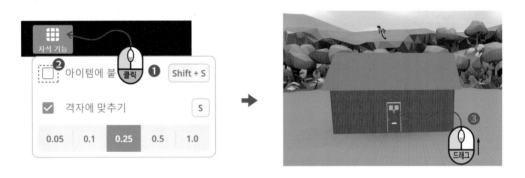

창문을 만들기 위해 [라이브러리]-[주택]을 선택하고 'Quad window' 오브젝트를 선택한 후 드래그하여 화면으로 가져옵니다.

창문을 달 위치에 'Quad window' 오브젝트를 이동시킵니다. 흰색 팝업메뉴의 '드래그해서 크기 바꾸기'를 이용해 창문의 크기를 키우고 화살표를 이용해 창문의 크기를 조절합니다.

❷ 태양광 패널 만들기

이번에는 지붕에 태양광 패널을 붙여 에너지 생산을 표현해 보겠습니다. 먼저, 태양광 패널에 사용할 오브젝트를 지붕 위에 올리기 위해서 자석기능의 아이템에 붙이기를 활성화하고 [라이브러리]-[만들기]에서 'Cuboid' 오브젝트를 선택한 후 드래그하여 지붕 위로 가져옵니다.

'Cuboid' 오브젝트의 너비랑 길이, 높이 조절 화살표를 드래그해서 너비(2.3), 길이(4.0), 높이(0.10)를 설정합니다.

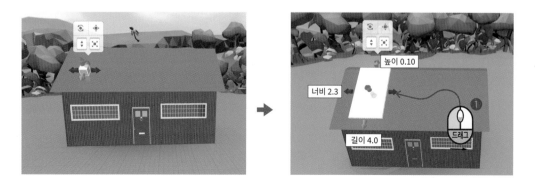

'Cuboid' 오브젝트를 태양광 패널 효과를 주기 위해 [팝업메뉴]의 재질을 선택합니다. 무늬는 세로 줄무늬, 색상은 사용자 지정 색상에서 짙은 파랑으로 설정합니다.

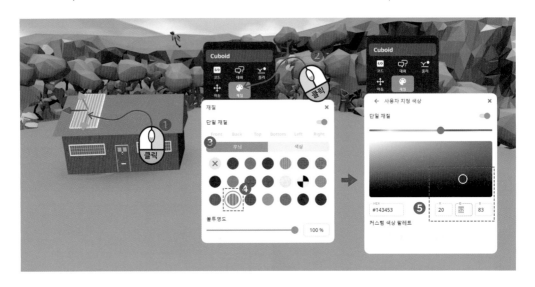

키보드의 Alt 키를 누른 상태로 'Cuboid' 오브젝트를 클릭해서 드래그하면 복제가 됩니다. 이렇게 지붕 앞면에 4개, 뒷면에 4개씩 총 8개의 태양광 패널을 복제합니다.

03 코블록스 코딩하기

장면1. 점프맵 퀴즈 미션

장면1에서는 최종 도착지인 마법의 문을 클릭하여 현재 도시가 처한 문제점과 해결방안에 대한 유튜브 영상을 시청할 수 있습니다. 점프맵과 퀴즈 미션을 통해 SDG 11번 목표인 지속 가능한 도시와 주거지 조성과 관련된 퀴즈를 풀고 마법의 문을 통해 친환경 에코시티 장면으로 이동할 수 있습니다.

1 코딩 언어 선택

[코드]를 클릭 후 코딩 언어로 코블록스를 선택합니다.

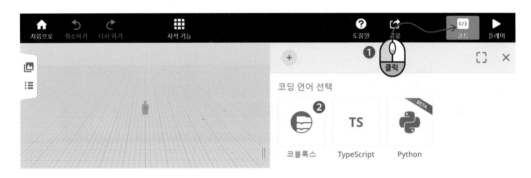

2 시작 안내 메시지 출력

장면이 시작되면 게임방법을 안내하는 정보창을 띄우려고 합니다. [형태] 블록묶음에서 '정보창 보이기' 블록을 가져옵니다.

③ 미션 시작하기

먼저, '마법의 문'을 클릭하면 도시문제와 해결방안에 관한 영상을 재생하는 기능을 구현해 보겠습니다. [이벤트] 블록묶음에서 클릭했을 때 유튜브 보기 블록을 가져옵니다.

[이벤트] - [클릭했을때 유듀브 보기]

영상 URL은 환경부 홈페이지(http://me.go.kr/)의 알림.홍보 > 홍보동영상에서 도시와 관련된 내용으로 검색하거나 유튜브에서 관련된 내용을 찾아서 영상 URL을 복사해서 붙여넣기합니다.

유투브 링크가 아닐 경우에 실행을 하면 아래와 같은 오류 메시지가 나타납니다.

점프맵 게임을 하다가 바닥에 떨어지면 게임을 재시작하려고 합니다. [이벤트] 블록묶음에서 '충돌할 때' 블록과 [형태] 블록묶음에서 '정보창 보이기' 블록, [제어] 블록묶음에서 '장면 재시작하기' 블록을 가져옵니다.

'바닥판' 오브젝트에 '플레이어'가 충돌하면 미션 실패 메시지를 띄우고 장면을 재시작합니다. 이때, 첫 번째 오브젝트가 중복되지 않도록 바닥판으로 설정하고 두 번째 오브젝트를 플레이어로 선택합니다. 왜냐하면 충돌할 때 블록은 첫 번째 오브젝트가 중복될 경우 마지막 블록만 실행되는 버그가 있기 때문입니다.

이번에는 '마법의 문'을 열기 위한 퀴즈를 구현하려고 합니다. [이벤트] 블록묶음에서 '충돌할 때' 블록과 [형태] 블록묶음에서 '퀴즈창 보이기' 블록을 가져옵니다.

충돌할 때 블록에서 첫 번째 오브젝트는 '퀴즈판'으로 두 번째 오브젝트는 '플레이어'로 설정합니다. 퀴즈창 보이기 블록에서 아래와 같이 문제를 입력하고 대답도 입력합니다. 총 4개의 대답을 입력하기 위해 톱니바퀴 아이콘을 클릭해 대답 추가를 선택합니다. 대답은 총 4개까지 만들 수 있습니다. (예시: 전기차 보급확대, 온실가스 늘리기, 생태공원 만들기, 분리수거 잘하기) 대답을 모두 입력한 다음에는 정답에 해당하는 번호를 선택합니다.

퀴즈의 정답일 때와 오답일 때를 구현하기 위해 [형태] 블록묶음에서 '애니메이션 정하기' 블록과 [아이템] 블록묶음에서 '아이템 삭제하기' 블록을 가져옵니다.

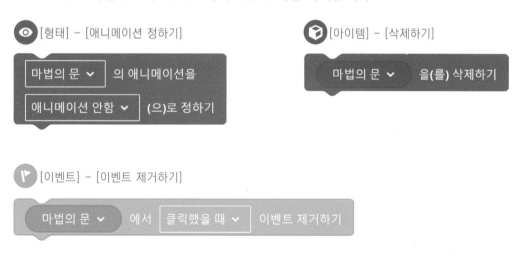

정답일 때는 '마법의 문' 오브젝트의 애니메이션을 'Open'으로 정하고 더 이상 퀴즈가 나오지 않도록 '퀴즈판' 오브젝트의 충돌했을 때 이벤트를 제거합니다. 오답일 때는 '퀴즈판' 오브젝트를 삭제합니다.

'마법의 문' 오브젝트에 플레이어가 도착하면 미션 성공 메시지를 보여주고 다음 장면으로 이동하려고 합니다. [이벤트] 블록묶음에서 '충돌할 때'와 [형태] 블록묶음에서 '정보창 보이기' 블록, [제어] 블록묶음에서 '장면으로 가기' 블록을 가져옵니다.

'마법의 문' 오브젝트에 '플레이어'가 충돌할 때 미션 성공 정보창을 보이기하고 '친환경 에코시티' 장면으로 이동합니다.

'이동판' 오브젝트의 동작을 구현하기 위해 탭을 추가합니다. 반복하기 블록 뒤에 연결된 블록은 실행되지 않으므로 별도의 탭을 추가하도록 합니다. 탭 오른쪽 아래 화살표를 눌러 '이름 변경'을 선택해 탭 기능에 맞게 이름을 변경합니다.

계속해서 '이동판' 오브젝트가 위, 아래로 반복 이동하기 위해 [제어] 블록묶음에서 '무한 반복하기' 블록과 [동작] 블록묶음에서 '~초 동안 ~미터 이동하기' 블록을 가져옵니다.

[제어] – [무한 반복하기]   [동작] – [~초 동안 ~미터 이동하기]

'이동판' 오브젝트를 3초 동안 위로 5미터 이동한 뒤 3초 동안 아래로 5미터 이동하기를 무한 반복합니다. 시간과 거리 값은 동일하게 설정하고 방향만 반대로 설정해야 동일한 경로를 반복 이동할 수 있습니다.

▶ 버튼을 눌러 완성코드가 잘 동작하는지 확인합니다.

[전체 코드]

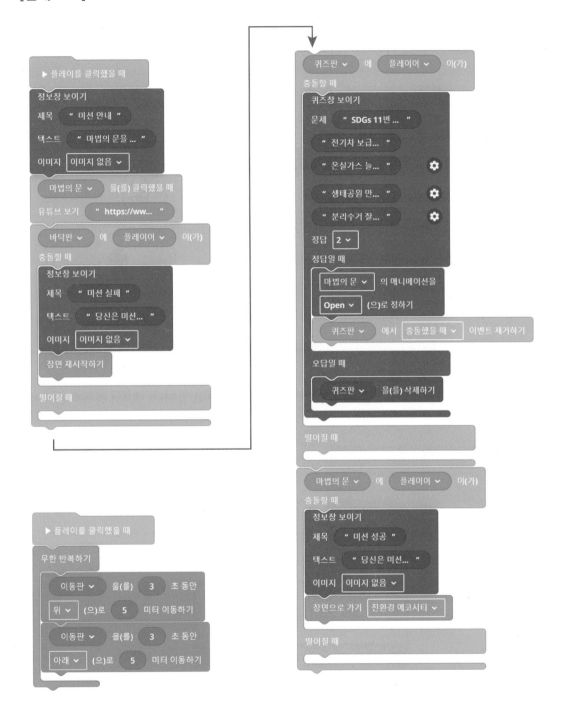

장면2. 친환경 에코시티

장면2에서는 지속가능한 도시와 주거지 조성을 위해 친환경 건축물을 만들고 우리가 할 수 있는 일들을 생각해보자는 메시지와 함께 체험을 마무리합니다.

1 코딩 언어 선택

[코드]를 클릭 후 코딩 언어로 코블록스를 선택합니다.

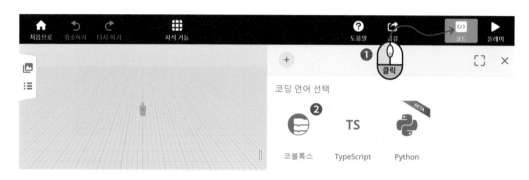

2 시작 안내 메시지 출력

장면이 시작되면 게임방법을 안내하는 정보창을 띄우려고 합니다. [형태] 블록묶음에서 '정보창 보이기' 블록을 가져옵니다.

3 동작 확인하기

 버튼을 눌러 완성코드가 잘 동작하는지 확인합니다.

[전체 코드]

04 응용 작품 만들기

재활용 쓰레기의 올바른 분리배출 방법에 대해 살펴보고 친환경 에코시티 장면에 재활용 쓰레기 분리수거함을 추가해 봅니다.

오브젝트 추가하기

친환경 에코시티를 위해 재활용 쓰레기를 올바르게 분리 배출하는 방법에 대해서 살펴보았습니다. 이번에는 친환경 에코시티 장면에 재활용 쓰레기 분리수거함을 추가해 보겠습니다.

[라이브러리]-[만들기]를 선택한 후 평면 오브젝트 'Text panel'를 드래그하여 화면으로 가져옵니다.

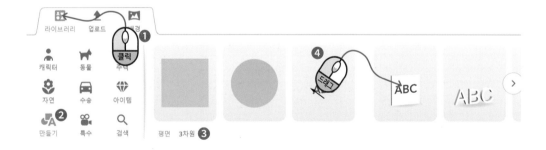

'Text panel' 오브젝트의 높이와 너비 화살표를 드래그해서 높이(2.0), 너비(3.3)으로 설정합니다. 그리고 'New text' 오브젝트의 [팝업메뉴]를 띄우고 텍스트를 선택합니다. 텍스트 내용은 '재활용 쓰레기 분리수거'로 수정하고 위치는 위쪽으로 이동합니다.

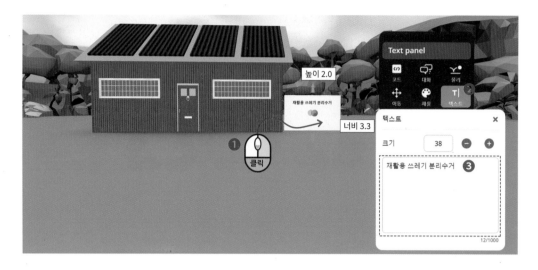

[라이브러리]-[주택]을 선택한 후 [도시]에서 'Public bin' 오브젝트를 드래그하여 화면으로 가져옵니다.

재활용 쓰레기 분리수거함으로 표시하기 위해 'Public bin' 오브젝트 위에 분리배출 이미지를 가져와 붙이기 하려고 합니다. [업로드]-[이미지]를 선택한 후 [웹 검색]에서 'recycle' 이라고 검색합니다.

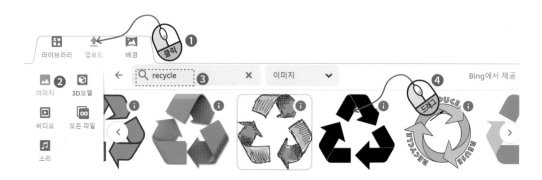

[자석 기능]의 '아이템에 붙이기'를 비활성화한 다음 웹 검색 결과 이미지 중에 분리배출 이미지를 화면으로 드래그합니다. 흰색 팝업메뉴의 '드래그해서 크기 바꾸기' 기능을 이용해 이미지의 크기를 조절합니다.

흰색 팝업메뉴의 '드래그해서 크기 바꾸기'로 이미지의 크기 조절이 잘되지 않을 때는 [팝업메뉴]의 '이동' 메뉴를 선택한 뒤 크기에서 비율을 조절합니다. 참고로 1은 원래 크기입니다. 원래 크기보다 작게 줄이려면 1보다 작게 크게 하려면 1보다 크게 입력하면 됩니다.

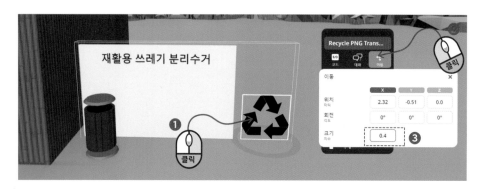

[팝업메뉴]의 붙이기를 선택하고 'Public bin' 오브젝트 위 파란점을 클릭합니다.

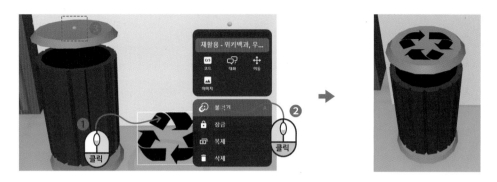

플라스틱, 금속(캔), 종이, 유리 총 4개의 분리수거함을 만들기 위해 'Public bin' 오브젝트를 선택하고 키보드 단축키 Ctrl+C(복사하기)를 누르고 Ctrl+V(제자리 붙여넣기) 합니다. 그리고 흰색 팝업메뉴의 '이동모드'를 선택해 화살표 방향키를 이용해 복제된 오브젝트를 우측으로 이동시킵니다. 이렇게 총 4개의 분리수거함을 준비합니다.

플라스틱, 금속(캔), 종이, 유리 분리수거함을 구분하기 위해 'Public bin' 오브젝트의 [팝업메뉴]를 띄우고 재질을 선택한 다음 왼쪽부터 색상을 파란색, 빨간색, 노란색, 초록색으로 설정합니다.

각각의 분리수거함을 명확하게 구분하기 위해 'Text panel' 오브젝트에 각각의 샘플 이미지를 붙이기 합니다. 먼저 [업로드]-[이미지]를 선택한 후 [웹 검색]에서 'water bottle'이라고 검색합니다.

자석 기능의 '아이템에 붙이기'를 활성화한 다음 웹 검색 결과 이미지에서 페트병 이미지를 화면의 'Text panel' 오브젝트에 드래그합니다. 동일한 방법으로 금속(캔), 종이, 유리 분리수거함의 샘플 이미지도 준비합니다. 각각의 검색어는 'coke' 'box', 'glass', bottle' 등으로 입력하시면 원하는 이미지를 얻을 수 있습니다.

05 나만의 아이디어로 완성하기

1.점프맵 퀴즈 미션 장면에 장애물을 추가하여 점프맵의 재미 요소를 추가해 봅니다.

2. 친환경 에코시티 장면에 다양한 오브젝트를 이용해서 나만의 도시를 꾸미기 합니다.

3. 각각의 재활용 쓰레기 분리수거함을 클릭하면 올바른 분리배출 방법을 안내합니다.

06 생각해보기

쓰레기를 올바르게 분리배출하는 방법에 대해서 정리해 봅시다.

자신의 생각을 적어보세요

플라스틱	
종이, 박스	
금속, 캔	
유리	

4. 산불진압 자동차게임

육상생태계 지키기 – SDGs Goal15
지구 생태계 파괴, 우리의 생존 위협

SDGs 15번은 지구상의 생물 다양성을 보호하고 육상 생태계를 지속 가능하게 관리하는 것을 목표로 합니다.

우리가 사는 지구에는 많은 동식물과 식물이 살고 있는데, 이들을 보호하고 지속 가능한 방식으로 땅을 사용하는 것이 중요합니다. 하지만 전 세계적으로 산림 면적이 감소하고 있으며, 농업에 직접적으로 의존하는 인구는 사막화로 인한 토지 황폐화에 직면해 있습니다. 이로 인해 생물 다양성은 감소하고 있으며, 이는 인간의 식단과 건강에도 직접적인 영향을 미치고 있습니다.

세계 산림 면적은 주로 농업 확장으로 인해 계속 줄어들고 있습니다.

숲의 비율은 2000년 총면적의 31.9%에서 2020년 31.2%로 감소하여 거의 1억 헥타르의 순손실을 보였습니다. 농업 확장은 경작지 확장에서 49.6%, 가축 방목에서 38.5%를 포함하여 전 세계 삼림 벌채의 거의 90%를 주도하고 있습니다.

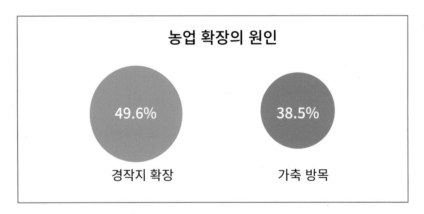

[출처 : 2022년 SDG 보고서 : https://unstats.un.org/sdgs/report/2022/Goal-15/)]

SDG15의 3가지 구체적인 목표

● 산림과 하천 등의 생태계를 보호하기 위해 나무를 심는 것과 함께 산불 예방과 산림을 재생시키는 노력을 하며, 강이나 호수에서 오염을 방지하고 수질을 개선하는 방법을 모색한다.

● 가뭄으로 인해 '사막화'가 일어나지 않도록 하기 위해서는, 땅을 관리하고, 산림을 조성하며, 인공 강우를 설치하여 물을 보존하고 분배해야 한다.

● 생물 다양성을 보존하기 위해서는 생태계를 보호하고, 멸종 위기종을 보호하고 생태계를 복원시키며, 친환경적인 농업 및 어업 방식을 적용하고, 보호구역을 설치하는 등의 조치가 필요하다.

SDG15의 세부 목표

● 육상과 내륙 담수의 생태계 다양화를 위해 보전과 복원 활동을 활성화한다.

● 산림파괴 중단, 황폐해진 산림복원 등 지속가능한 산림경영을 강화한다.

● 가뭄·홍수·개발 등으로 황폐해진 토지를 복원하기 위해 노력한다.

● 생물 다양성 손실을 예방하기 위해 멸종위기종을 보호한다.

● 동식물 보호종의 포획과 불법 거래를 없애도록 노력한다.

● 침입외래종의 유입을 예방하고 생태계에 미치는 영향을 줄이기 위한 조치를 취한다.

● 인간 활동으로 단절된 생태 축의 복원과 생태 네트워크 유지·관리를 위해 노력한다.

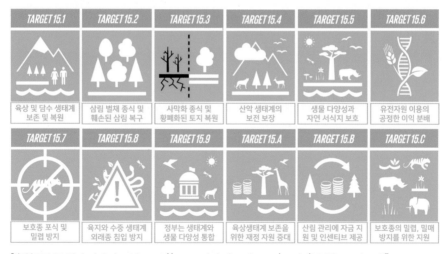

[출처 : THE Global Golas : https://www.globalgoals.org/goals/15-life-on-land/]

SDG15의 실천을 위해 우리가 할 수 있는 일

우리는 육상생태계를 보전하고 지구 환경을 지키기 위해 지속가능한 방식으로 산림과 생물 다양성을 보전하고 지구 환경을 지키는 것이 필요합니다. SDG15와 같이 국제 사회가 달성해야 할 목표도 있지만, 아래와 같이 개인의 소소한 실천으로도 지구환경을 보호하고 육상생태계를 지킬 수 있습니다. 이러한 개인적인 노력들이 모여 큰 변화를 이끌어낼 수 있습니다.

먼저, 환경을 고려한 소비 생활을 실천할 필요가 있습니다. 먼저 종이 사용을 줄이기 위해 전자기기를 사용하거나 에코백, 텀블러 등을 사용하여 일회용품 사용을 줄일 수 있습니다. 또한, 동물을 구입할 때는 지역의 동물 보호소에서 입양하거나 동물 실험을 거치지 않은 제품을 구입하는 등 동물 복지를 고려한 선택을 할 수 있습니다.

재활용을 통해 종이, 유리, 플라스틱, 금속, 전자 제품 등을 재사용하고, 음식물 쓰레기를 퇴비화하여 영양분을 재활용하면서 기후 영향을 최소화할 수 있습니다. 또한, 지역 공원과 숲을 청소하여 지역 녹지 생태계를 유지하고, 화학 물질을 사용하지 않고 토양의 질을 보호하면서 식물을 재배할 수 있습니다.

마지막으로, 우리는 멸종 위기에 처한 동물 종과 반려동물을 돕는 단체에서 자원봉사를 하여 동물 종의 다양성을 유지하고 생명을 구하는 데 도움을 줄 수 있습니다. 이러한 실천 행동들을 통해 우리는 육상생태계 보전과 지속가능한 개발을 동시에 실현할 수 있습니다. 따라서, 모두가 지구 환경을 위해 일상에서 조금씩 실천하는 것이 중요합니다.

산불진압 자동차게임

작품 미리 보기

인간과 동물의 터전, 숲에 불이 났습니다. 산불을 진화하기 위해 소화전 3개를 모두 찾아야 합니다.
소화전에는 SDGs의 15번째 목표인 '육상생태계'를 보호하기 위한 실천 행동이 적혀있습니다.
육상생태계의 파괴를 가져오는 원인을 생각해보고 인간과 동물이 살아가는 터전인 숲을 보호하기
위한 실천 방법을 생각하여 나타내봅니다.

1. 도로 오브젝트를 이용해 차도를 구성해 봅니다.

2. 키보드 이벤트로 자동차를 제어해 봅니다.

3. 다중 카메라로 1인칭과 3인칭 시점을 구현해 봅니다.

4. 충돌 이벤트와 변수로 아이템 획득을 구현해 봅니다.

5. 산불 오브젝트의 크기를 코딩으로 제어해 봅니다.

이번 활동에서는 키보드 이벤트로 오브젝트의 동작을 제어하고 변수를 이용해 게임 요소를 구현해 보려고 합니다. 응용 작품 만들기를 통해서는 시간제한을 두어 긴장감 도 함께 즐길 수 있습니다!

01 배워봅시다

다중 카메라

[카메라 추가]

코스페이시스에는 기본으로 메인 카메라가 1개 존재합니다. 카메라를 추가하고 싶을 때는 [라이브러리]-[특수]에서 카메라를 선택한 후 드래그하여 화면으로 가져옵니다.

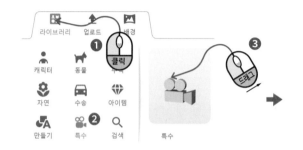

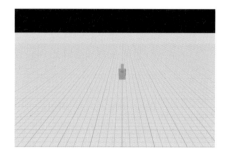

[메인 카메라 설정하기]

카메라가 여러 개일 때에는 메인 카메라를 변경할 수 있습니다.

메인 카메라로 변경하는 방법은 2가지입니다.

첫 번째는 오른쪽 마우스를 클릭하여 [팝업메뉴]를 띄우고 [카메라]에서 [메인 카메라로 사용하기]를 활성화할 수 있습니다.

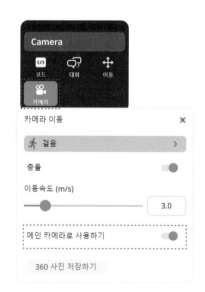

두 번째는 [코블록스]-[형태]에서 '카메라를 ~(으)로 바꾸기' 블록을 사용할 수 있습니다. 활성화된 메인 카메라는 파란색으로 비활성화된 카메라는 흰색으로 변경됩니다.

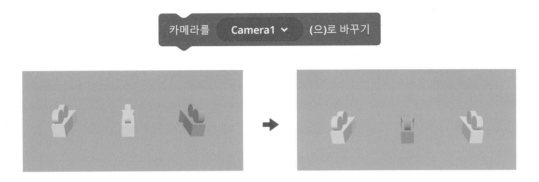

[다중 카메라 시점 전환하기]

카메라 시점 단축키 'F'를 누르면 메인 카메라 시점으로 화면을 수정할 수 있습니다. 카메라가 여러 가지 일 경우에는 원하는 카메라를 클릭한 뒤 'F' 키를 누르면 선택된 카메라 시점으로 전환됩니다.

키보드 이벤트

[키보드 이벤트 블록]

[코블록스]-[이벤트]에는 키보드 이벤트 블록이 있습니다. 먼저 키보드의 위, 아래, 왼쪽, 오른쪽, 스페이스, 백스페이스, a~z 알파벳 중에 이벤트를 적용할 키를 선택합니다. 그리고 선택된 키가 '눌림/아래/위' 세 가지 중 어떤 이벤트인지 선택해서 동작을 정의할 수 있습니다. 각각의 이벤트는 다음과 같습니다.

- 키가 눌림일 때 : '눌림'은 키보드가 눌려 있는 상황에서 연속적인 동작을 의미합니다.
- 키가 아래일 때 : '아래'는 키보드 자판이 아래로 내려가는 순간의 동작을 의미합니다.
- 키가 위일 때 : '위'는 눌렸던 키보드가 위로 올라가는 순간의 동작을 의미합니다.

자석기능

[자석 기능]

자석기능에는 '아이템에 붙이기'와 '격자에 맞추기' 기능이 있습니다.

[아이템에 붙이기]는 오브젝트와 다른 오브젝트의 맞닿은 면이 수직으로 붙이기가 되는 기능이고, [격자에 맞추기]는 격자 단위로 이동이 가능하고 오브젝트를 가로세로 정렬하여 맞출 때 사용하는 기능입니다.

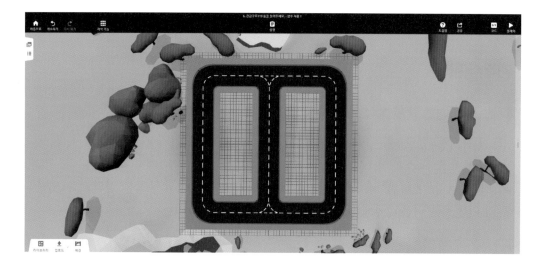

본 단원에서는 [라이브러리]-[주택]을 선택하고 도시 오브젝트 도로를 이용해 위와 같이 차도를 만들려고 합니다. 도로와 도로 오브젝트의 옆면을 반듯하게 연결하기 위해서 [아이템에 붙이기]를 활성화하고, 이동과 회전이 쉽도록 [격자에 맞추기]를 '1.0'으로 설정합니다.

02 작품 만들기

코스페이시스 3D환경으로 만들기

1 코스페이스 만들기

[3D환경]으로 작품 공간을 만듭니다.

2 프로젝트 이름

코스페이스가 생성되면 장면 아이콘을 클릭하여 장면 탭을 펼칩니다. 펼쳐진 장면의 공간 이름을 클릭하여 [긴급출동 자동차게임]으로 이름을 바꿉니다.

배경 및 오브젝트 추가하기

1 배경 추가

[배경]-[수정]을 클릭하여 원하는 배경을 선택합니다.

2 오브젝트 추가하기

❶ 차도 구성하기

게임의 배경에 자동차 도로와 숲이 있습니다. 먼저, 도로 관련 오브젝트들을 이용해 차도를 구성해보겠습니다.

[라이브러리]-[주택]을 선택하고 도시 오브젝트에서 도로를 구성하는 오브젝트들 중 원하는 오브젝트들을 선택한 후 드래그하여 화면으로 가져옵니다.

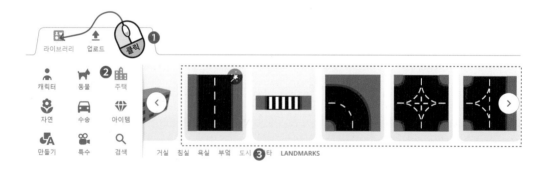

이때 자석기능의 [아이템에 붙이기]와 [격자에 맞추기]를 '1.0'으로 활성화합니다. 그리고 아래와 같이 차도를 구성합니다. 차도는 원하는 형태로 변경 가능합니다.

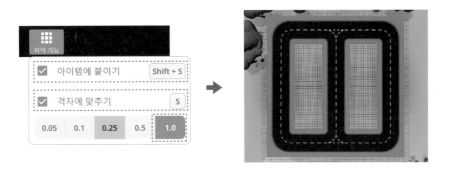

'Road straight' 오브젝트는 좌우 화살표를 드래그해서 1m 단위로 길이를 변경할 수 있습니다.

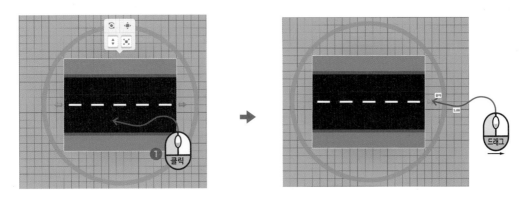

차도를 모두 구성하고 나면 마우스를 우클릭한 뒤 드래그하여 도로 오브젝트를 모두 선택하고 [그룹만들기]를 합니다. 그룹 이름은 '차도'로 변경하고 [잠금] 설정해서 움직이지 않도록 고정해 줍니다.

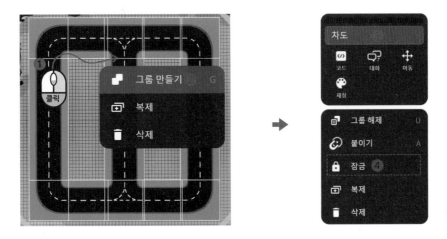

❷ 숲과 산불 구성하기

게임의 최종적인 목표는 미션을 완수하고 숲에 난 산불을 진화하는 것입니다. 산불이 난 숲을 표현해 보겠습니다.

[라이브러리]-[자연]을 선택한 후 다양한 오브젝트를 드래그하여 화면으로 가져와 자유롭게 숲을 구성합니다. 'Jungle' 오브젝트를 사용하면 좀 더 쉽게 숲을 구성할 수 있습니다.

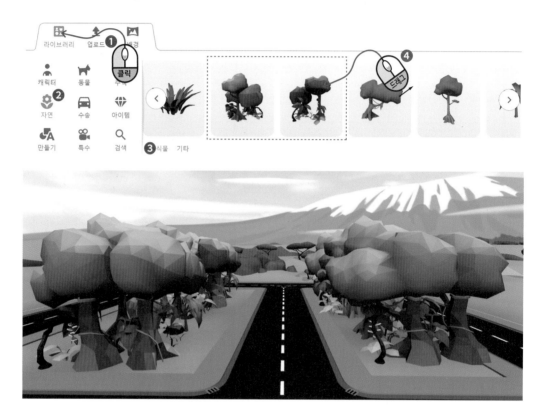

[라이브러리]-[특수]를 선택한 후 'Fire' 오브젝트를 드래그하여 숲 사이에 가져옵니다.

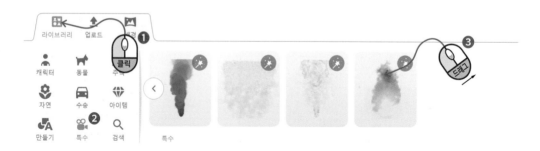

'Fire' 오브젝트를 오른쪽 마우스로 클릭하여 [팝업메뉴]를 띄우고 이름을 '산불'로 변경합니다. 산불의 크기 제어를 위해 [코드]를 선택해 코블록스에서 사용을 활성화합니다.

❸ 자동차와 자동차 카메라 준비하기

산불진압 자동차게임은 1인칭 또는 3인칭 시점으로 체험할 수 있습니다. 먼저 1인칭 시점 체험을 위해 자동차와 체험자의 눈이 되어줄 카메라를 준비해 보겠습니다.

[라이브러리]-[수송]을 선택한 후 'Car' 오브젝트를 드래그하여 화면으로 가져옵니다.

'Car' 오브젝트를 오른쪽 마우스로 클릭하여 [팝업메뉴]를 띄우고 이름을 '자동차'로 변경합니다. 자동차 이동 기능 구현을 위해 [코드]를 선택해 코블록스에서 사용을 활성화합니다.

자동차 운전석에 카메라를 붙이기 위해서 [애니메이션]에서 'Drivers door open'으로 운전석의 문을 열기합니다.

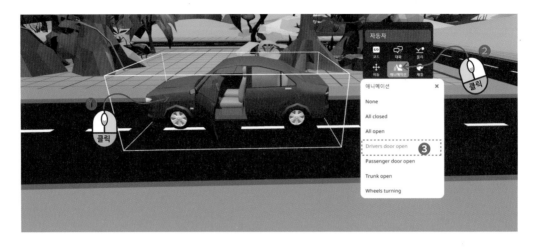

'Camera' 오브젝트를 오른쪽 마우스로 클릭하여 [팝업메뉴]를 띄우고 이름을 '자동차 카메라'로 변경합니다. [붙이기]를 선택한 뒤 자동차 운전석의 파란점(Top)을 클릭합니다.

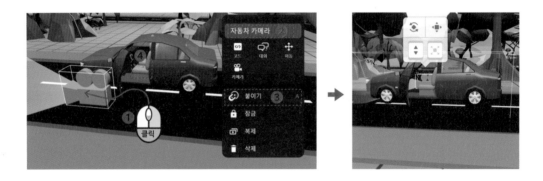

카메라의 흰색 팝업메뉴에서 [드래그해서 올리기]를 선택한 뒤 운전자 눈높이로 이동합니다. 이때 [자석기능]-[격자로 맞추기] 기능을 비활성화하면 카메라를 끊김 없이 이동할 수 있습니다. 키보드의 'F모드'를 이용해서 운전자 시점의 눈높이를 확인할 수 있습니다.

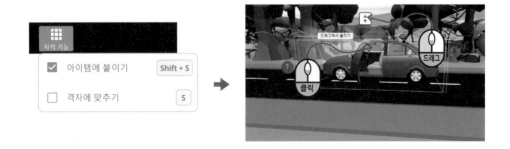

❹ SDG15 실천 행동 소화전 만들기

산불을 진압하기 위해서는 소화전 3개를 찾아야 합니다. 소화전에는 SDG15 육상생태계를 보전하기 위해 실천 가능한 행동들이 적혀있습니다. 지금부터 SDG15 실천 행동이 적혀있는 소화전 3개를 만들어 보겠습니다.

[라이브러리]-[주택]을 선택한 후 [도시]에서 'Hydrant' 오브젝트를 드래그하여 화면으로 가져 옵니다.

'Hydrant' 오브젝트의 이름을 '소화전1'이라고 변경하고 소화전 찾기 기능 적용을 위해 [팝업 메뉴]-[코드]를 선택한 후 코블록스에서 사용을 활성화합니다.

[라이브러리]-[만들기]를 선택한 후 [평면]에서 'Text panel' 오브젝트를 드래그하여 화면으로 가져옵니다.

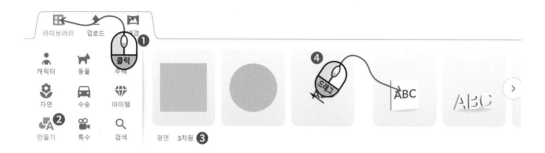

'Text panel' 오브젝트를 오른쪽 마우스로 클릭하여 [팝업메뉴]를 띄우고 소화전 파란점(Top)에 [붙이기] 합니다. 'Text panel' 오브젝트는 자동차 이동 방향에서 내용이 보이도록 90도 또는 -90도 회전합니다.

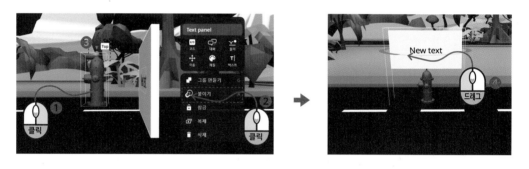

이렇게 준비한 소화전1 오브젝트를 [복제]해서 소화전2, 소화전3 오브젝트를 추가합니다.

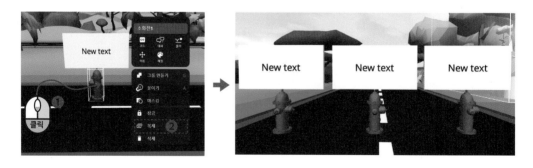

🔴 오브젝트 복제 기능 대신에 'Alt'키를 사용해서 복제할 수 있습니다. 키보드의 'Alt'키를 누른 상태로 복제하길 원하는 오브젝트를 클릭해서 드래그하면 됩니다. 여러 개의 오브젝트를 동시에 복제하고 싶으면 복제를 원하는 오브젝트를 전체 드래그하거나 키보드의 'Shift'키를 누르고 선택한 뒤 키보드의 'Alt'키를 누른 상태로 드래그하면 됩니다.

소화전1, 소화전2, 소화전3 오브젝트 게시판에 입력할 SDGs 15번 '지속가능한 육상생태계'를 위한 목표 3가지를 조사해서 정리해 봅니다.

지속가능한 육상생태계를 위한 목표 3가지

소화전1, 소화전2, 소화전3의 텍스트 오브젝트를 오른쪽 마우스로 클릭하여 [팝업메뉴]를 띄우고 [텍스트]를 선택합니다. SDGs 15번 '지속가능한 육상생태계'를 위한 목표 3가지를 각각 입력합니다.

이렇게 준비한 소화전1, 소화전2, 소화전3 오브젝트를 차도 위 각각 다른 위치에 가져다 놓습니다.

❺ 서브 카메라 준비하기

3인칭 시점으로 전체 맵을 볼 수 있는 서브 카메라를 준비하려고 합니다. [라이브러리]-[특수]
를 선택한 후 'Camera' 오브젝트를 드래그하여 화면으로 가져옵니다.

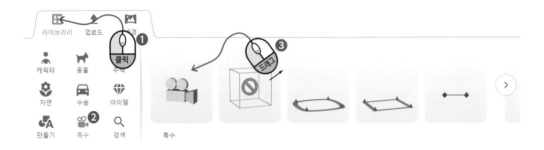

'Camera' 오브젝트를 더블클릭해서 [팝업메뉴]를 띄우고 이름을 '서브 카메라'로 변경합니다.
[카메라]를 선택하고 카메라 이동을 [비행]으로 변경합니다. [비행]모드는 플레이를 눌렀을 때
W, A, S, D 외에도 Q와 E를 이용해 위와 아래로 이동 가능합니다.

[이동]을 선택하고 X, Y, Z 좌표값을 각각 0,0,59로
X, Y, Z 회전 값을 -90도, 0도, 90도로 변경합니다.

❻ 오브젝트 완성

차도 사이에 숲과 산불을 구성하고 차도 위에 SDG15 실천 행동 소화전과 카메라가 붙어 있는 자동차까지 모든 오브젝트가 준비되었습니다.

03 코블록스 코딩하기

산불진압 자동차게임 코블록스는 기능에 따라 2개의 탭으로 구성했습니다. 첫 번째 탭은 키보드로 메인 카메라를 변경하고 자동차를 조종하는 '키보드이벤트'입니다. 두 번째 탭은 자동차로 3개의 소화전을 찾아 산불을 진압하는 '소화전찾기'입니다.

키보드이벤트

🔳 코딩 언어 선택

[코드]를 클릭 후 코딩 언어로 코블록스를 선택합니다.

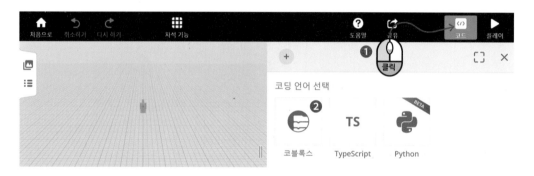

🔳 이름변경

코블록스 탭 오른쪽 아이콘을 선택한 뒤 이름을 '키보드이벤트'로 변경합니다.

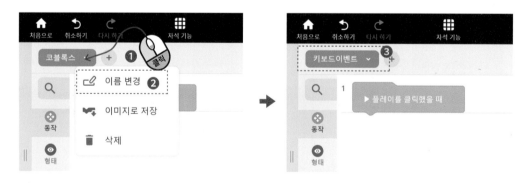

❸ 미션 시작하기

플레이를 클릭했을 때 자동차의 문을 닫기 위한 코드가 필요합니다. [형태] 블록묶음에서 애니메이션 정하기 블록을 가져와 'All clodes'로 정하기 합니다.

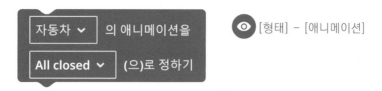

[형태] – [애니메이션]

자동차 카메라와 서브 카메라를 메인 카메라로 바꾸기 위해 키보드를 사용하려고 합니다. 키보드의 특정한 키를 눌렀을 때 이벤트가 발생하는 코드를 [이벤트] 블록묶음에서 가져옵니다. 메인 카메라를 바꾸기 위한 코드를 [형태] 블록묶음에서 가져옵니다.

[이벤트] – [키보드 이벤트]　　　　[형태] – [카메라 바꾸기]

키보드의 'z' 키가 눌렸을 때 메인 카메라를 서브 카메라로 바꾸기 합니다. 키보드의 'x' 키가 눌렀을 때 메인 카메라를 자동차 카메라로 바꾸기 합니다.

키보드 방향키로 자동차 오브젝트에 직진, 후진, 좌회전, 우회전 4개의 동작을 구현해 보려고 합니다. 직진과 후진 동작을 구현하기 위해 '~초 동안 이동하기' 코드와 우회전, 좌회전 동작을 구현하기 위해 '~초 동안 회전하기' 코드를 [형태] 블록묶음에서 가져옵니다.

자동차 오브젝트의 이동과 회전은 키보드 이벤트에 빠르게 반응하기 위해 코드의 시간 값은 0.1초로 설정합니다. 직진과 후진의 경우에는 0.1초 동안 앞으로 또는 뒤로 0.15미터를 이동합니다. 좌회전과 우회전일 경우에는 0.1초 동안 시계 또는 반시계방향으로 1도만큼 회전합니다.

[키보드이벤트 완성코드]

 버튼을 눌러 완성코드가 잘 동작하는지 확인합니다.

소화전 찾기

◼ '소화전찾기' 탭 추가하기

키보드이벤트 탭 오른쪽에 더하기 아이콘을 클릭 후 코딩 언어로 코블록스를 선택합니다.

코블록스 탭 오른쪽 아이콘을 선택한 뒤 이름을 '소화전찾기'로 변경합니다.

◼ 변수 만들고 초기화하기

플레이를 클릭했을 때 소화전 3개를 모두 찾아야 산불이 진화가 됩니다. 찾은 소화전의 개수 정보를 저장하기 위한 변수가 필요합니다. [데이터] 블록묶음에서 변수정하기 블록을 가져와 이름은 '점수'로 입력하고 초기값은 '0'으로 정하기 합니다.

[데이터] – [변수 정하기]

변수 점수 을(를) " 0 " (으)로 정하기

소화전을 찾을 때마다 산불의 크기가 줄어듭니다. 산불의 크기 정보를 저장할 변수가 필요합니다. [데이터] 블록묶음에서 변수 정하기 블록을 가져와 이름은 '산불'로 입력하고 [동작] 블록묶음에서 '크기' 블록을 가져와 초기값으로 정하기 합니다.

③ 게임 방법 안내

플레이를 클릭했을 때 아래와 같이 이미지가 포함된 게임이용방법 안내 정보창을 띄우려고 합니다.

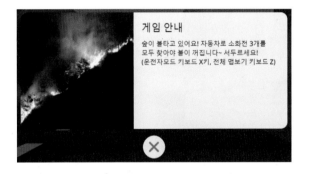

정보창에 들어갈 이미지를 넣기 위해 [업로드]-[이미지]에서 웹 검색을 선택합니다.

검색어에 '산불'을 입력합니다.

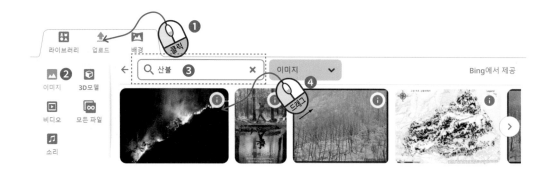

이미지를 가져오기 전에 [자석 기능]에서 '아이템에 붙이기'를 비활성화해서 이미지가 다른 오브젝트에 붙이기 되지 않도록 합니다.

주제어를 넣고 검색 결과 이미지를 사용하기 위해서는 사용할 이미지를 화면에 한 번 드래그 해서 꺼냈다 웹 검색 목록에 등록이 되면 화면에서 삭제합니다.

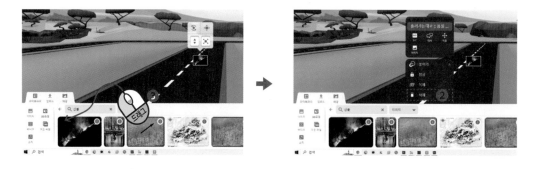

등록된 이미지 오른쪽 상단의 점 3개 아이콘을 클릭해 이름을 '산불'로 변경합니다.

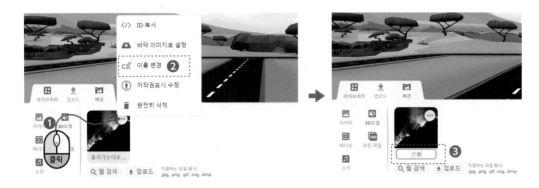

정보창 보이기 코드를 [형태] 블록묶음에서 가져옵니다. 제목과 내용을 아래와 같이 입력하고, 이미지는 '산불'로 선택합니다.

4 소화전 아이템 찾기

자동차와 소화전1이 충돌하면 점수가 1점 증가하고 소화전1 아이템이 삭제되는 기능을 구현하려고 합니다. 충돌할 때 코드를 [이벤트] 블록묶음에서 가져옵니다. 점수를 1점 증가하기 위한 코드를 [데이터] 블록묶음에서 가져옵니다. 아이템 삭제하기 코드를 [아이템] 블록묶음에서 가져옵니다.

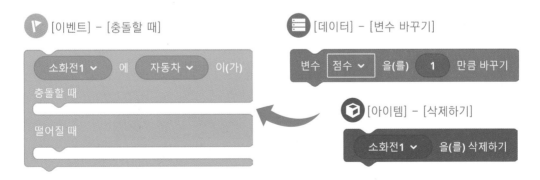

소화전2, 소화전3도 위와 동일하게 코드를 조립합니다. 단, 첫 번째 오브젝트가 중복되지 않도록 소화전1, 소화전2, 소화전3으로 설정하고 두 번째 오브젝트를 자동차로 선택합니다. 왜냐하면, 충돌할 때 블록은 첫 번째 오브젝트가 중복되면 동작이 제대로 되지 않는 버그가 있기 때문입니다.

 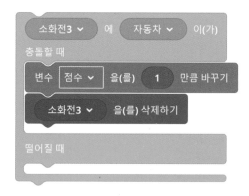

5 산불 진압하기

점수가 올라갈 때마다 산불의 크기가 줄어들도록 구현하려고 합니다. 산불의 크기 정하기 코드를 [동작] 블록묶음에서 가져옵니다.

[동작] – [크기 정하기]

산불의 크기는 1점 증가할 때마다 3분의1씩 줄어들고 3점이 되면 0이 됩니다. 산불의 현재 크기 구하는 식을 정리해보면 아래와 같습니다.

위의 식으로 산불의 크기를 계산하기 위한 코드를 [연산] 블록묶음에서 가져옵니다. 산불과 점수값을 가지고 있는 코드를 [데이터] 블록묶음에서 가져옵니다.

[연산] – [연산식]

[데이터] – [변수 바꾸기]

연산 블록을 겹쳐서 식을 만들 때는 순서가 중요합니다. 나중에 계산해야 할 식이 제일 아래에 가도록 순서를 맞추어 겹쳐주세요. 위의 식은 밑에서부터 곱하기(×), 나누기(÷), 빼기(−) 순서로 겹쳐줍니다.

6 소화전 3개 찾고 게임 끝내기

소화전을 모두 찾아 점수가 3점이 되면 아래와 같이 정보창이 나오고 게임이 종료합니다.

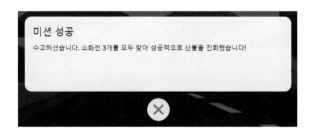

조건을 설정하기 위한 코드와 코스페이시스 끝내기 코드를 [제어] 블록묶음에서 가져옵니다.
정보창을 보여주기 위한 코드를 [형태] 블록묶음에서 가져옵니다.

점수값을 가지고 있는 코드를 [데이터] 블록묶음에서 가져옵니다.

점수값이 3점이라면 미션 성공 정보창이 보이고 코스페이시스를 끝내기 합니다.

산불 크기를 정하는 블록과 점수값이 3점인지 비교하는 조건 블록은 [제어] 블록묶음에서 '무한 반복하기' 블록을 가져와 그 안에 끼워넣기 해줍니다.

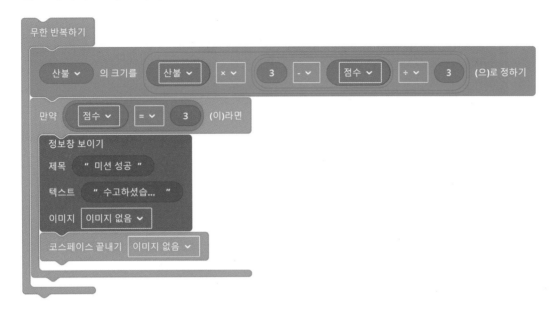

[소화전 찾기 완성코드]

▶ 버튼을 눌러 완성코드가 잘 동작하는지 확인합니다.

04 응용 작품 만들기

60초 타이머로 시간제한을 줍니다.

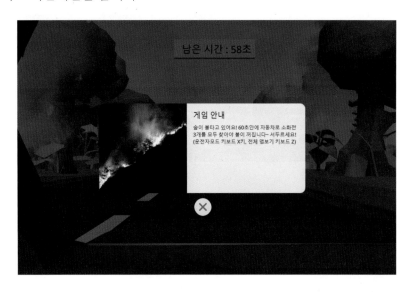

1 오브젝트 추가하기

응용 작품에서는 60초 시간제한을 주기 위한 타이머가 필요합니다. 타이머는 체험하는 동안 계속 화면에 고정되도록 자동차에 붙이기 한 다음 자동차 카메라에서 잘 보이도록 위치를 설정합니다. 지금부터 타이머를 만들어 보겠습니다.

[라이브러리]-[만들기]를 선택한 후 평면 오브젝트 'Text panel'를 드래그하여 화면으로 가져옵니다.

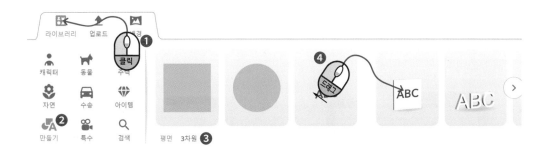

'Text panel' 오브젝트의 [팝업메뉴]를 선택한 후 이름을 '타이머'로 변경하고 [코드]에서 '코블록스에서 사용'을 활성화합니다.

'New Text' 오브젝트의 [팝업메뉴]를 선택한 후 이름을 '타이머 텍스트'로 변경, [코드]에서 '코블록스에서 사용'을 활성화한 뒤 [팝업메뉴]-[텍스트]를 '남은 시간 : 60초'라고 입력합니다.

'New text' 오브젝트의 텍스트가 2줄이 되면 높이와 너비 조절 사각형을 드래그해서 1줄로 조절해 줍니다.

'Text panel' 오브젝트의 너비랑 높이 조절 화살표를 드래그해서 너비(1.80), 높이(0.40)로 크기를 조절합니다. 이때 텍스트가 'Text panel' 오브젝트의 중앙을 벗어나지 않도록 화살표를 양쪽에서 드래그하여 조절합니다.

'타이머' 오브젝트의 [팝업메뉴]-[붙이기]를 선택한 후 자동차 위의 파란색 점을 클릭합니다.

'타이머' 오브젝트의 [팝업메뉴]-[이동]을 선택한 후 X, Y, Z의 좌표값을 각각 (0, 6, 2)로 회전값을 (0, 0,180)으로 크기는 1로 변경합니다.

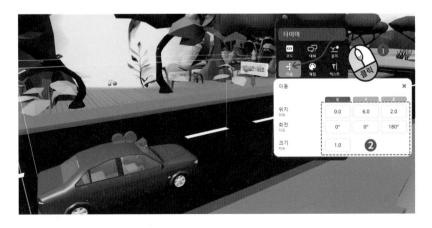

붙이기를 한 오브젝트의 좌표값은 파란점의 위치를 기준점(0, 0, 0)으로 정해집니다. 붙이기 한 오브젝트의 X, Y, Z 화살표가 바라보는 방향은 양의 값, 반대 방향은 음의 값을 갖습니다.

2 코딩하기

응용 작품 코딩에서는 타이머 기능으로 60초 시간제한을 주려고 합니다. 변수를 이용해 남은 시간 값을 저장하고 타이머로 남은 시간을 계속해서 확인할 수 있도록 구현해 봅시다.

키보드이벤트 탭 오른쪽에 더하기 아이콘을 클릭 후 코딩 언어로 코블록스를 선택합니다.

새로 추가한 코블록스 탭 이름을 '타이머'로 변경합니다.

플레이를 클릭했을 때 60초 타이머가 시작됩니다. 타이머 시간 값을 저장하기 위한 변수가 필요합니다. [데이터] 블록묶음에서 변수 정하기 블록을 가져와 초기값을 '60'으로 정하기 합니다.

다음에 사용할 '참인 동안 반복하기' 블록은 초급자용 코블록스에서는 보이지 않기 때문에 먼저 코블록스의 설정에서 고급자용 코블록스로 모드를 변경합니다.

타이머 값이 0이 될 때까지 즉, 0보다 크다는 조건이 참인 동안 타이머가 계속해서 동작하도록 구현하려고 합니다. [제어] 블록묶음에서 '참인 동안 반복하기' 블록을 가져옵니다.

시간 변수가 0보다 크다는 비교연산 조건식을 만들기 위해 [연산] 블록묶음에서 '비교연산' 블록과 [데이터] 블록묶음에서 '시간변수' 블록을 가져옵니다.

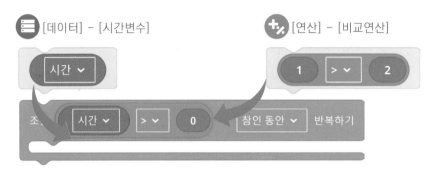

60으로 초기화 되어 있는 시간 값은 1초에 1씩 줄어듭니다.

타이머를 구현하기 위해 [형태] 블록묶음에서 '텍스트 정하기' 블록과 [데이터] 블록묶음에서 '문자열 합치기' 블록을 가져옵니다. 텍스트 정하기 내용에 문자열 합치기 블록을 끼워 넣습니다.

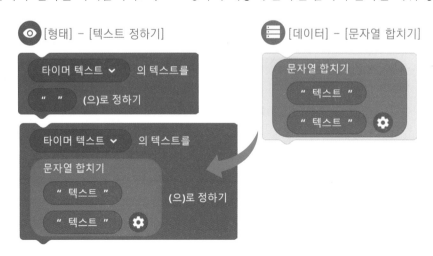

문자열 합치기 블록의 첫 번째 텍스트는 "남은 시간 : " 두 번째 텍스트는 [데이터]의 시간변수 블록을 넣습니다.

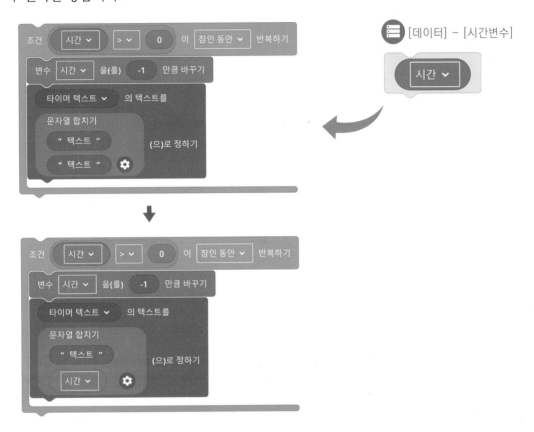

뒤에 단위를 추가하기 위해 두 번째 텍스트 오른쪽 톱니바퀴 아이콘을 눌러 텍스트를 1개 더 추가하고 '초'라고 단위를 입력합니다.

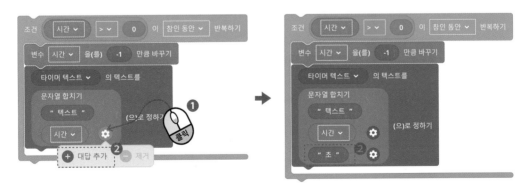

타이머는 1초마다 남은 시간 값을 보여줄 수 있도록 [제어]의 기다리기 블록을 넣습니다.

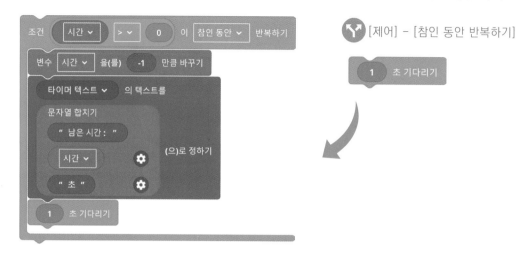

60초가 지나면 조건이 참이 되면서 반복하기 블록을 빠져나옵니다. 60초 안에 소화기를 모두 찾지 못하면 미션 실패 메시지와 함께 '다시 도전하기'와 '게임 종료하기' 선택 정보창을 보이기 합니다.

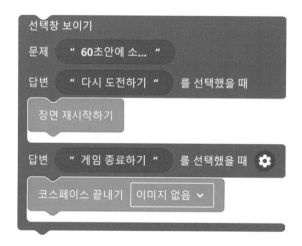

[완성코드]

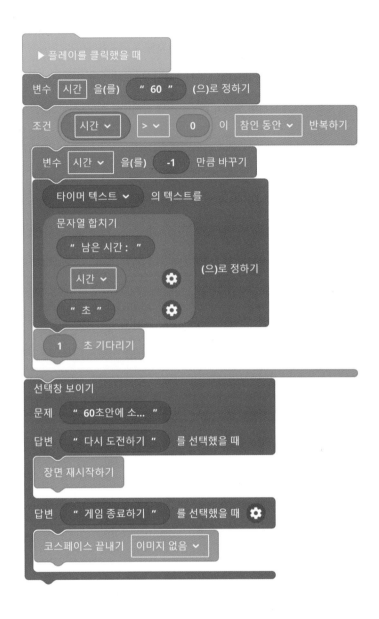

▶ 플레이를 클릭했을 때

변수 [시간] 을(를) " 60 " (으)로 정하기

조건 (시간 ∨) (> ∨) (0) 이 (참인 동안 ∨) 반복하기

변수 (시간 ∨) 을(를) (-1) 만큼 바꾸기

(타이머 텍스트 ∨) 의 텍스트를

문자열 합치기

" 남은 시간 : "

(시간 ∨) ⚙

" 초 " ⚙

(으)로 정하기

(1) 초 기다리기

선택창 보이기

문제 " 60초안에 소... "

답변 " 다시 도전하기 " 를 선택했을 때

장면 재시작하기

답변 " 게임 종료하기 " 를 선택했을 때 ⚙

코스페이스 끝내기 (이미지 없음 ∨)

▶[플레이] 버튼을 눌러 완성코드가 잘 동작하는지 확인합니다.

1. 자동차의 이동이 보이도록 자동차 카메라의 위치를 조절해 봅니다.

2. 타이머 시간 값을 이용해 게임에 레벨을 적용시켜 봅니다.

3. 도로 위에 자동차와 충돌하면 점수가 감소하는 오브젝트를 추가해 봅니다.

5. 제로 헝거 챌린지 전시회 (Zero Hunger Challenge)

기아 종식 - SDGs Goal2
혼란에 대응하는 최고의 백신은 식량

기아 종식은 지속가능발전목표(SDGs)의 2번째 목표입니다. 2030년까지 기아 종식과 식량 안보 및 영양 개선, 지속가능한 농업 진흥을 목표로 하고 있습니다.

오늘날 식량 위기의 원인은 단순히 식량 공급의 부족에 있지 않고 식량 배분의 불균형과 식량 생산을 위한 자원에의 접근성 문제, 그리고 식량 생산시스템의 취약성과 같은 생산과 분배 시스템의 문제에 근본적으로 기인합니다.

SDG15의 5가지 구체적인 목표

- 취약계층에 대한 식량 접근성을 안정적으로 보장한다.
- 농가 소득원을 다각화하고, 경영 안전망을 확충하여 농가 소득 증대를 도모한다.
- 지속가능한 식량 생산체계를 구축한다.
- 종자, 작물, 가축의 유전적 다양성을 유지하고 신품종을 개발한다.
- 식량 작물의 가격 변동성을 줄여 식량 접근성을 보장한다.

SDG2의 세부 목표

- 2030년까지 기아를 종식시키고 모든 사람, 특히 빈곤층과 유아를 포함한 취약한 상황에 있는 사람들이 일 년 내내 안전하고 영양가 있으며 충분한 음식에 접근할 수 있도록 보장한다.
- 2030년까지 모든 영양실조 형태를 종식시키며, 2025년까지 5세 미만 어린이의 성장지연 및 체중감소 등 국제적으로 합의된 목표를 달성하고, 청소년 여성, 임신 중 및 수유 중인 여성 및 노인의 영양 요구를 해결한다.
- 2030년까지 여성, 원주민, 가족 농부, 방목 양식업자 및 어부를 포함한 소규모 식량 생산자의 농업 생산성과 수입을 두 배로 늘리고, 땅과 기타 생산 자원 및 자금 서비스, 시장 및 가치 추가 및 비농업 고용 기회에 대한 안전하고 평등한 접근을 통해 이룬다.
- 2030년까지 지속 가능한 식량 생산체계를 보장하고 생산성과 생산을 증대시키는 탄력적

인 농업 관행을 시행하여 생태계 유지에 도움을 주고 기후 변화, 극한 기상, 가뭄, 홍수 및 기타 재해에 대한 적응 능력을 강화하고 토양 품질을 지속적으로 개선한다.

- 2020년까지 종자, 재배식물, 가축 및 그와 관련된 야생종의 유전 다양성을 유지하고 국가, 지역 및 국제적으로 건전하게 관리되고 다양화된 종자 및 식물 은행을 통해 유전자원 및 관련된 전통 지식의 이용에서 발생하는 혜택에 대한 접근과 공정하고 평등한 분배를 촉진한다.

- 개발도상국, 특히 최빈개발도상국에서 농업 생산 능력을 강화하기 위해 개선된 국제 협력을 통해 농촌 인프라, 농업 연구 및 확장 서비스, 기술 개발 및 작물과 가축 유전자은행 등에 투자를 증가시킨다.

- 도하 개발 라운드(Doha Development Round)의 명령에 따라 모든 형태의 농산물 수출 보조금 및 동등한 효과를 지닌 모든 수출 조치를 병행하여 세계 농업 시장에서 무역 제한과 왜곡을 수정하고 예방한다.

- 식량 상품 시장 및 그 파생 상품의 적절한 기능과 식량 비축에 관한 시장 정보에 적시에 접근할 수 있도록 조치를 취하여 극심한 식품 가격 변동을 제한하는 데 도움을 준다.

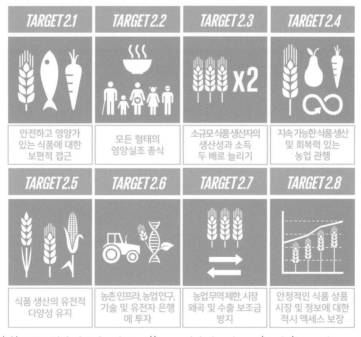

[출처 : THE Global Golas- https://www.globalgoals.org/goals/2-zero-hunger/]

SDG7의 실천을 위해 해야 할 일

● 지역 및 제철 음식을 구입하거나 직접 자신의 음식을 재배합니다.

● 음식을 낭비하지 않습니다. 상하기 전에 먹을 기회가 없다면 신선한 농산물과 남은 음식을 얼립니다.

● 육식을 줄이고 일주일에 하루는 채식합니다. 육류 생산 산업은 환경에 막대한 영향을 미치기 때문입니다.

● 많은 과일과 채소들이 크기, 모양, 색깔 등이 '적절하지 않다'라는 이유로 버려지고 있습니다. 이러한 과일을 구매하면, 폐기되는 음식을 활용할 수 있습니다.

[출처: UN 제로 헝거(https://www.un.org/en)]

전 세계에서 발생하고 있는 수많은 기아 인구와 다양한 기아 발생의 원인을 해결하여 관련 목표를 달성하기엔 해결 방안이 쉽지 않을 수 있습니다. 하지만 어쩌면 기아 문제는 우리가 매일 먹는 음식만큼이나 가까이 있는 문제일 수도 있습니다. 그동안 우리가 당연하게 누려왔던 밥상을 준비하고 누리는 과정에서 우리가 생각해볼 기아 종식 목표에 관한 관심을 가져보면 어떨까요? 우리 지역에서 생산된 식자재를 구입하고, 음식물 쓰레기를 최소화하는 등의 실생활에서 쉽게 실천할 수 있는 작은 노력이 모인다면 우리는 기아 종식에 한 발 더 가까워질 수 있으리라 확신합니다.

제로 헝거 챌린지 전시회

작품 미리 보기

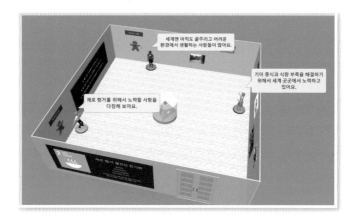

SDG의 2번째 목표인 '기아 종식'을 실천하기 위해 메타버스 공간에서 전 세계 기아 현황과 식량 부족에 대한 심각성을 알리는 전시회를 개최합니다. 전시회에 기아 현황과 식량 부족에 대한 현재 상황, 우리가 노력해야 할 요소와 다짐들을 나타내 봅니다.

학습 내용

1. 자석 기능을 활용하여 아이템을 붙여봅니다.

2. 외부 이미지 검색 기능을 사용하여 필요한 이미지를 장면에 사용할 수 있습니다.

3. 좌표를 사용하여 오브젝트를 이동시켜 봅니다.

4. 마스킹 기능을 사용하여 오브젝트를 숨깁니다.

이번 활동에서는 마스킹 기능을 활용하여 오브젝트를 다양하게 표현하는 방법을 알아봅니다.

01 배워봅시다

마스킹 기능

마스킹 기능은 오브젝트의 일부분을 가리거나 보이게 할 수 있는 기능입니다. 오브젝트를 마스킹하면 편집 화면에서는 오브젝트의 윤곽선만 핑크색 선으로 표시되고, 플레이 화면에서는 마스킹한 오브젝트는 보이지 않게 됩니다.

편집 화면에서 마스킹 기능을 사용하여 일부 오브젝트를 가려놓았다가 특정 이벤트가 발생하였을 때 보이도록 하는 등의 코드와 연결하여 사용할 수 있습니다.

선물상자를 클릭하면 다람쥐 앞에 도토리가 나오도록 하는 동작을 마스킹을 사용하여 다음과 같이 표현할 수 있습니다.

'도토리' 오브젝트를 다람쥐와 일정 거리 떨어진 곳에 배치하고 'Cuboid' 오브젝트를 마스킹 처리합니다.

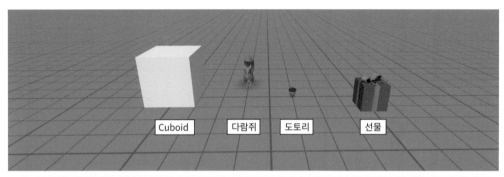

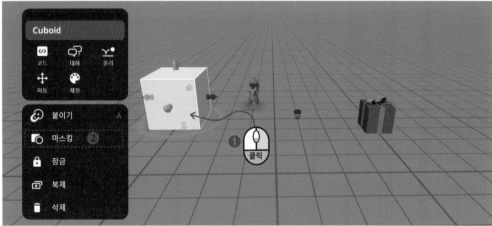

마스킹 처리된 'Cuboid' 오브젝트로 '도토리' 오브젝트를 감싸면, '도토리' 오브젝트는 마스킹 영역 안으로 들어가게 되어 보이지 않습니다.

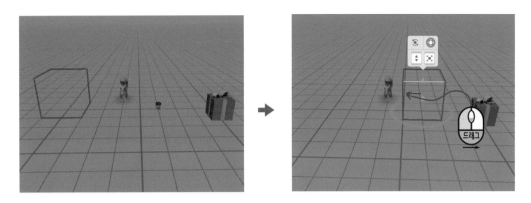

플레이 화면에서는 마스킹으로 가려진 영역은 마스킹 영역이라는 표시도 없이 보이지 않게 됩니다.

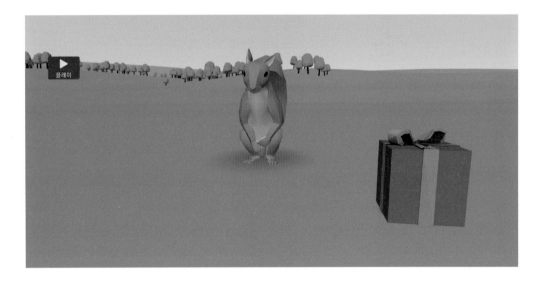

코블록스 코드에서 다음과 같이 하면, '선물' 오브젝트를 클릭했을 때 '도토리' 오브젝트는 마스킹 영역 밖의 위치로 이동하여 다람쥐 오브젝트 앞에 보이도록 할 수 있습니다.

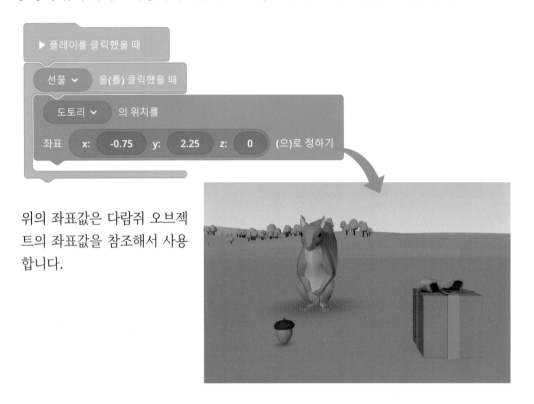

위의 좌표값은 다람쥐 오브젝트의 좌표값을 참조해서 사용합니다.

외부 이미지 검색

[업로드] 메뉴를 사용하여 기본으로 제공하는 오브젝트 이외에 외부 자료를 오브젝트로 사용할 수 있습니다. [업로드] 메뉴에서는 '이미지', '3D모델', '비디오', '모든 파일', '소리' 타입을 추가할 수 있습니다. 이 중 [업로드]-[이미지]에서 '웹 검색' 메뉴를 사용하면 원하는 이미지를 코스페이시스에서 바로 사용할 수 있게 됩니다.

'웹 검색'을 클릭하여 원하는 검색어를 입력하면, Bing에서 검색된 목록을 보여줍니다.

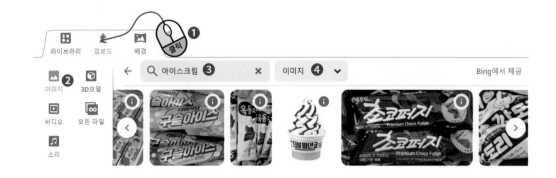

검색 이미지 타입은 '이미지'와 'GIF'를 지원하고 있고, 'GIF'를 선택하여 검색하면 GIPHY에 의해서 제공된 움직이는 이미지 목록을 보여줍니다.

검색된 이미지는 다른 오브젝트처럼 동일한 방식으로 사용할 수 있습니다.

좌표

코스페이시스에서 장면의 좌표는 가로, 세로, 높이를 X축, Y축, Z축으로 나타내고 있습니다.

X축의 범위는 (-30~30), Y축의 범위는 (-30~30), Z축의 범위는 (0~40)으로, 장면의 정중앙 위치가 (0, 0, 0)의 값을 가집니다. 여기서 유의해서 살펴볼 점은 일반적인 다른 블록 코딩의 좌표 범위와 반대로 맨 오른쪽 X좌표가 -30, 맨 왼쪽의 X좌표가 30, 맨 아래의 Y좌표가 30, 맨 위의 Y좌표가 -30이라는 점입니다. 그리고 3D 환경의 코스페이시스를 처음 시작했을 때 나오는 카메라는 X, Y가 (0, 0)인 위치에 놓여 있습니다.

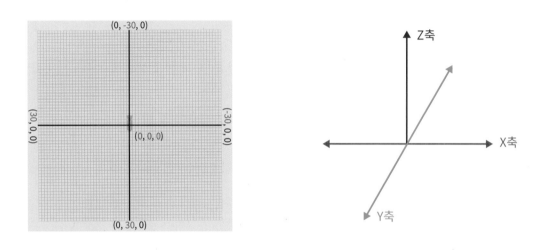

오브젝트 좌표의 위치를 알고 싶을 때는 [이동] 메뉴를 선택하면 선택한 오브젝트의 좌표값을 확인할 수 있습니다.

한 장면은 가로 60m, 세로 60m, 높이 40m의 범위를 가지고 있습니다. 오브젝트를 편집모드에서 움직일 때는 이 범위에서만 오브젝트가 움직이지만, 코딩을 사용하여서는 좌표 범위의 제한이 없습니다.

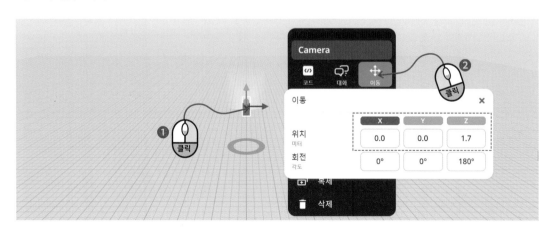

자석 기능

자석 기능은 오브젝트를 쉽게 붙이도록 하는 기능입니다. 자석 기능의 '아이템에 붙이기' 옵션이 체크되어 있으면 선택한 오브젝트가 붙이려는 대상(다른 오브젝트, 바닥)에 가져가면 붙습니다.

이 때, '격자에 맞추기' 옵션이 체크되어 있다면 오브젝트를 편집 화면에서 움직일 때 해당 격자 단위로 움직이게 됩니다. 격자가 1.0일 때 1미터 단위, 0.5일 때 50cm 단위, 0.25일 때 25cm 단위, 0.1일 때 10cm 단위, 0.05일 때 5cm 단위로 오브젝트를 움직일 수 있게 됩니다. 따라서, 격자 간격이 작으면 작을수록 세밀한 제어와 정교한 움직임이 가능해집니다.

자석 기능을 사용하여 원 모양의 오브젝트에 여러 가지의 오브젝트를 다음과 같이 붙여볼 수 있습니다.

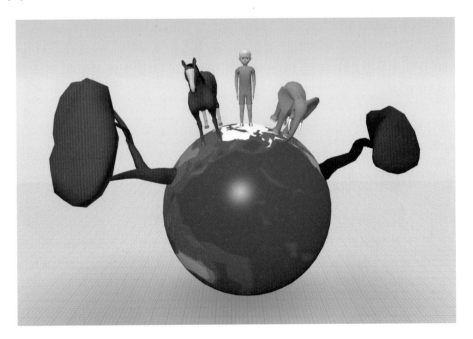

02 작품 만들기

코스페이시스 3D환경으로 만들기

1 코스페이스 만들기

3D환경으로 장면을 만들 때 10종류의 장면 템플릿을 제공하고 있습니다. 만들 작품에 어울리는 템플릿을 선택하여 활용할 수 있습니다. 이번 작품에서는 [코스페이시스 만들기] - [3D환경] - [Large gallery] - [템플릿 사용]으로 작품 공간을 만듭니다.

2 프로젝트 이름

만들어진 공간의 이름을 변경하고 싶을 때에는 █를 클릭하여, 나의 코스페이시스 작품 목록 화면으로 이동합니다. [이름 변경] 메뉴를 이용하여 [제로 헝거 챌린지] 프로젝트로 이름을 변경합니다.

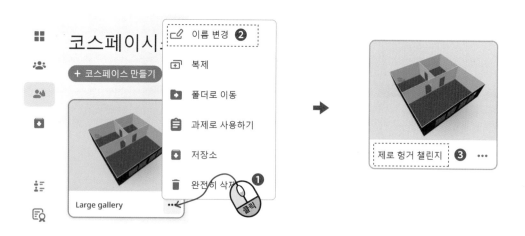

템플릿 수정 및 이미지 추가하기

1 배경 추가

[배경]-[수정]을 클릭하여 원하는 배경을 선택합니다.

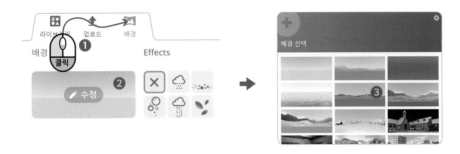

2 이미지 파일 추가하기

[업로드]-[이미지]-[웹검색]에서 검색하고 싶은 내용을 입력하면 Bing에서 검색된 이미지 목록이 표시됩니다. drought, education, flood, hunger, money, vegetable, zero hunger를 각각 검색하여 검색된 이미지 중 마음에 드는 이미지를 선택합니다. 사용할 이미지를 편집 화면에 한 번 드래그해서 꺼낸 후, 웹 검색 목록에 등록이 된 것을 확인 후에 편집 화면에서 삭제합니다. 선택된 이미지들의 이름을 더블클릭하여 검색어 (drought, education, flood, hunger, money, vegetable, zero hunger)로 각각 변경합니다.

아래와 같이 웹에서 검색한 이미지들을 준비합니다.

3 템플릿 수정하기

Large gallery 템플릿을 제로 헝거 챌린지를 위한 갤러리 형태로 다음과 같이 수정합니다.

갤러리 외벽을 구성하는 오브젝트(Wall, Wall1, Wall2)의 [잠금]을 선택하여 갤러리 수정시 외벽이 움직이지 못하도록 모두 잠금 처리합니다.

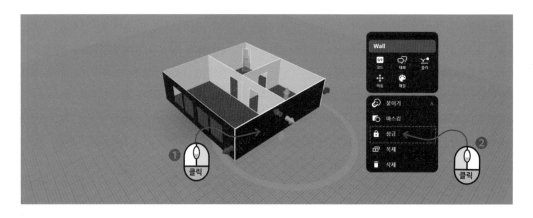

갤러리 벽면에 있는 4개의 창과 갤러리 안쪽에 세워진 벽면 2개를 각각 마우스로 클릭한 뒤, [delete키] 를 눌러서 모두 삭제합니다.

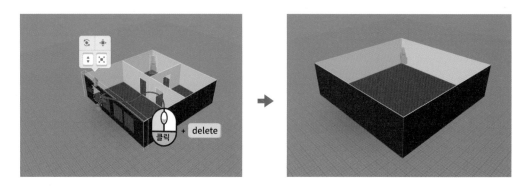

[Wall1]을 선택한 후, 오른쪽 마우스를 클릭하여 [재질] 메뉴에서 외부 벽면의 색상을 선택하고 불투명도를 95%로 설정합니다.

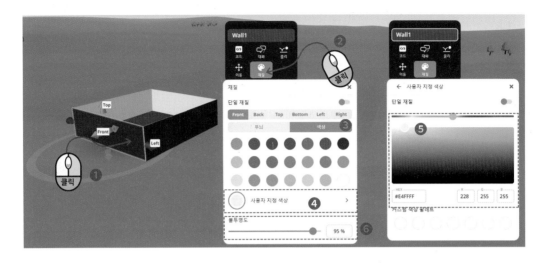

갤러리 외부 벽면 완성하기

🔳 갤러리 출입문

[라이브러리]-[주택]에서 갤러리 출입문으로 사용할 'Double Door' 오브젝트를 가져와서 벽면에 연결한 후, [드래그해서 크기 바꾸기(✖)]를 사용하여 출입문 크기를 원래 크기보다 크게 변경합니다.

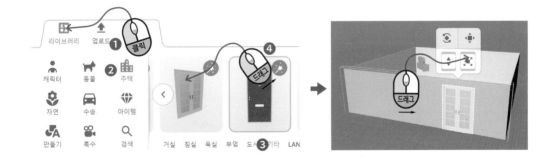

단, 'Double Door'를 벽면에 붙일 때는 [자석 기능]에서 '아이템에 붙이기' 옵션 설정이 해제되어 있어야 합니다.

'Double Door' 오브젝트의 이름을 '출입문'으로 변경하고, [코드] 메뉴에서 '코블록스에서 사용' 옵션을 활성화합니다.

② 갤러리 간판

❶ 간판 이미지

[라이브러리]-[만들기]에서 3차원 오브젝트 'Cuboid'를 선택한 후 드래그하여 화면으로 가져옵니다.

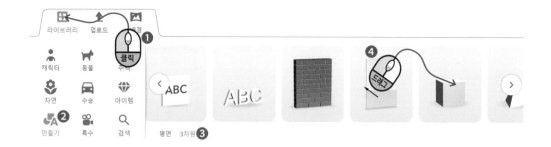

'Cuboid' 오브젝트를 클릭하여 길이, 높이, 너비를 조정한 다음, 오른쪽 마우스를 클릭하여 [재질] 메뉴에서 무늬나 색상을 변경합니다.

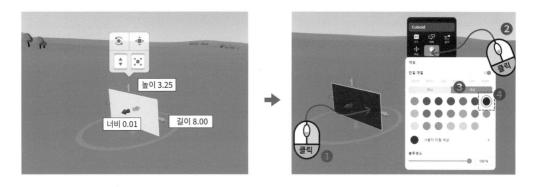

크기와 색상 변경한 'Cuboid' 오브젝트를 클릭한 상태에서 붙이기의 단축키인 [A키]를 누릅니다. 갤러리 벽면 중 'Wall1'의 Front 하늘색 점을 클릭하여 'Cubroid' 오브젝트를 Wall1에 붙입니다. 오른쪽 마우스 클릭 후, [이동] 메뉴에서 위치(-3.0, -1.7, 0.0)와 회전 각도(0°, 90°, 90°)를 변경하여 다음과 같이 벽면에 배치합니다.

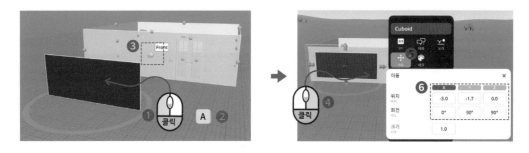

'Cuboid' 오브젝트가 움직이지 않도록 잠금 처리합니다.

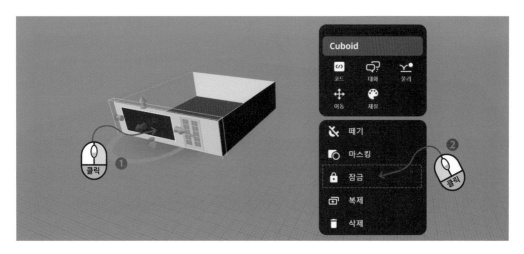

[업로드]-[이미지]에서 갤러리를 대표할 이미지 'zero hunger'를 가져온 다음, [A]키를 눌러 'Cuboid' 오브젝트에 붙입니다.

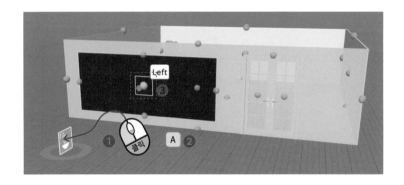

'zero hunger'이미지가 'Cuboid' 오브젝트에서 크기나 위치가 적절하도록 [드래그해서 크기 바꾸기]로 크기를 조정합니다.

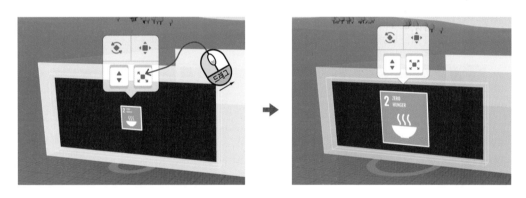

[이동 모드]를 사용하여 다음과 같이 위치를 조정합니다.

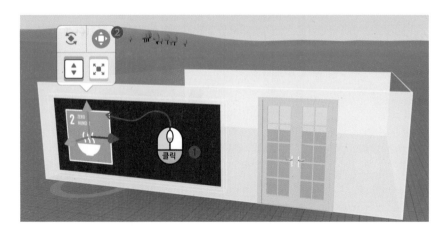

❷ 간판 제목

[라이브러리]-[만들기]에서 'Text' 오브젝트를 선택한 후 드래그하여 화면으로 가져옵니다.

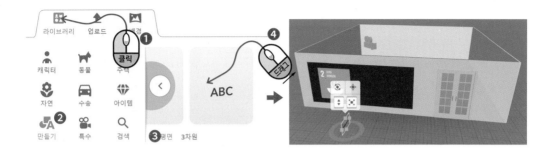

'Text' 오브젝트가 선택된 상태에서 [A키]를 눌러 'Cuboid' 오브젝트에 붙인 후, 다음과 같이 위치를 조정하고, Text 주변의 하늘색 점을 드래그하여 크기를 조정합니다.

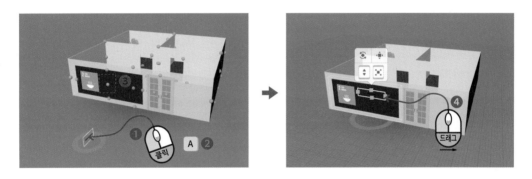

오른쪽 마우스를 눌러 [텍스트] 메뉴에서 속성을 '내용:제로 헝거 챌린지 전시회'로 바꾸고, [재질] 메뉴에서 속성을 흰색으로 바꿉니다.

간판 제목과 동일한 방식으로 간판에 표현할 내용을 [라이브러리]-[만들기]-[Text]를 사용하여 다음과 같이 표현합니다.

❸ 카메라 위치 이동

갤러리 내부에 있는 카메라의 위치를 출입구 앞쪽으로 변경합니다.

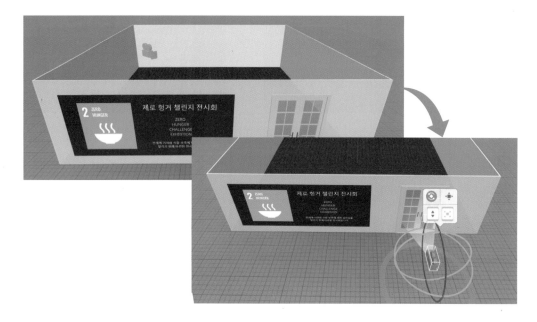

'Camera' 오브젝트의 이름을 '카메라'로 변경하고, [코드] 메뉴에서 '코블록스에서 사용' 옵션을 활성화합니다.

3 갤러리 내부 전시 공간 만들기

갤러리 내부에는 제로 헝거 챌린지와 관련된 주제를 표현합니다. 기아의 현장이나 기아가 발생된 요인을 나타내는 '현재의 상황'을 전시하는 공간, 이를 개선하기 위한 세계 각국의 노력을 '우리의 노력'으로 전시하는 공간, 노력을 지키기 위한 선언이나 다짐을 '우리의 다짐'으로 전시하는 공간으로 나누어 이미지나 글로 표현해 봅니다.

갤러리 내부에서 표현할 내용은 다음과 같습니다.

(1) 제목 보드판 만들기	(2) 이미지 전시하기	(3) 도슨트 만들기

'현재의 상황'을 표시할 전시회장 내부의 위치는 다음과 같습니다.

❶ 제목 보드판 만들기

[라이브러리]-[만들기]에서 'Text panel' 오브젝트를 가져옵니다.

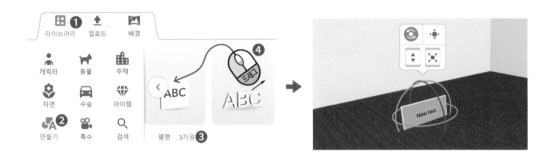

오른쪽 마우스를 눌러 [재질] 메뉴에서 제목 보드판 색상을 변경합니다. 'Text Panel' 오브젝트 내부의 'New text' 글씨를 클릭한 다음, [재질] 메뉴를 사용하여 변경한 보드판 색상과 어울리는 텍스트 색상을 선택합니다.

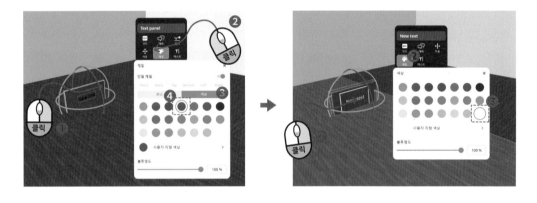

'New text' 오브젝트의 [텍스트] 메뉴를 통해 '현재의 상황'으로 텍스트를 변경합니다.

'Text panel' 오브젝트의 [이동 모드]를 크기 변경 메뉴로 변경한 뒤, 제목 보드판의 상하 높이를 모두 0.50으로 변경합니다.

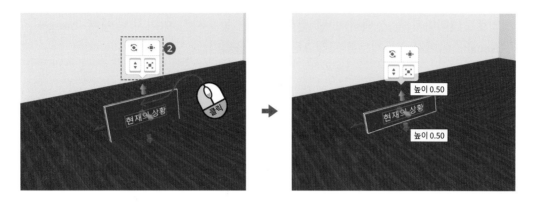

'Text panel' 오브젝트를 클릭하고 [A키]를 눌러 갤러리 벽면에 붙입니다.

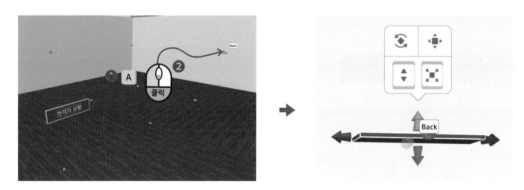

'Text panel' 오브젝트의 X축, Y축, Z축 회전 각도를 X:90°, Y:0°, Z:-180°로 설정합니다. 'Text Panel' 오브젝트의 [이동 모드] 메뉴를 사용하여 벽면 왼쪽 상단에 위치하도록 그림과 같이 배치합니다.

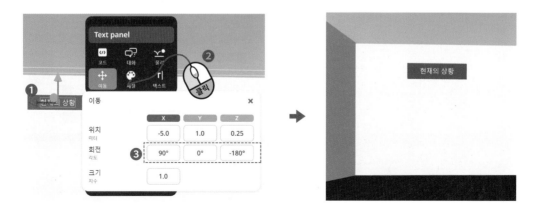

❷ 이미지 전시하기

'현재의 상황' 공간에는 기아가 발생되는 원인이나 기아 현장의 모습을 전시하는 공간입니다.

[업로드]-[이미지]를 선택하여 웹 검색 목록에 등록시킨 이미지 중에서 'hunger', 'flood', 'drought' 이미지 오브젝트를 드래그하여 가져옵니다.

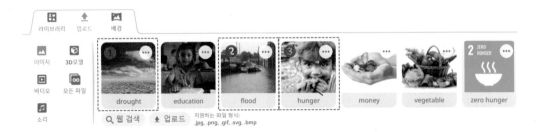

세 개의 이미지 오브젝트를 '현재의 상황' 전시 공간 벽면에 붙입니다. 이때, [자석 기능]-[아이템에 붙이기] 옵션이 활성화되어 있어야 합니다.

[드래그해서 크기 바꾸기]와 [이동하기] 메뉴를 사용하여 3개의 이미지를 크기를 조정하여 전시 공간을 꾸며줍니다.

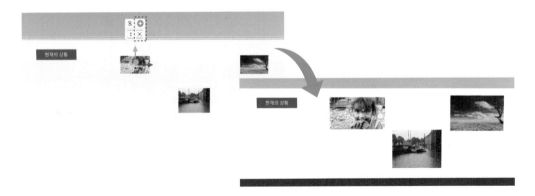

이와 같은 방식으로 나머지 전시 공간 벽면을 '우리의 노력', '우리의 다짐'이라는 주제로 완성합니다.

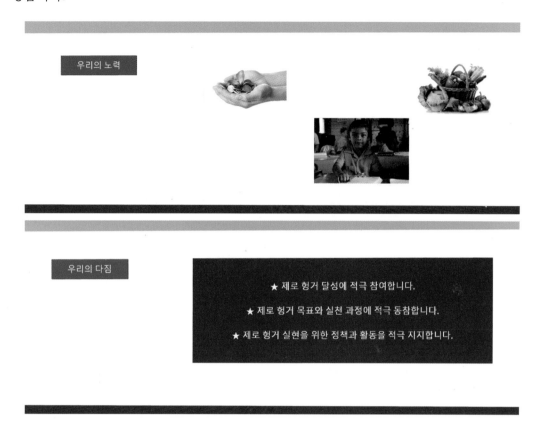

4 도슨트 마스코트 만들기

전시 공간을 설명해 줄 도슨트를 호출하는 마스코트를 만들어 봅니다.

[라이브러리]-[아이템]에서 'Gingerbread man' 오브젝트를 가져옵니다.

'Gingerbread man' 오브젝트의 이름을 '마스코트1'로 변경하고, [코드] 메뉴에서 '코블록스에서 사용' 옵션을 활성화합니다. [이동] 메뉴에서 크기를 '5.0'으로 설정합니다.

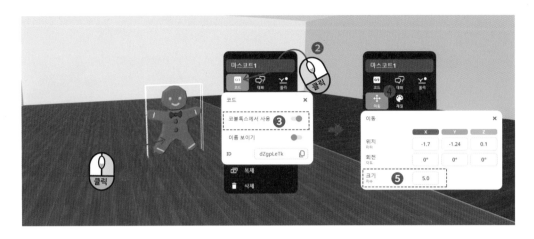

'마스코트1' 오브젝트의 [복제] 메뉴를 사용하여 '마스코트2', '마스코트3' 오브젝트를 만듭니다.

오브젝트의 이름 뒤에 숫자를 넣고 복제를 하면, 복제된 오브젝트는 '기존 오브젝트 이름+(숫자+1)'형식으로 이름이 자동 생성됩니다. 즉, '마스코트1' 오브젝트를 복제하면 복제된 오브젝트의 이름은 자동으로 '마스코트2'가 됩니다.

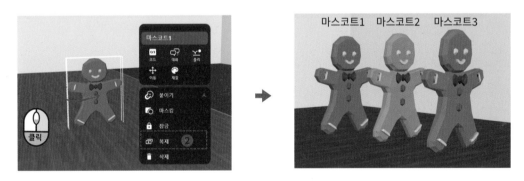

'마스코트1' 오브젝트는 '현재의 상황' 제목 보드판 아래에, '마스코트2' 오브젝트는 '우리의 노력' 제목 보드판 아래에, '마스코트3' 오브젝트는 '우리의 다짐' 제목 보드판 아래에 배치합니다.

이때, 각 오브젝트의 [이동] 메뉴에서 '현재의 상황' 오브젝트는 X:0°, Y:0°, Z:-90° 각도로, '우리의 노력' 오브젝트는 X:0°, Y:0°, Z:-180° 각도로, '우리의 다짐' 오브젝트는 X:0°, Y:0°, Z:0° 각도로 회전합니다.

5 도슨트 만들기

각 벽면의 전시 공간을 설명해 줄 도슨트를 표현해 봅니다.

[라이브러리]-[아이템]에서 'Coin' 오브젝트를 가져옵니다. 이름을 '보드판1'로 변경하고, [코드] 메뉴에서 '코블록스에서 사용' 옵션을 활성화합니다.

'보드판1' 오브젝트의 [재질] 메뉴에서 색상을 변경하고, [이동] 메뉴에서 '크기'를 10.0으로
변경합니다.

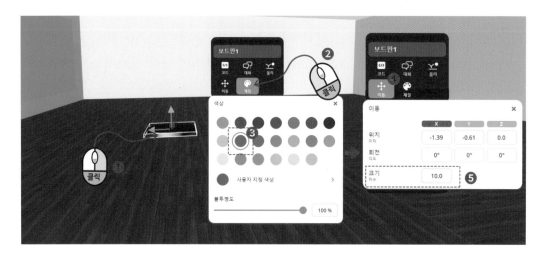

'보드판1' 오브젝트의 [복제] 메뉴를 사용하여 '보드판2', '보드판3' 오브젝트를 만듭니다.

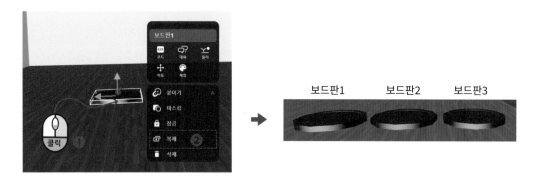

[라이브러리]-[캐릭터]에서 'Fancy woman' 오브젝트를 가져옵니다.

'Fancy woman' 오브젝트를 선택하고 붙이기 기능(단축키 A키)를 실행하여 '보드판1'의 'Top'
지점에 붙입니다.

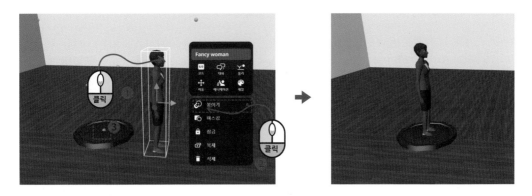

'보드판1' 오브젝트를 '현재의 상황' 전시공간 쪽으로 이동시킨 다음, 캐릭터가 정면을 바라
볼 수 있도록 X:0°, Y:0°, Z:-90°으로 회전합니다.

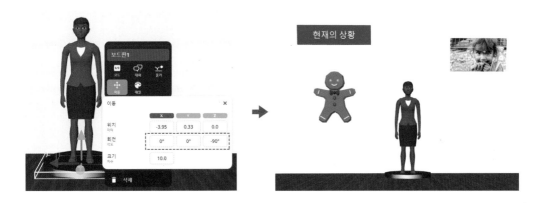

'Fancy woman'의 기본 크기가 전시 공간에 비해 작으므로 공간에 알맞도록 [이동] 메뉴에서
크기(0.13)를 키웁니다.

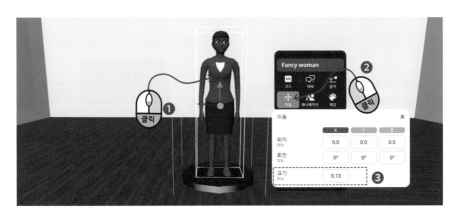

제로 헝거와 관련하여 개선이 필요한 현재의 상황이 캐릭터의 표정이나 동작에서도 나타날 수 있도록 'Fancy woman'의 [애니메이션]-[Reactions]의 'Sad'를 선택합니다. [대화] 메뉴를 통해 '현재의 상황' 전시 공간을 설명하는 문구를 입력해 봅니다.

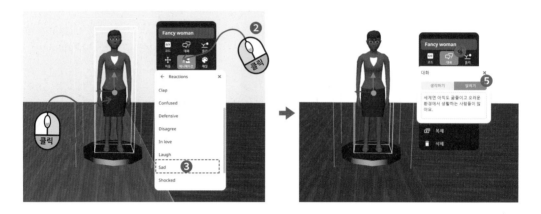

'보드판1' 오브젝트와 'Fancy woman' 오브젝트를 연결하여 '현재의 상황' 전시 공간을 설명하는 도슨트를 표현한 것처럼, '우리의 노력'과 '우리의 다짐' 전시 공간을 설명하는 도슨트를 만듭니다. 이때 [라이브러리]-[캐릭터]에서 도슨트로 사용할 캐릭터 2개를 가져와서 '보드판2'와 '보드판3' 오브젝트에 붙여서 사용합니다. '보드판2' 오브젝트를 '우리의 노력' 전시 공간으로, '보드판3' 오브젝트를 '우리의 다짐' 전시 공간으로 옮겼을 때 캐릭터가 전면을 바라볼 수 있도록 다음과 같이 회전합니다. (보드판2 : X:0°, Y:0°, Z:-180°, 보드판3 : X:0°, Y:0°, Z:0°)

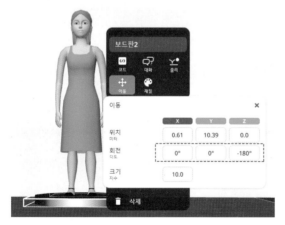

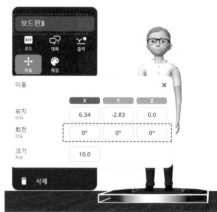

'보드판2'와 '보드판3'에 추가한 캐릭터들이 관련 전시 공간과 어울리도록 [애니메이션] 메뉴의 동작을 선택하고 [대화] 메뉴를 통해 메시지를 입력해 봅니다.

6 도슨트 숨기기

도슨트를 처음에 보이지 않게 하고, 도슨트 마스코트를 클릭했을 때 위에서 아래로 해당 전시 공간 앞에 나타나도록 표현합니다. 이렇게 표현하기 위해 상단으로 올린 도슨트를 마스킹 기능으로 보이지 않게 합니다.

❶ 도슨트 위로 올리기

현재 '보드판1', '보드판2', '보드판3' 오브젝트는 모두 바닥면에 있는 상태이고, 이 때 Z의 위치 값은 모두 0.0입니다.

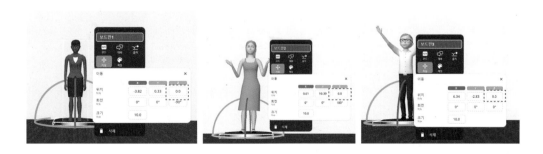

'보드판1', '보드판2', '보드판3' 오브젝트를 모두 같은 높이로 띄우기 위해 Z의 위치 값을 7.0 으로 변경합니다.

3개의 도슨트 오브젝트가 전시회장 상단으로 올라간 모습은 다음과 같습니다.

❷ 도슨트 가리기

플레이 버튼을 클릭했을 때, 도슨트 오브젝트가 보이게 됩니다. '마스코트1', '마스코트2', '마스코트3' 오브젝트를 클릭했을 때만 해당 도슨트 오브젝트가 보이게 하기 위해 마스킹 기능을 사용하여 도슨트 오브젝트를 가립니다.

[라이브러리]-[만들기]에서 'Cuboid' 오브젝트를 가져와서, 이름을 '숨기기'로 변경합니다.

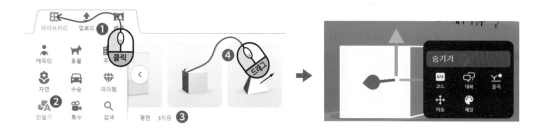

'숨기기' 오브젝트의 크기를 가로, 세로 크기는 전시회장 가로, 세로 크기보다 크게 만들고, 높이는 도슨트 오브젝트가 가려질 정도로 만듭니다.

[이동] 메뉴를 사용하여 도슨트 오브젝트들을 모두 가려지도록 '숨기기' 오브젝트를 배치합니다.

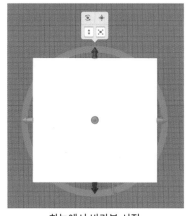

하늘에서 바라본 시점

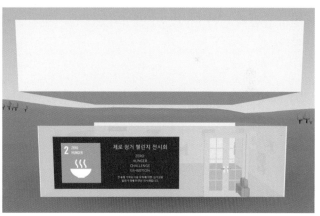

정면에서 바라본 시점

앞에서 본 시점

오른쪽에서 본 시점

뒤에서 본 시점

왼쪽에서 본 시점

> ❗ '숨기기' 오브젝트를 전시회장 위로 올릴 때, [자석 기능]에서 '아이템에 붙이기' 설정이 해제되어 있어야 편리합니다.

'숨기기' 오브젝트의 [마스킹] 메뉴를 실행하여 '숨기기' 오브젝트가 있는 영역이 플레이 화면(▶️ 플레이)에서 보이지 않도록 설정합니다.

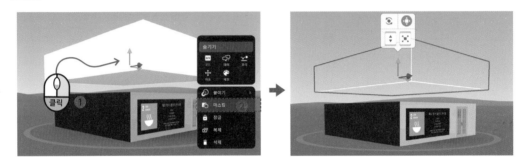

전시 공간의 기본 디자인이 완성되었으면 나만의 스타일로 전시 공간 내부와 외부를 꾸며 봅니다.

03 코블록스 코딩하기

◪ 코딩 언어 선택

[코드]를 클릭 후 코딩 언어로 코블록스를 선택
합니다.

◪ 전시회장 문 열기

전시회장 안으로 들어가기 위해 '출입문' 오브젝트를 마우스로 클릭하면 문이 5초간 열렸다
가 닫히도록 코딩합니다. [이벤트] 코드 묶음에서 '오브젝트를 클릭했을 때' 블록과 [형태] 코
드 묶음에서 '출입문' 오브젝트에 내장되어 있는 애니메이션 동작 중 'Open'과 'Close'를 이용
하여 출입문이 열리고 닫히는 애니메이션을 표현합니다. '~초 기다리기' 블록은 [제어] 코드
묶음의 '기타'에서 가져옵니다.

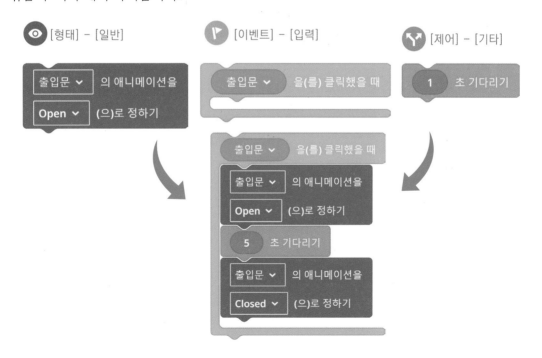

❸ 도슨트 마스코트 말하기

전시회장의 각 벽면의 내용을 이야기해 줄 수 있는 도슨트를 호출하기 위해서 도슨트 마스코트를 배치하였습니다. 도슨트 마스코트 오브젝트('마스코트1'/'마스코트2'/'마스코트3' 오브젝트)에 가까이 다가갔을 때, 도슨트('보드판1'/'보드판2'/'보드판3')를 호출할 수 있는 방법을 말하기 기능을 사용하여 표현합니다.

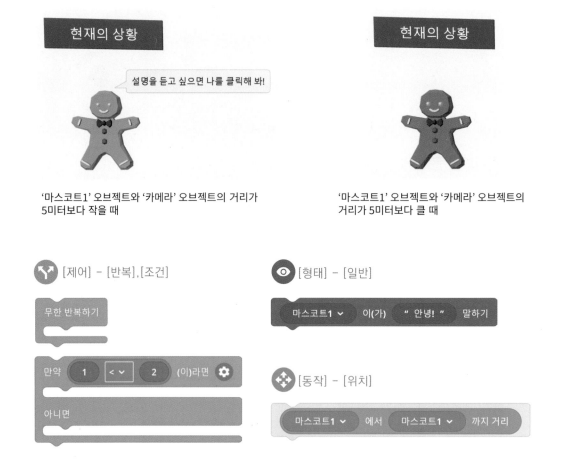

'마스코트1' 오브젝트와 '카메라' 오브젝트의 거리가 5미터보다 작을 때

'마스코트1' 오브젝트와 '카메라' 오브젝트의 거리가 5미터보다 클 때

 블록을 사용하여 '카메라' 오브젝트와 '마스코트1', '마스코트2', '마스코트3' 오브젝트와의 거리를 알아옵니다.

'무한 반복하기' 블록이 실행되면 이 이후에 연결된 블록은 무한 반복이 종료되지 않는 한 실행되지 못하므로, 코블록스 탭에서 다른 이벤트 블록이 모두 실행된 이후에 실행되도록 맨 아래에 배치해야 합니다.

◢ 도슨트 보이기

전시회장의 벽면에 있는 '마스코트1' 오브젝트를 클릭하면, 상단 마스킹 영역에 가려져 있던 도슨트('보드판1' 오브젝트)가 위에서 아래로 수직으로 내려와서(아래로 7미터 이동) 표시되도록 합니다.

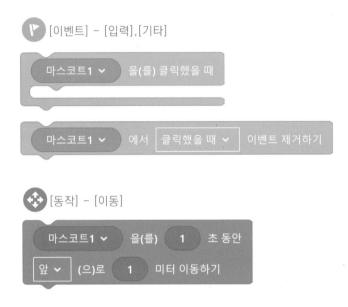

'보드판1', '보드판2', '보드판3' 오브젝트의 Z위치가 7.0이므로 전시회장 바닥에 표시하기 위해서 아래 방향으로 보드판 오브젝트를 7미터 이동하는 블록을 사용합니다.

마스코트 오브젝트를 클릭할 때마다 도슨트 오브젝트가 아래로 내려가는 것을 방지하기 위해 마스코트 오브젝트에서 '클릭했을 때' 이벤트를 제거합니다.

```
▶ 플레이를 클릭했을 때

출입문 ▼ 을(를) 클릭했을 때
    출입문 ▼ 의 애니메이션을
    Open ▼ (으)로 정하기
    5 초 기다리기
    출입문 ▼ 의 애니메이션을
    Closed ▼ (으)로 정하기

마스코트1 ▼ 을(를) 클릭했을 때
    보드판1 ▼ 을(를) 1 초 동안
    아래 ▼ (으)로 7 미터 이동하기
    마스코트1 ▼ 에서 클릭했을 때 ▼ 이벤트 제거하기

마스코트2 ▼ 을(를) 클릭했을 때
    보드판2 ▼ 을(를) 1 초 동안
    아래 ▼ (으)로 7 미터 이동하기
    마스코트2 ▼ 에서 클릭했을 때 ▼ 이벤트 제거하기

마스코트3 ▼ 을(를) 클릭했을 때
    보드판3 ▼ 을(를) 1 초 동안
    아래 ▼ (으)로 7 미터 이동하기
    마스코트3 ▼ 에서 클릭했을 때 ▼ 이벤트 제거하기

무한 반복하기
    만약 마스코트1 ▼ 에서 카메라 ▼ 까지 거리 < ▼ 5 (이)라면
        마스코트1 ▼ 이(가) " 설명을 듣고 ... " 말하기
    아니면
        마스코트1 ▼ 이(가) " " 말하기
    만약 마스코트2 ▼ 에서 카메라 ▼ 까지 거리 < ▼ 5 (이)라면
        마스코트2 ▼ 이(가) " 설명을 듣고 ... " 말하기
    아니면
        마스코트2 ▼ 이(가) " " 말하기
    만약 마스코트3 ▼ 에서 카메라 ▼ 까지 거리 < ▼ 5 (이)라면
        마스코트3 ▼ 이(가) " 설명을 듣고 ... " 말하기
    아니면
        마스코트3 ▼ 이(가) " " 말하기
```

04 응용 작품 만들기

전시회장에 회전하는 조각상 만들기

■ 오브젝트 추가하기

❶ 회전판

조각상을 움직일 회전판을 만듭니다.

[라이브러리]-[만들기]에서 'Cylinder' 오브젝트을 전시회장 바닥면으로 가져옵니다.

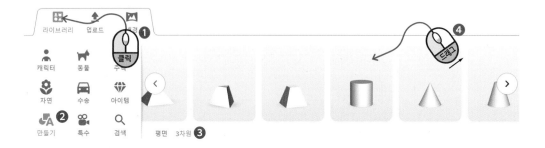

오브젝트를 클릭하고 길이, 높이, 너비를 조정합니다.

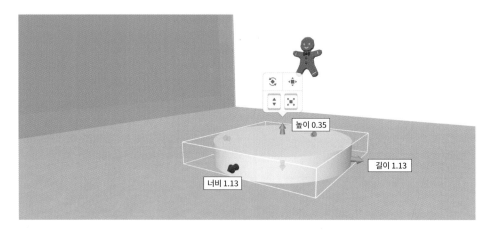

ㅋ

전시회장 바닥 색상과 어울리도록 'Cylinder' 오브젝트의 재질과 색상을 변경합니다.

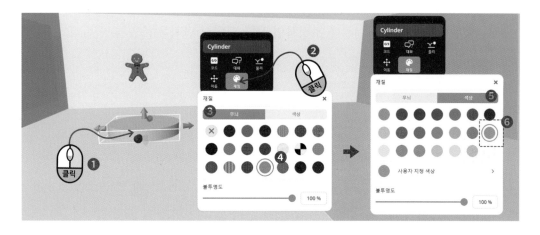

오브젝트의 이름을 '회전판'으로 변경하고, '코블록스에서 사용' 옵션을 활성화합니다.

❷ 조각상

3차원 입체 도형을 사용하여 조각상을 만들어 봅니다.

[라이브러리]-[만들기]에서 'Frustum 3 sides'와 'Tetrahedron' 오브젝트를 가져옵니다.

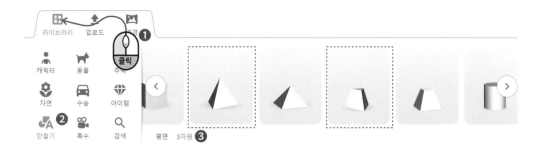

'Frustum 3 sides' 오브젝트와 'Tetrahedron' 오브젝트의 색상을 변경한 뒤, 'Tetrahedron' 오브젝트를 'Frustum 3 sides' 오브젝트를 결합하여 다음과 같은 모양을 완성합니다. 'Frustum 3 sides' 오브젝트의 상단 반지름을 조정하면 상단 평면의 면적을 줄일 수 있습니다.

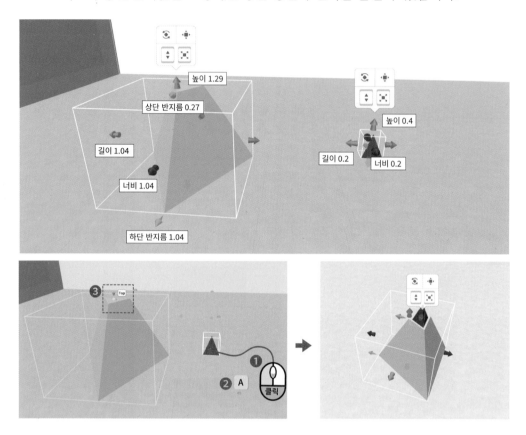

결합한 두 오브젝트를 '회전판' 오브젝트 위에 붙입니다.

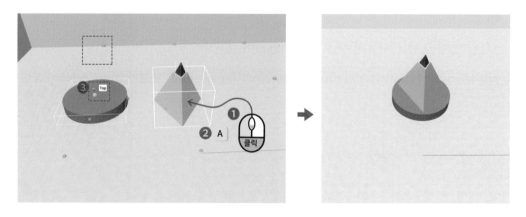

[업로드]-[이미지]-[업로드]를 사용하여 'wfp-logo.png'파일을 등록합니다.

'wfp-logo.png' 오브젝트를 작업창으로 가져와서 'Frustum 3 sides' 오브젝트의 한쪽 면에 아이템에 붙이기 기능을 사용하여 붙입니다. 이때, 이미지가 바르게 붙여지지 않을 때는 'wfp-logo.png' 오브젝트의 [이동 모드]와 [회전 모드]를 사용하여 이미지의 위치나 각도를 자연스럽게 변경합니다.

이때, [자석 기능]의 '격자에 맞추기'옵션 설정이 해제되어 있어야 세밀한 제어가 가능합니다.

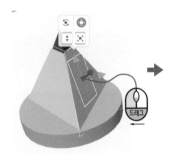

'Frustum 3 sides' 오브젝트의 나머지 면에도 제로 헝거 챌린지 전시회와 관련된 내용을 이미지나 텍스트를 사용하여 표현해 봅니다.

❸ 투명 유리관

조각상을 보호할 투명 유리관을 표현해 봅니다.

[라이브러리]-[만들기]에서 'Cylinder' 오브젝트를 가져온 다음, 색상은 '흰색', 불투명도는 '40%'로 설정합니다. 크기를 조각상을 회전판의 너비(1.13)와 길이 (1.13)가 동일하게, 높이는 덮을 만큼 변경합니다.

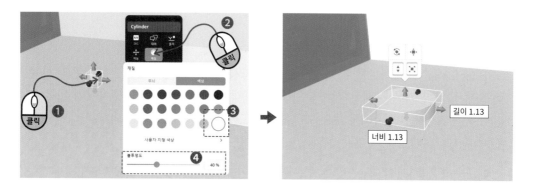

'Cylinder' 오브젝트를 '회전판' 오브젝트에 붙이기 위해 'Frustum 3 sides' 오브젝트를 옆으로 이동시켜 놓습니다. 'Cylinder' 오브젝트에서 붙이기 기능을 실행하여 '회전판' 오브젝트 Top 파란 점에 붙입니다.

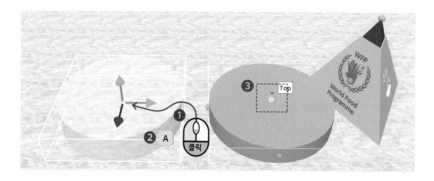

'Frustum 3 sides' 오브젝트를 원래 위치로 이동시킨 다음, 'Cylinder' 오브젝트의 높이를 조각상을 덮을 만큼의 높이로 변경합니다.

☑ 코블록스 코딩하기

조각상을 싣고 있는 '회전판' 오브젝트가 3분 동안 한 바퀴 회전하도록 표현합니다.

3분 = 3 x 1분(60초) = 180초이므로 다음과 같이 표현합니다.

☑ 동작 확인하기

버튼을 눌러 완성코드가 잘 동작하는지 확인합니다.

```
▶ 플레이를 클릭했을 때

출입문 ▾  을(를) 클릭했을 때
  출입문 ▾  의 애니메이션을
  Open ▾  (으)로 정하기
  5  초 기다리기
  출입문 ▾  의 애니메이션을
  Closed ▾  (으)로 정하기

마스코트1 ▾  을(를) 클릭했을 때
  보드판1 ▾  을(를)  1  초 동안
  아래 ▾  (으)로  7  미터 이동하기
  마스코트1 ▾  에서  클릭했을 때 ▾  이벤트 제거하기

마스코트2 ▾  을(를) 클릭했을 때
  보드판2 ▾  을(를)  1  초 동안
  아래 ▾  (으)로  7  미터 이동하기
  마스코트2 ▾  에서  클릭했을 때 ▾  이벤트 제거하기

마스코트3 ▾  을(를) 클릭했을 때
  보드판3 ▾  을(를)  1  초 동안
  아래 ▾  (으)로  7  미터 이동하기
  마스코트3 ▾  에서  클릭했을 때 ▾  이벤트 제거하기

무한 반복하기
  만약  마스코트1 ▾  에서  카메라 ▾  까지 거리  < ▾  5  (이)라면  ⚙
    마스코트1 ▾  이(가)  " 설명을 듣고 ... "  말하기
  아니면
    마스코트1 ▾  이(가)  " "  말하기

  만약  마스코트2 ▾  에서  카메라 ▾  까지 거리  < ▾  5  (이)라면  ⚙
    마스코트2 ▾  이(가)  " 설명을 듣고 ... "  말하기
  아니면
    마스코트2 ▾  이(가)  " "  말하기

  만약  마스코트3 ▾  에서  카메라 ▾  까지 거리  < ▾  5  (이)라면  ⚙
    마스코트3 ▾  이(가)  " 설명을 듣고 ... "  말하기
  아니면
    마스코트3 ▾  이(가)  " "  말하기

  회전판 ▾  을(를)  180  초 동안
  시계방향 ▾  (으)로  360°  만큼 회전하기
```

05 나만의 아이디어로 완성하기

1. 전시회를 관람하는 관람객들을 추가해 봅니다.

2. 전시회장에 입장했을 때 배경음악이 나오도록 추가해 봅니다.

3. 내가 찾은 기아 발생의 원인과 개선점에는 어떤 것들이 있는지 작품에 적용시켜 봅니다.

06 생각해보기

기아를 일으키는 원인에는 어떤 것들이 있는지 알아보며, 이러한 원인의 발생을 줄이고 기아를 종식시킬 수 있는 실천 방안에는 어떤 것들이 있는지 생각해봅니다.

자신의 생각을 적어보세요

기아를 일으키는 원인에는 어떤 것들이 있나요?	
기아로 인해 발생되는 현상들에는 어떤 것들이 있나요?	
기아를 없애기 위해 우리가 실천할 수 있는 것들에는 무엇이 있을까요?	

6. 에너지 절약 방탈출 게임

에너지의 친환경적 생산과 소비 - SDGs Goal7
지속가능한 깨끗한 에너지를 공급하자!

SDG7은 에너지에 대한 지속 가능한 목표입니다. 에너지는 우리가 살아가는 데 매우 중요한 요소이며, 우리의 웰빙과 직결되어 있습니다. 하지만 모든 사람들이 똑같이 혜택을 누리지는 못합니다. 선진국에서는 에너지를 사용하는 비용을 부담할 수 있는 사람들이 주로 사용하고, 개발도상국에서는 에너지를 사용할 수 없는 사람들이 많습니다. 에너지 생산과 사용이 불평등하다는 것도 문제이며, 에너지를 생산하고 사용하는 과정에서 환경에 막대한 부담을 줍니다.

이러한 문제를 해결하기 위해 SDG7은 모든 사람에게 접근 가능한 가격과 지속 가능한 에너지 사용을 강조합니다. 우리는 에너지를 현명하게 사용하여 미래 세대를 위해 지속 가능한 에너지를 실현해야 합니다. 이러한 목표를 향해 노력하는 것이 SDG7입니다.

SDG7의 4가지 구체적인 목표

- 취약계층을 위한 에너지 기본 복지를 강화한다.
- 재생에너지 발전 비중을 증대시키고, 친환경 에너지에 대한 사회적 수용성을 강화한다.
- 그린 뉴딜 관련 에너지 산업을 육성하고, 신축 건물에너지 효율화와 기존 건축 건물의 노후 설비 개선을 지원한다.
- 친환경 차량 공급을 확대하고 노후 경유차 등의 운행을 억제한다.

[출처 : 지속가능발전포털-http://ncsd.go.kr/ksdgs?content=3#ksdgs7]

SDG7의 세부 목표

- 저렴하고 안정적이며 현대적인 에너지 서비스에 대한 보편적인 접근을 보장한다.
- 전 세계 에너지 믹스에서 재생에너지의 비중을 크게 늘린다.
- 전 세계 에너지 효율성 개선 속도를 두 배로 늘린다.
- 재생 가능 에너지, 에너지 효율성, 첨단 청정 화석 연료 기술을 포함한 청정에너지 연구 및

기술에 대한 접근을 용이하게 하기 위해 국제 협력을 강화하고 에너지 인프라 및 청정에너지 기술에 대한 투자를 촉진한다.

- 각 지원 프로그램에 따라 개발도상국, 특히 최빈국, 군소도서 개발도상국 및 내륙 개발도상국의 모든 사람들에게 현대적이고 지속 가능한 에너지 서비스를 제공하기 위한 기반 시설을 확장하고 기술을 업그레이드한다.

[출처 : THE Global Golas- https://www.globalgoals.org/goals/7-affordable-and-clean-energy/]

SDG7의 실천을 위해 해야 할 일

- 콘센트에서 기기를 끄세요. 사용하지 않을 때는 조명을 끕니다.
- 특히 수면을 위해 에어컨을 끄세요. 창문을 열거나 선풍기를 사용하세요.
- 충전식 전자 제품을 구입하세요. 일회용 배터리를 사거나 사용하지 마세요.
- 동시에 여러 장치를 사용하지 마세요. 이 점에 유의하고 절대적으로 필요한 경우에만 여러 장치를 사용합니다.
- 태양 에너지원을 사용합니다. 난방과 전기를 위해 집에 태양 전지판을 설치하세요.
- SDG 7과 지속 가능한 에너지 실천의 중요성에 대한 인식을 확산하는데 노력합니다.

작지만 이러한 노력이 모여 우리는 SDG7에 기여하고 보다 깨끗하고 지속 가능한 미래를 위한 지속 가능한 에너지 관행을 촉진하는 데 도움을 줄 수 있습니다.

에너지 절약 방탈출 게임

작품 미리 보기

에너지 절약 방탈출 게임을 통해 SDGs의 7번째 목표인 '에너지의 친환경적 생산과 소비'에 대해 알아보고, 주어지는 미션들을 통해 에너지 절약을 코스페이시스 공간에서 실천해 봅니다.

학습 내용

1. 아이템 삭제하기 기능을 사용하여 미션 수행 표현을 할 수 있습니다.

2. 장면 추가하기 기능과 변수를 사용하여 방탈출 게임을 표현할 수 있습니다.

3. 함수를 사용하여 아이템 획득에 관한 반복적인 부분을 단축해서 표현할 수 있습니다.

이번 활동에서는 아이템 삭제하기와 장면 추가하기, 변수를 사용하여 방탈출 게임 표현 방법을 알아봅니다.

01 배워봅시다

카메라 화면 전환 기능

편집화면에서 카메라 관점에서 화면을 수정하고 싶을 때 사용하는 기능입니다.

단축키 F키를 사용하여 편집 화면에서 일반뷰 모드와 카메라뷰 모드 사이를 전환하여 사용할 수 있습니다. 즉, 편집 화면에서 '플레이'를 클릭하여 플레이화면으로 이동하지 않고도 플레이일 때의 동작 화면을 바로 확인 가능해집니다.

편집 화면에서 일반뷰 모드와 카메라뷰 모드를 전환할 수 있으므로, 카메라뷰 모드일 때 편집도 가능합니다.

F키를 사용하여 장면을 보다 효율적으로 탐색하고 제어하는 데 도움을 받을 수 있고, 편집 화면에서 사용자는 장면에 대한 변경 사항을 실시간으로 확인이 가능해집니다. 이를 통해 원하는 결과를 얻을 때까지 설계를 빠르게 반복하고 개선할 수 있습니다.

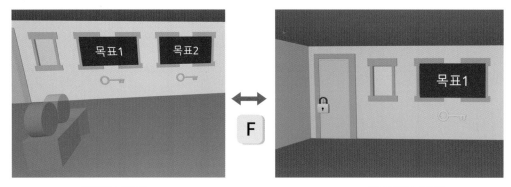

[일반뷰 모드]   [카메라뷰 모드]

❗ 편집 화면에서 'F'키를 눌러 '일반뷰 모드'와 '카메라뷰 모드'를 전환할 수 있어요.

함수

함수는 프로그래밍에서 작업을 수행하는 코드 집합입니다. 코스페이시스에서 사용하는 많은 코드도 정의된 함수의 부분입니다.

함수는 코드 반복을 방지하여 프로그램을 더 쉽게 읽고 수정할 수 있도록 합니다. 작업이 반복되면 이를 수행하는 함수를 작성하고, 필요할 때마다 호출하면 편리합니다. 프로그램을 여러 개의 함수로 나누어 작성하면, 모듈화로 인해 유지 관리 및 읽기가 쉬워집니다.

코스페이시스에서 함수는 코드 💙코드 묶음에서 (함수 만들기) 를 클릭하면 함수를 만들 수 있습니다. (함수 만들기) 를 클릭하면 다음과 같은 함수 생성 메뉴가 나타납니다.

❶ 사용할 함수 이름을 작성합니다.

❷ 옵션을 설정하면, 이 함수를 모든 스크립트에서 사용이 가능합니다.

❸ 옵션을 설정하면, 함수의 결과값을 반환할 수 있습니다.

❹ 함수의 매개변수를 추가할 수 있습니다. 필요한 매개변수의 수만큼 이 버튼을 클릭합니다.

❺ [함수 만들기]를 클릭하여 설정한 함수 형태를 완성합니다.

함수 만들기 메뉴의 옵션 설정에 따라 크게 다음과 같은 5가지 형태의 함수를 만들 수 있습니다.

1 반환값이 없고, 매개변수가 없는 함수

❶의 함수명을 Function으로 입력하여 함수를 만든 경우입니다.

[코블록스 메뉴에 표시되는 형태]   [구현해야 할 함수 형태]

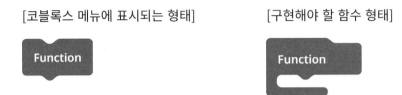

2 반환값이 있고, 매개변수가 없는 함수

❶의 함수명을 Function_2로 설정하고 ❸의 옵션을 설정하여 함수를 만든 경우입니다.

[코블록스 메뉴에 표시되는 형태]   [구현해야 할 함수 형태]

3 반환값이 없고, 매개변수가 있는 함수

❶의 함수명을 Function_3으로 설정하고 ❹의 옵션을 설정하여 함수를 만든 경우입니다.

[코블록스 메뉴에 표시되는 형태]   [구현해야 할 함수 형태]

4 반환값이 있고, 매개변수가 있는 함수

❶의 함수명을 Function_4로 설정하고 ❸, ❹의 옵션을 설정하여 함수를 만든 경우입니다.

[코블록스 메뉴에 표시되는 형태]

[구현해야 할 함수 형태]

5 장면의 모든 스크립트에서 이 함수를 사용하고자 할 때

❶의 함수명을 Function_1로 설정하고 ❷의 옵션을 설정하여 함수를 만든 경우입니다.
❷의 옵션을 설정하여 만든 함수에는 지구본 아이콘(🌐)이 해당 함수명 앞에 표시됩니다.

[코블록스 메뉴에 표시되는 형태]

[구현해야 할 함수 형태]

02 작품 만들기

코스페이시스 3D환경으로 만들기

1 코스페이스 만들기

[+코스페이스 만들기] - [3D 환경] - [Empty scene]으로 작품 공간을 만듭니다.

2 프로젝트 이름

만들어진 공간의 이름을 변경하고 싶을 때에는 코스페이시스 메뉴를 클릭하여 나의 코스페이시스 작품 목록 화면으로 이동합니다. [이름 변경]메뉴를 이용하여 [에너지 절약 방탈출 게임]프로젝트로 이름을 변경합니다.

템플릿 수정 및 이미지 추가하기

1 배경 추가

[배경]-[수정]을 클릭하여 원하는 배경을 선택합니다.

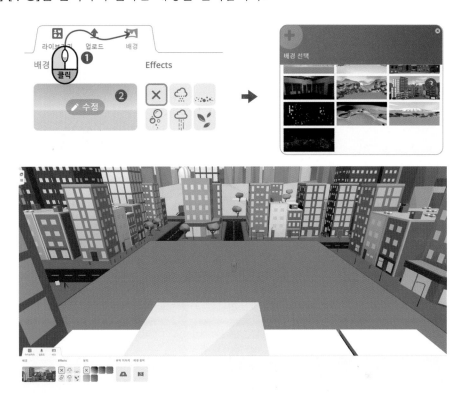

2 이미지 파일 추가하기

[업로드]-[이미지]-[업로드]를 사용하여 이번 활동에서 사용할 이미지 파일을 등록합니다.

첫 번째 방탈출 장면 완성하기

■ 방탈출 미션장 건물 외부 완성하기

에너지 절약 방탈출 게임장 외부 풍경을 완성해 봅니다. 외부 풍경에는 방탈출이 진행된 건물, 방탈출 건물의 간판, 방탈출 게임장 안내 석상과 안내원, 출입문과 탈출문이 있습니다.

❶ 방탈출 건물

[라이브러리]-[주택]에서 'Small apartment building'오브젝트를 가져와서 중앙에 배치하고 오브젝트를 클릭하여 너비와 높이를 다음과 같이 조절합니다.

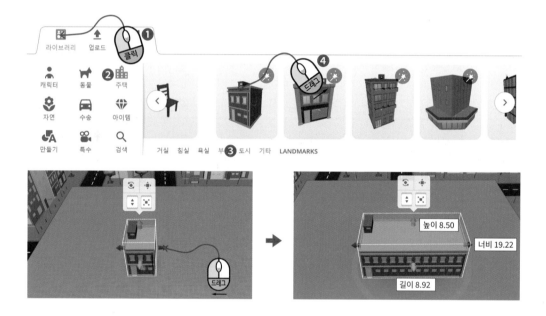

❷ 간판

방탈출 게임장 간판을 건물 상단에 붙여줍니다.

[라이브러리]-[만들기]에서 'Cuboid'와 '3D Text'오브젝트를 가져옵니다.

'Cuboid'의 [재질]-[색상]에서 간판 색상을 선택하고, 크기를 조절합니다. (제시된 크기는 참조용이니 꼭 동일하지 않아도 됩니다.)

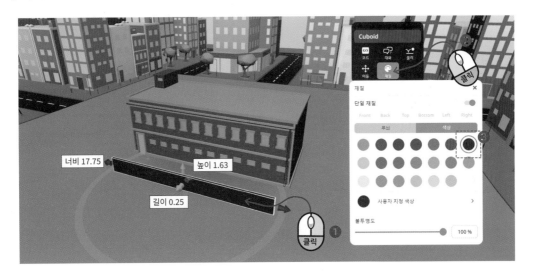

'3D Text'오브젝트의 [텍스트]메뉴에서 방탈출 게임장 이름으로 변경합니다.

'3D Text'오브젝트를 'Cuboid'오브젝트에 붙이기 기능(A키)을 사용하여 붙입니다.

방탈출 게임장 간판을 건물 상단으로 올려줍니다. 건물 상단에 올릴 때는 [자석 기능]의 '아이템에 붙이기' 옵션을 체크하여 사용합니다.

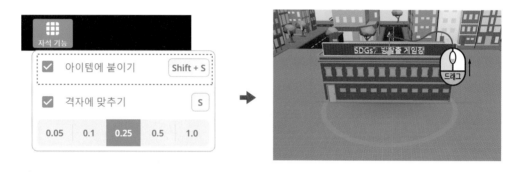

❸ 방탈출 석상 및 안내원

[라이브러리]-[만들기]에서 'Cuboid'오브젝트(Cuboid1)와 [업로드]-[이미지]에서 'sdgs_7.png' 파일을 가져옵니다.

'Cuboid1' 오브젝트의 크기를 조절하고 [재질]-[무늬]를 통해 재질을 변경합니다.

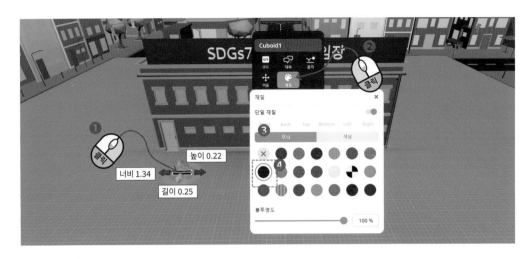

'sdgs_7.png' 오브젝트를 'Cuboid1' 오브젝트에 붙이기 기능(A키)를 사용하여 붙인 다음, 게임장 앞에 배치합니다. 'sdgs_7.png' 오브젝트를 붙일 때 축이 바뀌어서 다른 방향으로 붙을 수 있으니 회전하기를 사용하여 방향을 조절합니다.

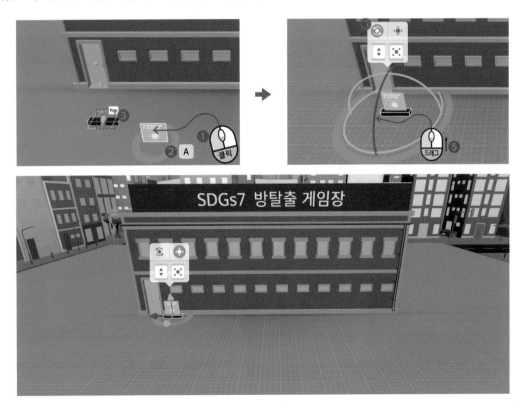

[라이브러리]-[캐릭터]에서 게임장 안내원으로 사용할 캐릭터(Regular boy)를 가져온 다음, [대화]-[말하기]메뉴를 사용하여 게임장에 대한 소개말을 표현해봅니다.

❹ 출입문, 탈출문

건물 앞쪽에 있는 'Door'오브젝트의 이름을 '출입문'으로 변경하고, [코드]메뉴에서 '코블록스에서 사용'옵션을 활성화합니다. 건물 뒤쪽에 있는 'Door1'오브젝트의 이름을 '탈출문'으로 변경하고, [코드]메뉴에서 '코블록스에서 사용'옵션을 활성화합니다.

건물 외부를 구성한 다음, 미션장 내부를 꾸밀 때 건물이 움직이지 않도록 'Small apartment building'오브젝트의 '잠금'기능을 설정합니다.

② 방탈출 미션장 건물 내부 완성하기

'출입문'오브젝트를 열고 방탈출 첫 번째 미션장에 들어갈 수 있습니다.

첫 번째 미션장에는 미션 안내문과 SDGs7과 관련된 미션 목표와 해당 미션을 완수했을 때 얻게 되는 열쇠를 배치합니다. 첫 번째 미션장을 나갈 수 있는 모든 열쇠(총 5개)를 획득하면 '탈출문'오브젝트에 걸려있는 자물쇠를 풀고 다음 미션장으로 이동할 수 있습니다.

❶ 외부 카메라 첫 번째 미션장으로 옮기기

방탈출 첫 번째 미션장을 꾸미기 위해 외부에 있는 카메라를 미션장 내부로 옮깁니다.

미션장 내부가 건물 안이라서 공간을 제어하기가 조금 어려울 수도 있습니다. 이럴 때 카메라뷰 모드로 변환(단축키: F키)하여 편집 화면에서 작업하면 편리합니다.(다시 일반뷰 모드로 돌아오려면 F키를 누르면 됩니다.)

[카메라가 건물 밖에 있는 상태]

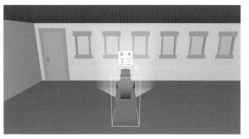

[카메라를 미션장 안으로 옮김]

[F키를 눌러 카메라뷰 모드로 진입]

❷ 방탈출 미션 안내문

방탈출 미션을 표시하는 안내문을 만들어 봅니다. [라이브러리]-[자연]에서 'Short stump'오브 젝트 드래그하여 가져온 다음, [이동]메뉴에서 크기를 0.8로 설정합니다.

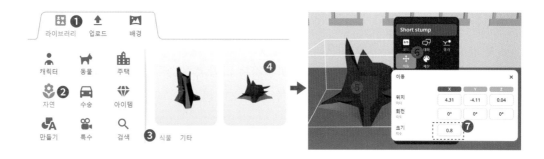

[라이브러리]-[만들기]의 'Text panel'오브젝트를 드래그하여 가져온 다음, [이동]메뉴에서 크기 를 '2.0'으로 변경합니다.

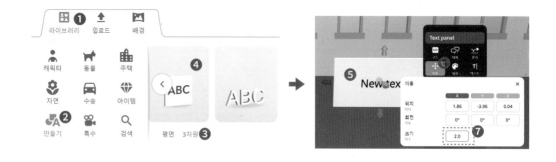

'Text panel'오브젝트의 [재질]-[색상]에서 나무 느낌을 표현하기 위해 초록색으로 변경합니다.

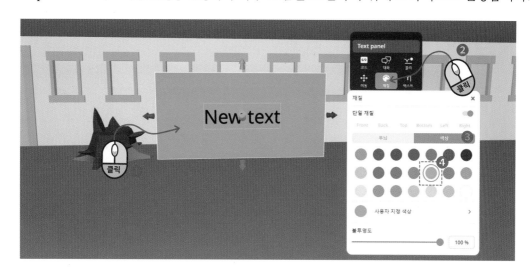

'Text panel'오브젝트 내부에 있는 "New text"글씨가 표현된 'New text'오브젝트의 [텍스트]메뉴에서 폰트 크기 19, 방탈출 미션 텍스트를 다음과 같이 입력합니다.

[방탈출 미션]

지속 가능한 에너지에 대한 보편적인 접근을 보장하기 위한 5가지 조치를 확인한 키 5개를 얻어야 합니다.

방탈출 미션 텍스트를 'New text'오브젝트에 입력한 다음, 미션 텍스트가 보이도록 'New text'오브젝트의 너비를 조절합니다.

'Text panel'오브젝트를 더블클릭하여, [붙이기]메뉴를 선택합니다.(카메라뷰 모드에서는 붙이기 기능 단축키인 A키가 작동하지 않습니다.) 'Text panel'오브젝트를 'Short stump'오브젝트에 생긴 하늘색 점을 클릭하여 붙입니다.

'Short stump'오브젝트를 '탈출문'오브젝트의 반대편 쪽으로 옮겨서 카메라 이동 시 불편하지 않도록 위치와 회전을 다음과 같이 변경해 봅니다. (회전-X:0°, Y:0°, Z:-90°)

❸ 목표와 열쇠

SDG7과 관련된 미션 목표와 해당 미션을 완수했을 때 얻게 되는 열쇠를 만들어봅니다.

[라이브러리]-[만들기]에서 Text panel 오브젝트를 드래그해서 가져온 다음, 오브젝트의 이름
을 '목표1'로, [이동]메뉴에서 크기를 '1.06'으로 변경합니다.

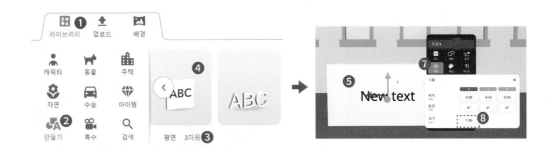

'목표1'오브젝트의 [재질]-[색상]을 사용하여 색상을 변경합니다.

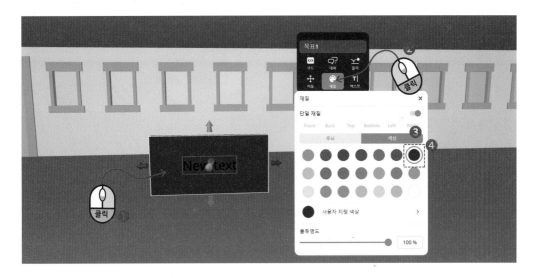

'목표1' 오브젝트 안에 있는 'New text' 오브젝트의 [재질]의 색상은 '흰색', [텍스트]에서 폰트 크기는 62, 텍스트는 "목표1"로 변경합니다.

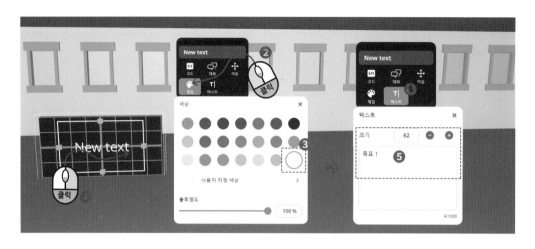

'목표1' 오브젝트의 [코드]에서 '코블록스에서 사용' 옵션을 활성화합니다.

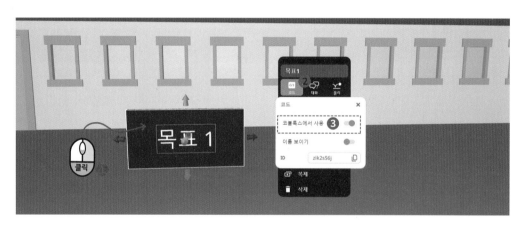

'목표1' 오브젝트를 '탈출문' 오브젝트로부터 오른쪽에 위치한 2~3번째 창에 [자석 기능]의 '아이템의 붙이기' 기능을 사용하여 다음과 같이 붙입니다. [회전 모드]를 사용하여 X축(빨간색) 방향을 회전하여 '목표1' 글씨가 바로 보이도록 설정합니다. [이동 모드]의 X, Y, Z축 화살표를 사용하여 2~3번째 창 가운데로 '목표1' 오브젝트를 움직여 붙입니다.

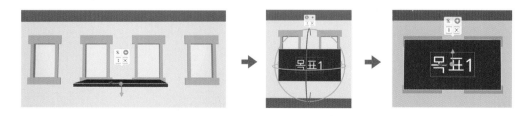

이와 같은 방식으로 '목표2', '목표3', '목표4', '목표5'오브젝트를 만들어 창에 붙입니다.

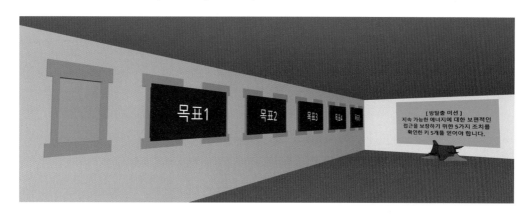

자물쇠를 열기 위한 열쇠 5개를 만듭니다.

[라이브러리]-[아이템]에서 'Key'오브젝트를 가져와서 이름을 '열쇠1'로 바꾸고, [코드]메뉴에서 '코블록스에서 사용'옵션을 활성화합니다.

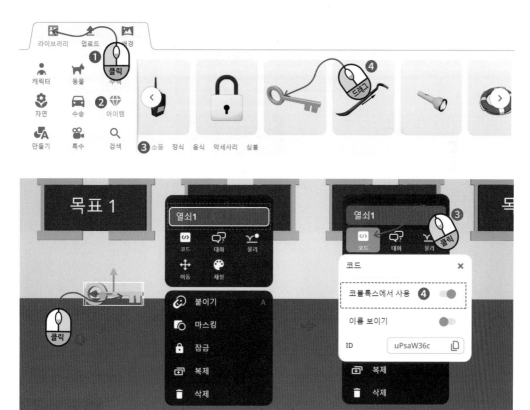

'열쇠1'오브젝트를 '목표1'오브젝트 아래 벽면에 붙인 후, [이동]메뉴를 사용하여 회전 각도를 (X:180°, Y:0°, Z:0°)으로 설정합니다.

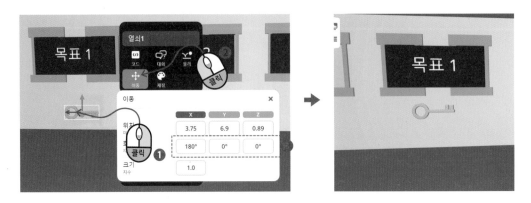

'목표1'오브젝트 아래에 배치한 후, '열쇠1'오브젝트를 복제하여 '열쇠2'오브젝트를 만들어 '목표2'오브젝트 아래에 배치합니다.

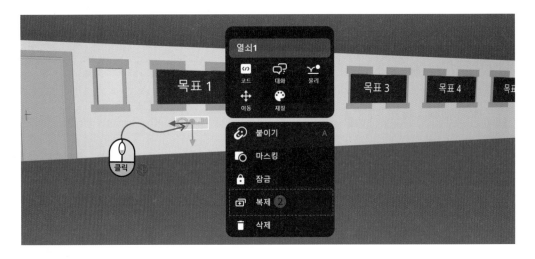

이와 같은 방식으로 '열쇠3', '열쇠4', '열쇠5' 오브젝트를 만든 후, '목표'오브젝트 아래에 다음과 같이 배치합니다.

❹ 자물쇠

[라이브러리]-[아이템]에서 'Lock'오브젝트를 가져옵니다.

이름을 '자물쇠'로 바꾸고, [코드]메뉴에서 '코블록스에서 사용' 옵션을 활성화합니다.

'자물쇠'오브젝트의 [이동]메뉴에서 '크기'를 0.3으로 변경합니다.

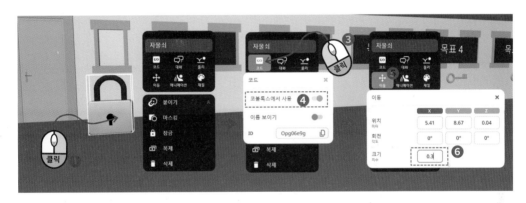

'자물쇠'오브젝트를 더블클릭하여 '붙이기'메뉴를 실행하여 '탈출문'오브젝트의 중앙에 붙입니다.

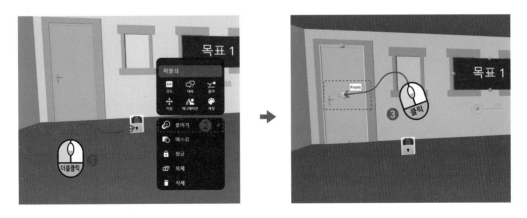

'자물쇠'오브젝트의 [이동]메뉴를 사용하여 '자물쇠'오브젝트의 위치와 회전(X:90°, Y:0°, Z:180°)을 조정하여 '탈출문'오브젝트 문고리에 위치시킵니다.

❺ 카메라 외부로 옮기기

방탈출 장면을 만들기 위해 사용했던 카메라를 건물 밖 '출입문'오브젝트 앞쪽으로 옮겨서, 플레이화면일 때 외부에서 게임이 시작하도록 표현합니다.

두 번째 방탈출 장면 완성하기

◼ 에너지 절약 방탈출 장면 완성하기

[장면1]에서 지속가능한 에너지를 실천하기 위한 보편적인 5가지 목표에 대해 알아보았습니다. 이번 장면에서는 낭비되고 있는 에너지를 찾으면 방탈출을 성공하도록 완성해 봅니다. 낭비되는 에너지로는 TV끄기, 노트북 전원 끄기, 수도꼭지 잠그기, 냉장고 문 닫기 등을 표현해 봅니다.

❶ 두 번째 장면 추가하기

왼쪽 상단의 '장면' 버튼(🖼)을 클릭한 뒤, 장면 표시 메뉴의 하단의 '새장면'(+ 새장면)을 클릭합니다.

새로 추가할 장면의 유형을 '3D 환경'의 'Empty scene'으로 설정합니다.

[배경]-[수정]에서 실내 공간을 표현하는 배경을 선택합니다.

❷ 미션 안내판

[라이브러리]-[만들기]에서 'Text panel' 오브젝트를 작업창으로 가져옵니다.

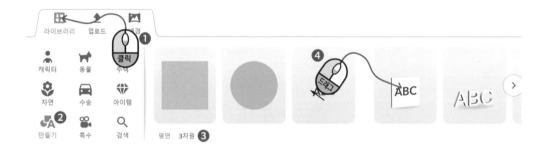

'Text panel' 오브젝트의 이름을 '미션판'으로 변경하고, [코드]메뉴에서 '코블록스에서 사용' 옵션을 활성화합니다.

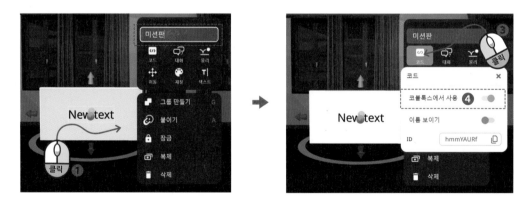

'미션판'오브젝트 내부의 'New text'오브젝트의 [텍스트]메뉴에서 방탈출 미션 안내 문구 "취침할 시간입니다. 낭비되는 에너지 4개를 막아야 방탈출을 할 수 있습니다."를 표시합니다.

❸ TV 배치하기

[라이브러리]-[주택]에서 'Coffee table'오브젝트를 가져옵니다.

'Coffee table'오브젝트의 [이동]메뉴의 회전(X:0°, Y:0°, Z:-90°)을 사용하여 'Coffee table'오브젝트를 회전시킵니다.

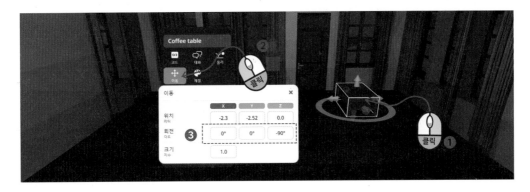

[라이브러리]-[주택]에서 'TV'오브젝트를 작업창으로 가져옵니다.

[코드]메뉴에서 '코블록스에서 사용'옵션을 활성화하고, [애니메이션]메뉴에서 애니메이션을 'On'으로 설정하여 TV가 켜져 있는 효과를 표현합니다.

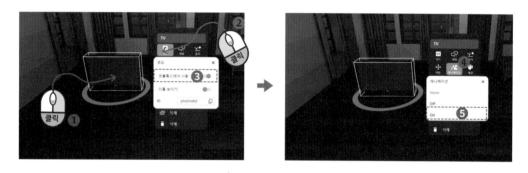

'TV'오브젝트에서 '붙이기'기능을 사용하여 'Coffee table'오브젝트에 표시된 'Top'표시 하늘색 점에 붙입니다.

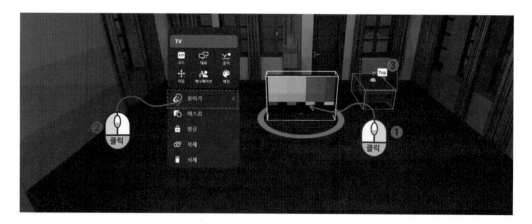

'Coffee table'오브젝트의 [이동 모드]를 사용하여 'Coffee table'오브젝트를 벽 코드 쪽으로 옮겨 다음과 같이 배치합니다.

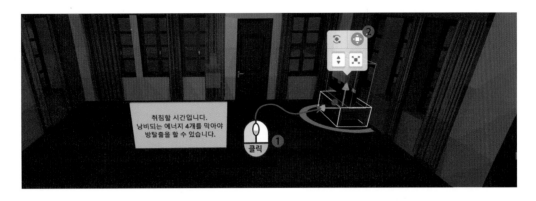

❹ 냉장고 배치하기

[라이브러리]-[주택]에서 'Fridge'오브젝트를 작업창으로 가져옵니다.

'Fridge'오브젝트의 이름을 '냉장고'로 바꾸고, [이동]메뉴를 사용하여 냉장고를 회전(X:0°, Y:0°, Z:-90°)시킵니다. [코드]메뉴에서 '코블록스에서 사용'옵션을 활성화합니다.

[이동 모드]를 사용하여 '냉장고'오브젝트를 다음과 같이 문 옆 벽면에 붙입니다.

[애니메이션]메뉴에서 'Both Open'애니메이션을 선택하여 냉장고 문이 모두 열리도록 표현합니다.

❺ 수도꼭지 표현하기

[라이브러리]-[주택]에서 'Bathroom sink with pedestal'오브젝트를 작업창으로 가져옵니다.

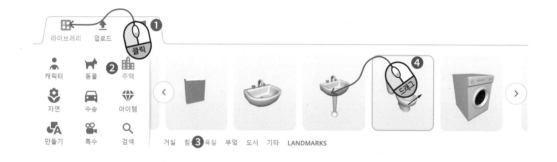

'Bathroom sink with pedestal'오브젝트의 이름을 '세면대'로 변경하고, [이동]메뉴를 이용하여 오브젝트를 X:0°, Y:0°, Z:180°각도로 회전시킵니다.

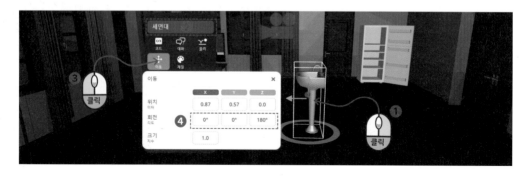

'세면대'오브젝트의 [이동 모드]를 사용하여 벽면에 붙입니다.

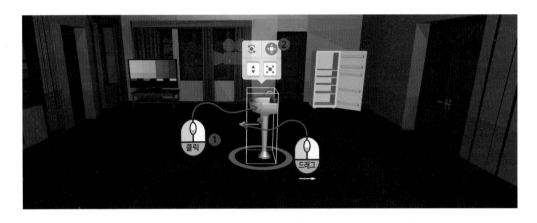

[라이브러리]-[특수]에서 'Water fountain'오브젝트를 가져옵니다.

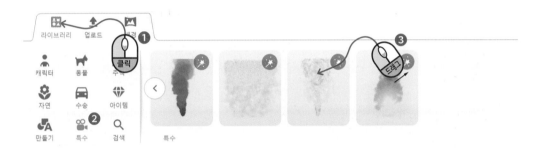

이름을 '세면대수도'로 변경하고, [코드]메뉴에서 '코블록스에서 사용'옵션을 활성화합니다. [드래그해서 크기 바꾸기]를 사용하여 '세면대수도'오브젝트의 크기를 줄입니다.([이동]메뉴에서 크기가 0.65입니다.)

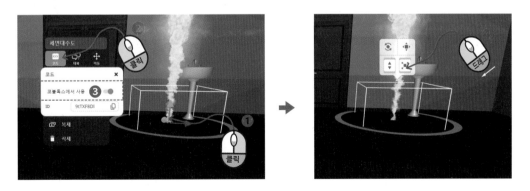

[이동 모드]를 사용하여 세면대 수도꼭지 위치로 '세면대수도'오브젝트를 옮깁니다.

'세면대수도'오브젝트의 [이동]메뉴를 사용하여 X:180°, Y:0°, Z:0°의 각도로 회전합니다.

배치된 전체 모습은 다음과 같습니다.

❻ 노트북 배치하기

'세면대'오브젝트의 오른쪽 벽면에 사용 중인 노트북을 표현해 봅니다.

[라이브러리]-[주택]에서 'Desk'오브젝트를 작업창으로 가져옵니다.

'Desk'오브젝트의 [이동]메뉴에서 회전 각도를 X:0°, Y:0°, Z:90°으로 설정합니다.

[이동 모드]를 사용하여 'Desk'오브젝트를 벽면 중앙으로 옮깁니다.

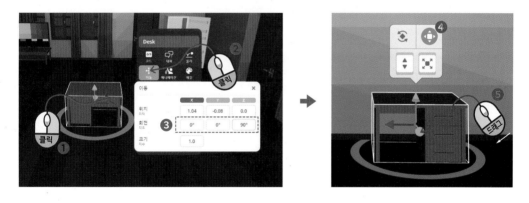

[라이브러리]-[아이템]에서 'Laptop'오브젝트를 작업창으로 가져옵니다.

'Laptop'오브젝트의 이름을 '노트북'으로 변경하고, [코드]메뉴에서 '코블록스에서 사용'옵션을 활성화합니다. '노트북'오브젝트의 '붙이기'기능을 사용하여 'Desk'오브젝트의 Top표시 하늘색 점 위치에 붙입니다.

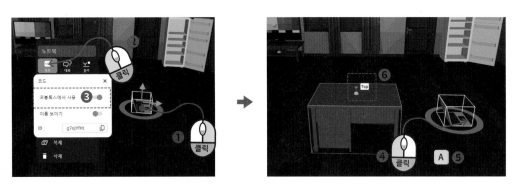

'노트북'오브젝트가 '세면대'오브젝트와 함께 배치된 전체 모습은 다음과 같습니다.

❼ 방탈출문

[라이브러리]-[만들기]의 'Glass wall'오브젝트를 작업창으로 가져옵니다.

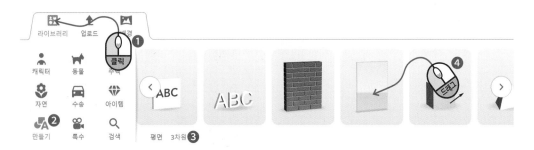

오브젝트의 이름을 '출구'로 변경하고 [코드]메뉴에서 '코블록스에서 사용'옵션을 활성화합니다. [이동 모드]를 사용하여 크기를 '냉장고'오브젝트 옆 문과 비슷한 크기로 변경한 다음(너비:0.12, 길이:0.95, 높이:2.33) 위치를 이동시킵니다.

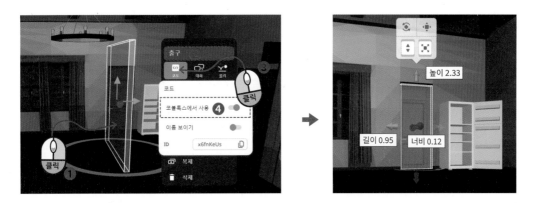

[장면2]에서 추가해야 할 미션 요소가 모두 추가된 모습입니다. 추가적인 오브젝트를 사용해서 [장면2]를 개성있게 디자인해 봅니다.

03 코블록스 코딩하기

[장면1] 코딩하기

왼쪽 상단의 장면 아이콘을 클릭해서 [장면1]을 선택합니다.

1 코딩 언어 선택

[코드]를 클릭 후 코딩 언어로 코블록스를 선택합니다.

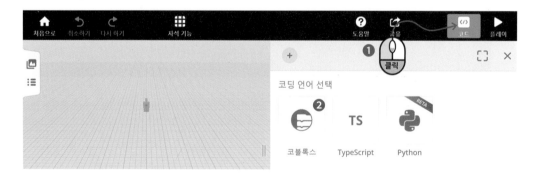

2 코블록스 탭 이름 변경하기

'코블록스' 탭 오른쪽 아이콘을 선택한 뒤 이름을 '기본동작'으로 변경합니다.

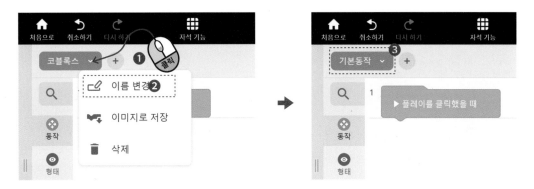

3 방탈출 게임장 문열기

방탈출 게임을 진행할지 여부를 확인하기 위해 '출입문'오브젝트를 마우스로 클릭하면 "신재생 에너지와 관련된 방탈출 게임을 시작하시겠습니까?"라는 메시지가 표시된 퀴즈창이 표시됩니다. [예]를 클릭하면, 출입문이 열려서 방탈출 게임을 시작할 수 있습니다. [아니오]를 클릭하면 코스페이스를 종료합니다.

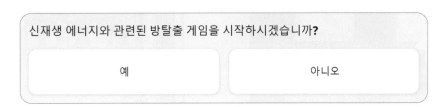

[이벤트]코드 묶음에서 '오브젝트를 클릭했을 때' 블록과 [형태]코드 묶음에서 '출입문'오브젝트에 내장된 애니메이션 동작 중 'Open'과 'Close'를 이용하여 출입문이 열리고 닫히는 애니메이션을 표현합니다. '~초 기다리기'블록과 '코스페이스 끝내기'블록은 [제어]코드 묶음의 '기타'에서 가져오면 됩니다.

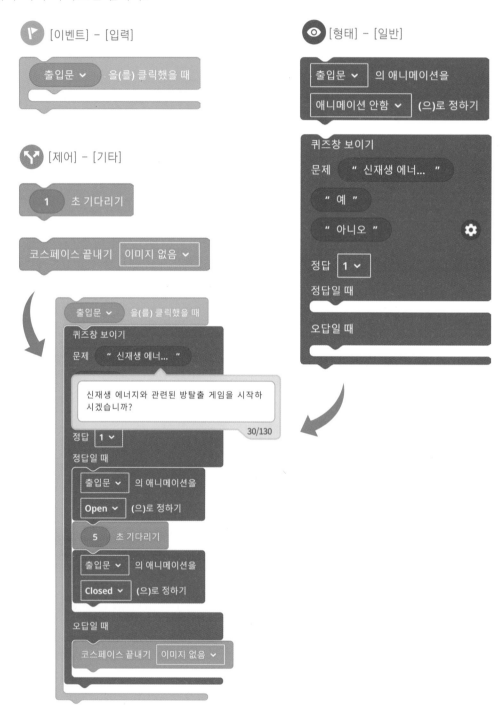

◢ 목표 알림창과 열쇠 보이기

'목표1'~'목표5'오브젝트를 클릭하여 SDGs 7의 세부 목표 5개를 확인하고 확인을 할 때마다 방탈출을 위한 열쇠를 하나씩 획득할 수 있도록 숨겨져 있던 '열쇠1'~'열쇠5'오브젝트가 보이게 됩니다.

'목표1'오브젝트를 클릭하면 SDGs7.1세부목표를 볼 수 있습니다.

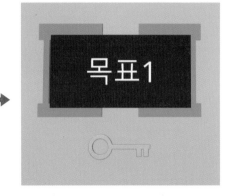

'목표1'오브젝트 정보 알림창을 보고 나면, 숨겨져 있던 '열쇠1'오브젝트가 나타납니다.

SDGs7의 세부목표는 [형태]코드 묶음에 있는 '정보창 보이기'블록을 사용하여 관련 이미지와 내용을 함께 보여줍니다. 해당 이미지는 [업로드]-[이미지]를 통해 이미 업로드된 이미지를 사용합니다.

'열쇠1'~'열쇠5'오브젝트는 초기화시 불투명도를 0으로 하여 보이지 않다가, '목표1'~'목표5' 오브젝트를 클릭하면 불투명도를 100으로 해서 보이도록 합니다.

오브젝트	이미지	제목	텍스트
'목표1' 오브젝트	goal_7_1.png	현대 에너지에 대한 보편적인 접근	2030년까지 저렴하고 안정적이며 현대적인 에너지 서비스에 대한 보편적인 접근을 보장합니다.
'목표2' 오브젝트	goal_7_2.png	재생 가능 에너지의 전 세계적 비율 증가	2030년까지 전 세계 에너지 믹스에서 재생 에너지의 비중을 크게 늘립니다.

'목표3' 오브젝트	 goal_7_3.png	에너지 효율을 두 배로 개선	2030년까지 전 세계 에너지 효율성 개선 속도를 두 배로 늘립니다.
'목표4' 오브젝트	 goal_7_a.png	청정 에너지에 대한 연구, 기술 및 투자에 대한 접근 촉진	2030년까지 재생 가능 에너지, 에너지 효율성, 첨단 청정 화석 연료 기술을 포함한 청정 에너지 연구 및 기술에 대한 접근을 용이하게 하기 위해 국제 협력을 강화하고 에너지 인프라 및 청정 에너지 기술에 대한 투자를 촉진합니다.
'목표5' 오브젝트	 goal_7_b.png	개발도상국을 위한 에너지 서비스 확장 및 업그레이드	2030년까지 각 지원 프로그램에 따라 개발도상국, 특히 최빈국, 군소도서 개발도상국 및 내륙 개발도상국의 모든 사람들에게 현대적이고 지속 가능한 에너지 서비스를 제공하기 위한 기반 시설을 확장하고 기술을 업그레이드합니다.

['목표1'~'목표5'의 '정보창 보이기'블록에서 사용할 내용]

'목표1'오브젝트를 클릭했을 때 표시되는 정보창과 '열쇠1'오브젝트 보이기 관련 코드는 다음과 같습니다.

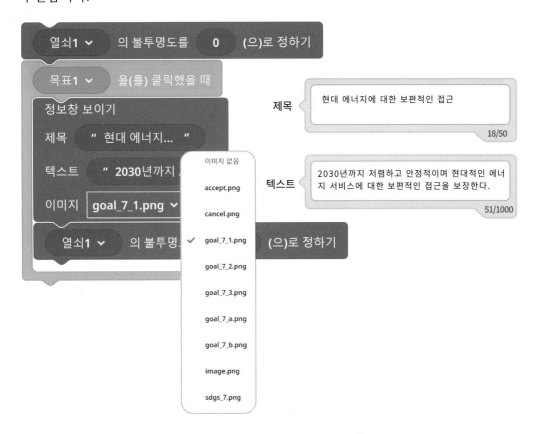

'목표2'~'목표5'오브젝트를 클릭했을 때 표시되는 정보창에 들어갈 내용은 위의 표를 참고하여 완성합니다.

5 코블록스 코드 탭 추가하기

방탈출을 위한 열쇠 수집과 관련된 코드를 위한 '열쇠찾기'탭을 추가합니다.

'기본동작'탭 옆의 ✛ 버튼을 클릭하여 코블록스 탭을 새로 추가합니다.

[이름 변경]을 사용하여 '열쇠찾기'로 탭 이름을 변경합니다.

6 열쇠 수집하기

첫 번째 방탈출을 성공하기 위해서는 탈출문을 열 수 있는 열쇠 5개를 모아야 합니다. '열쇠
1'~'열쇠5'오브젝트를 클릭하여 열쇠를 수집합니다. '열쇠1'~'열쇠5'오브젝트를 클릭할 때마
다 열쇠 수집 개수를 체크하기 위한 변수 'KeyCount'값이 1씩 증가하고, 클릭한 오브젝트를
[아이템]코드 묶음의 '~를 삭제하기'블록을 사용하여 삭제시켜 다시 클릭하지 못하도록 방지
합니다.

변수 'KeyCount'는 [데이터]코드 묶음의 '변수 ~를 ~로 정하기'를 사용하여 생성한 다음 0으
로 초기화하고, '변수~를 ~만큼 바꾸기'블록을 사용하여 1씩 증가시킵니다.

[이벤트] – [입력]

열쇠1 ∨ 을(를) 클릭했을 때

[데이터] – [변수],[값]

변수 KeyCount 을(를) " " (으)로 정하기

변수 KeyCount ∨ 을(를) 1 만큼 바꾸기

0

[아이템] – [변경]

열쇠1 ∨ 을(를) 삭제하기

'KeyCount'변수를 0으로 설정합니다.

변수 KeyCount 을(를) " " (으)로 정하기   0

변수 KeyCount 을(를) 0 (으)로 정하기

'열쇠1'오브젝트를 클릭했을 때, 'KeyCount'변수를 1 증가시키고 '열쇠1'오브젝트를 삭제합니다.

열쇠1 ∨ 을(를) 클릭했을 때

변수 KeyCount ∨ 을(를) 1 만큼 바꾸기

열쇠1 ∨ 을(를) 삭제하기

'열쇠2'~'열쇠5'오브젝트는 '열쇠1'의 동작과 방식이 동일하므로, '열쇠1'을 클릭했을 때 위 블록에서 오른쪽 마우스를 클릭하여 [복제하기]를 사용해 복제한 다음 해당 오브젝트 동작으로 수정하면 편리합니다.

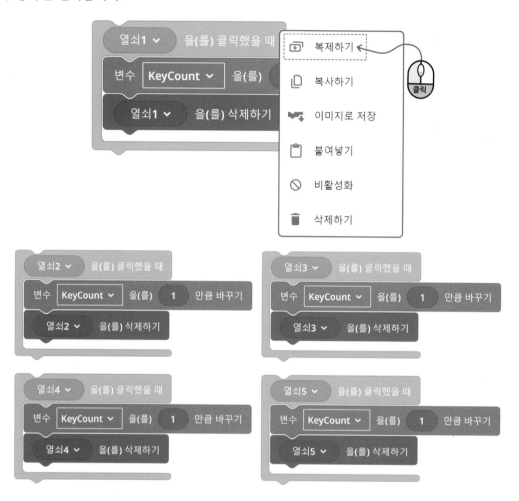

⑦ 탈출문

자물쇠로 잠겨있는 탈출문을 열기 위해서는 열쇠를 획득할 때마다 모은 KeyCount값이 5이어야 합니다. '탈출문'오브젝트를 클릭했을 때 이 조건이 맞다면, 자물쇠를 풀고 탈출문을 연다음 '장면2'로 이동합니다. 조건에 맞지 않는다면 안내 메시지와 함께 현재 모은 KeyCount값을 출력합니다.

[KeyCount값이 5인 경우]

[KeyCount값이 5가 아닌 경우]

탈출문 ∨ 을(를) 클릭했을 때

만약 KeyCount ∨ = ∨ 5 (이)라면 ⚙

자물쇠 ∨ 이(가) 2 초 동안 " 다음 장소로 ... " 말하기

> 다음 장소로 이동합니다.
> 13/50

자물쇠 ∨ 의 애니메이션을 Open ∨ (으)로 정하기

0.5 초 기다리기

탈출문 ∨ 의 애니메이션을 Open ∨ (으)로 정하기

1 초 기다리기

장면으로 가기 장면 2 ∨

아니면

정보창 보이기

제목 " 자물쇠를 열 ... "

텍스트 문자열 합치기
" 총 5개의 키... "
KeyCount ∨ ⚙

> 자물쇠를 열 수 없어요.
> 18/50

> 총 5개의 키를 수집해야 나갈 수 있어요.
> 현재 수집한 키 수 :
> 40/1000

이미지 cancel.png ∨

8 동작 확인하기

▶ 버튼을 눌러 완성코드가 잘 동작하는지 확인합니다.
플레이

[전체 코드 - '기본동작'탭]

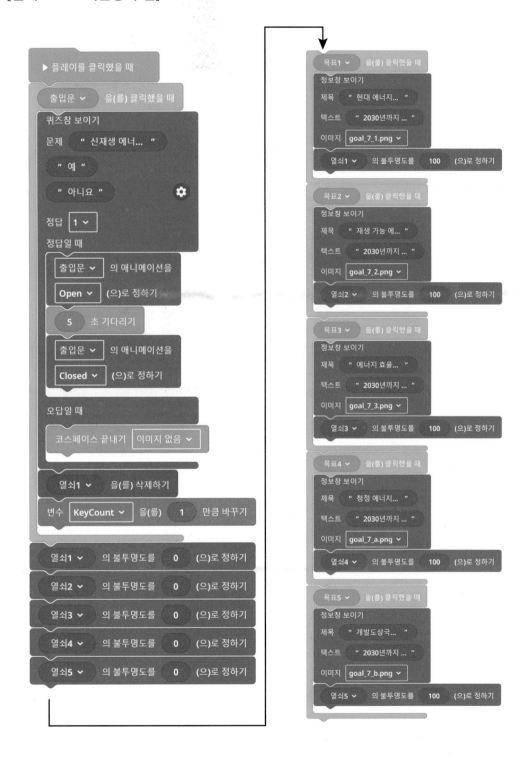

[전체 코드 - '열쇠찾기'탭]

[장면2] 코딩하기

왼쪽 상단의 장면 아이콘을 클릭해서 [장면2]를 선택합니다.

[장면2]에서는 방탈출을 하기 위해 에너지가 낭비되는 요소를 4개를 제거해야 합니다.

1 코딩 언어 선택

[코드]를 클릭 후 코딩 언어로 코블록스를 선택합니다.

2 **미션 확인**

[장면2]의 방탈출을 위한 조건을 표시하고 있는 '미션판'오브젝트를 확인하고 나면, '미션판'
오브젝트를 삭제합니다.

3 **TV끄기**

켜져 있는 TV를 꺼서 에너지를 절약하도록 합니다. 'TV'오브젝트를 클릭하여 애니메이션 동
작을 'Off'로 설정합니다. 방탈출을 위한 미션 4개 동작이 모두 수행되었는지 체크하기 위한
변수 '절약'을 초기화하고, 'TV'오브젝트를 클릭하여 'Off'동작이 되었을 때 변수 '절약'의 값
을 1 증가시킵니다.

4 냉장고 문닫기

'냉장고'오브젝트를 클릭하여 열려있는 동작을 닫히도록 표현합니다. '냉장고'오브젝트를 클릭했을 때 애니메이션 설정을 'Both closed'로 변경하고, 변수 '절약'의 값을 1 증가시킵니다.

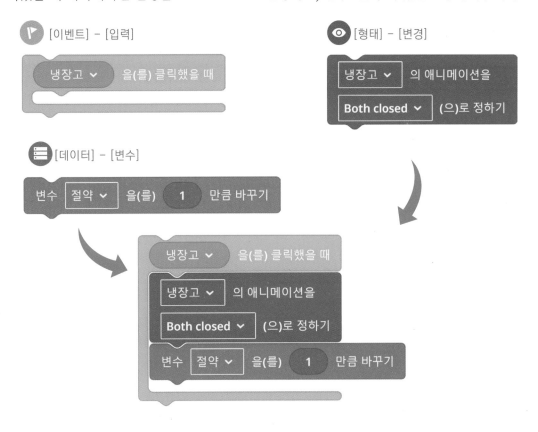

5 수도꼭지 잠그기

열려있는 수도꼭지를 잠그기 표현을 위해 '세면대수도'오브젝트를 클릭시 아이템 삭제하기 기능을 사용합니다. '세면대수도'오브젝트가 삭제되면 변수 '절약'의 값을 1증가시킵니다.

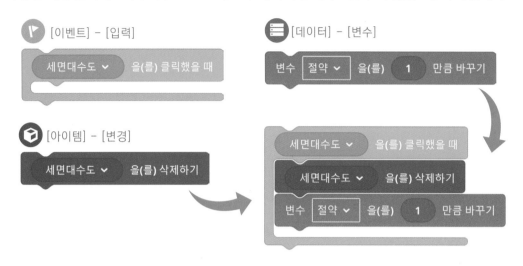

6 노트북 전원끄기

노트북 뚜껑이 열려있는 것을 전원이 켜있는 것으로 표현하였습니다. '노트북'오브젝트를 클릭하면 뚜껑이 닫히는 애니메이션으로 설정하여 에너지 절약을 표현하고, 변수 '절약'의 값을 1증가시킵니다.

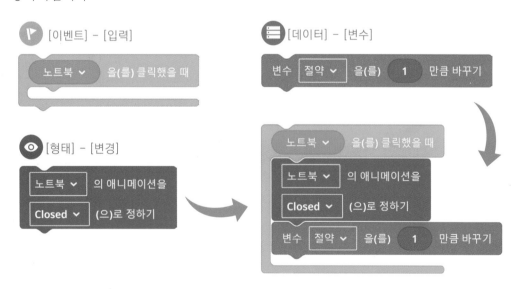

7 방탈출 출구

방탈출을 위한 출구인 것을 표시하기 위해 해당 출구문에 마우스를 올리면 불투명도가 0보다 크게 설정합니다.

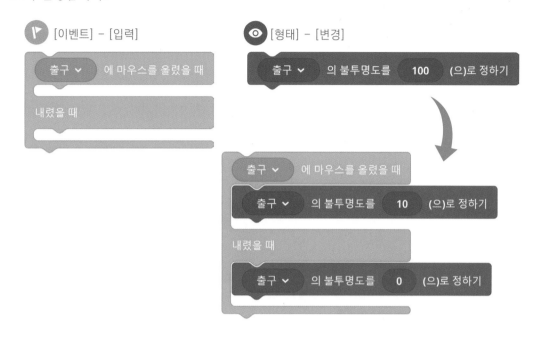

'출구' 오브젝트를 클릭하였을 때, 방탈출을 위한 미션 4개를 모두 수행하면 방탈출 성공 메시지가 표시되고 게임이 종료됩니다. 방탈출 미션을 모두 수행하지 못했을 때에는 재도전 안내 메시지가 표시됩니다.

[미션 수행 완료]

[미션 수행 실패]

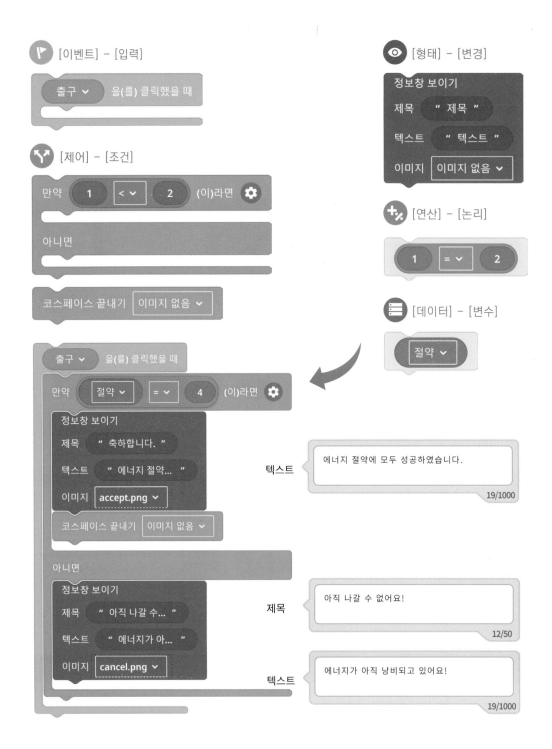

[이벤트] – [입력]

출구 ∨ 을(를) 클릭했을 때

[제어] – [조건]

만약 1 < ∨ 2 (이)라면 ⚙

아니면

코스페이스 끝내기 이미지 없음 ∨

출구 ∨ 을(를) 클릭했을 때

만약 절약 ∨ = ∨ 4 (이)라면 ⚙

정보창 보이기
제목 " 축하합니다. "
텍스트 " 에너지 절약... "
이미지 accept.png ∨

코스페이스 끝내기 이미지 없음 ∨

아니면

정보창 보이기
제목 " 아직 나갈 수... "
텍스트 " 에너지가 아... "
이미지 cancel.png ∨

[형태] – [변경]

정보창 보이기
제목 " 제목 "
텍스트 " 텍스트 "
이미지 이미지 없음 ∨

[연산] – [논리]

1 = ∨ 2

[데이터] – [변수]

절약 ∨

텍스트

에너지 절약에 모두 성공하였습니다.
19/1000

제목

아직 나갈 수 없어요!
12/50

텍스트

에너지가 아직 낭비되고 있어요!
19/1000

⑧ 동작 확인하기

▶ 버튼을 눌러 완성코드가 잘 동작하는지 확인합니다.
플레이

[전체 코드]

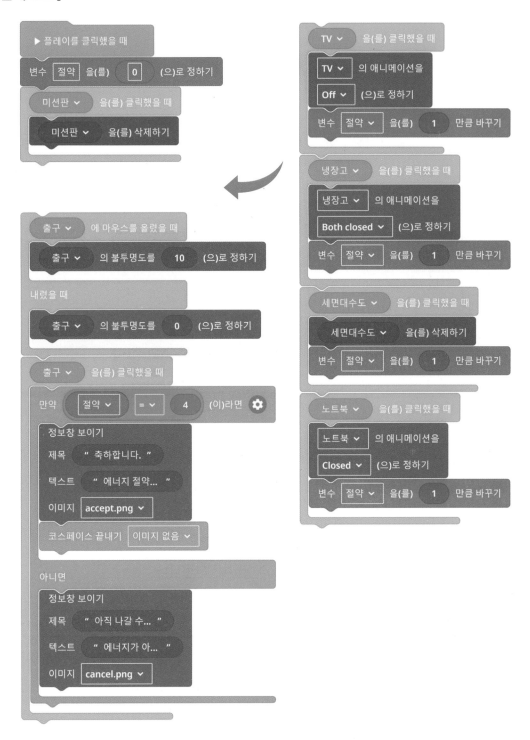

04 응용 작품 만들기

'열쇠1'~'열쇠5'오브젝트 동작 함수화시키기

1 '열쇠찾았다'함수 만들기

'열쇠1'~'열쇠5'오브젝트를 클릭했을 때 동작은 다음과 같이 비슷한 패턴으로 구성되어 있습니다.

오브젝트의 이름을 매개변수로 가지는 '열쇠찾았다' 함수를 만듭니다.

'열쇠찾았다'함수를 사용하여 기존 '열쇠1'~'열쇠5'오브젝트를 클릭했을 때 해당 오브젝트를 삭제하고 열쇠를 찾은 'KeyCount'변수값을 1씩 증가시키도록 합니다.

○의 함수 만들기 를 사용하여 매개변수가 1개인 함수를 만듭니다. 이 때, 매개변수 이름을 '열쇠'로 설정합니다.

블록들을 가져와서 연결합니다.

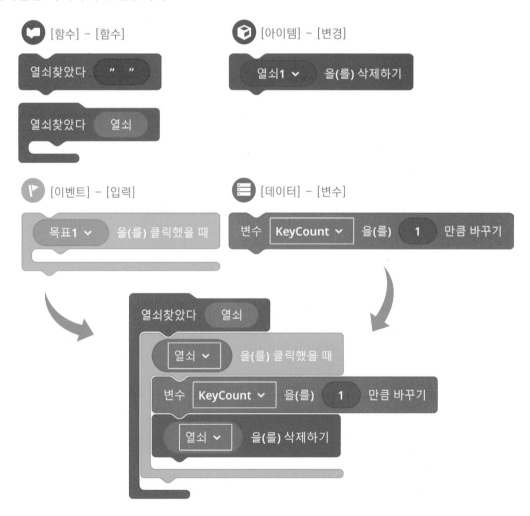

② '열쇠찾았다'함수 사용하기

매개변수로 넘겨지는 오브젝트 이름의 규칙은 '열쇠'+숫자(1~5)의 형식을 가지고 있습니다.

'문자열 합치기'블록을 사용하여 아이템 이름의 규칙을 만듭니다.

'열쇠1'~'열쇠5'까지 5개의 오브젝트는 이 동작이 반복되므로 '반복하기'블록을 사용하여 코드의 구조를 단순화시킵니다.

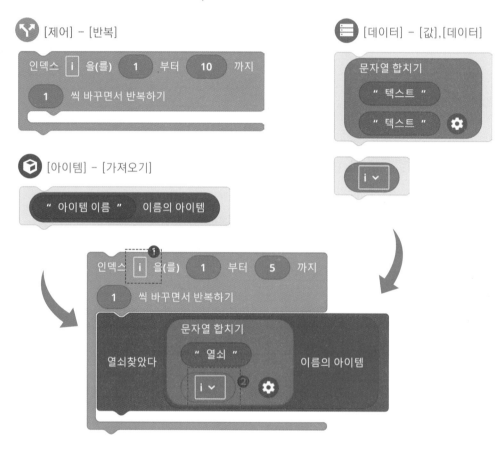

❷의 [i✓] 는 반복문에서 ❶부분에 "i"를 설정해 주어야 [i✓] 에서 "i"가 표시됩니다.

③ 동작 확인하기

버튼을 눌러 완성코드가 잘 동작하는지 확인합니다.

함수표현으로 바뀐 전체 코드는 다음과 같습니다.

[전체 코드]

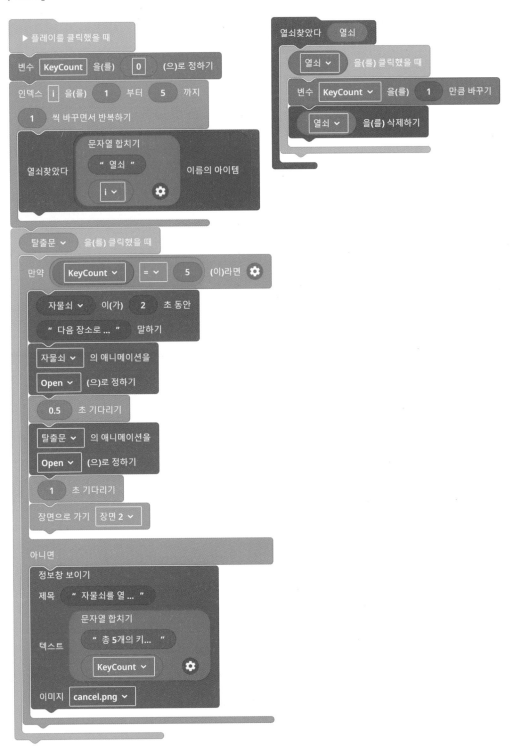

05 나만의 아이디어로 완성하기

1. [장면1]의 에너지 절약 방탈출 게임장 바깥 풍경을 꾸며 봅니다.

2. 방탈출 미션 성공과 실패에 어울리는 음악을 추가해 봅니다.

3. [장면2]에 에너지 절약에 관한 아이템을 더 추가해 봅니다.

06 생각해보기

우리 주변 에너지 소비 형태를 생각해보고, 에너지 절약을 위해 내가 실천할 수 있는 것에는 어떤 것들이 있을지 생각해 봅니다.

자신의 생각을 적어보세요

에너지 낭비의 사례에는 어떤 것들이 있는지 알아볼까요?	
가정/학교 안에서 낭비되고 있는 에너지에는 어떤 것들이 있을까요?	
에너지 절약을 위해 내가 실천할 수 있는 것들은 무엇일까요?	

7. 머지큐브 추가콘텐츠.
(SDGs 주사위 만들기)

환경을 생각하는 마음 표현

환경 문제는 우리 모두가 직면하고 있는 중요한 문제입니다. 우리가 지금 하는 선택과 행동은 미래의 지구를 결정하는 데 큰 영향을 미칩니다. 따라서, 환경보호에 관한 관심을 가지고 실천하는 것이 필요합니다. 주변의 자연을 살펴보며, 지역의 숲과 식물, 그리고 동물들에 관해 관심을 가지고 알아보는 것도 좋은 방법입니다. 이러한 활동을 통해 우리는 환경을 보호하는 마음을 키울 수 있습니다.

또한, 일상생활에서 환경을 생각하는 습관을 가지고 실천해 볼 수 있습니다. 예를 들어, 플라스틱 사용을 줄이고, 에너지 절약을 위한 습관을 가지는 것 등입니다. 이러한 작은 실천들이 모여 큰 변화를 만들어낼 수 있습니다.

하지만, 환경보호는 단순한 실천뿐만 아니라, 환경을 대하는 태도를 바꾸는 것이 급선무입니다. 환경을 더 중요하게 생각하고, 지속가능한 발전을 추구하는 마음을 가지고 노력한다면 모두의 미래를 지키는 것에 도움을 줄 것입니다. 작은 실천들이 모여 큰 변화를 만들어내며, 이를 통해 더욱 좋은 미래를 만들어갈 수 있을 것입니다. 주변에서 실천할 수 있는 것들을 작은 것부터 찾아 실천할 수 있는 목표를 작성해 봅시다.

실행 가능한 SDGs의 실천 목표

실천 목표(예시)	나의 실천 목표
▪ 주변 환경 탐색하기 ▪ 식물 직접 기르기 ▪ 식물 지도 만들기 ▪ 여러 가지 식물의 특징 살펴보기	

실행 가능한 SDGs의 세부 목표(예시)

세부 목표(예시)	나의 세부 목표
▪ 식물에 대한 관심도를 확인한다. ▪ 식물에 대해 궁금한 점을 적는다. ▪ 주변을 둘러보고 식물이 있는지 찾아보고, 있다면 식물을 정기적으로 관찰한다. ▪ 주변에 식물이 없다면 학교앞, 집앞 화단으로 범위를 넓혀 관찰한다. ▪ 식물을 관찰하고 어떤 느낌이 들었는지 정리한다.	

SDGs의 실천을 위해 할 일

지역의 주변을 살펴보고 식물에 관한 관심을 가지고 식물을 관찰합니다. 작은 것부터 실천합니다. 식물 관찰에 필요한 책을 읽고, 박람회나 캠페인도 찾아볼 수 있습니다. 학교와 지역의 환경 행사에 참여하여 환경을 보호하는 홍보 활동을 할 수 있습니다. 개인 실천 목표를 작성해 봅시다.

SDGs 주사위 만들기

작품 미리 보기

SDGs의 목표들로 머지큐브 바깥쪽을 꾸며 봅니다. 머지큐브의 면의 외부를 SDGs 목표로 설정하고
바닥으로 이어지는 면에 각각 목표에 맞는 오브젝트를 넣고 꾸며 봅니다.
오브젝트를 배치할 때 오브젝트를 바닥판에 올려 배치합니다. 프로젝트를 공유하여 스마트기기의
코스페이시스 에듀 앱으로 접속하여 프로젝트에 접근하고 AR 보기로 실행하여 작품을 확인합니다.

학습 내용

1. 바다에 어울리는 오브젝트로 해양 생태계를 꾸며봅니다.

2. 만들기 도형 오브젝트를 활용하여 풍력발전기를 만들어봅니다.

3. 태양광 패널을 보드판을 이용하여 표현해봅니다.

4. 프로젝트의 구성에 맞게 오브젝트의 크기를 조절하여 화면을 완성합니다.

이번 활동에서는 머지큐브의 각 면을 SDGs의 목표에 맞는 형태로 구현합니다. 잠금 기능을 활용하여 만들어진 오브젝트를 선택하여 움직이려고 할 때 배경처럼 움직이지 않도록 구현합니다. 머지큐브에서만 사용하는 코드를 알아봅니다. 머지큐브의 특정 면을 볼 때만 실행하는 기능은 어떻게 구현할 수 있을까요?

01 배워봅시다

코스페이시스에서 머지큐브가 가진 기능을 알아봅니다. 코스페이시스로 만든 머지큐브 작품은 태블릿이나 스마트폰으로 머지큐브에 투사하여 확인할 수 있습니다. 큐브를 손에 들고 스마트폰이나 태블릿으로 머지큐브를 비추어 작품을 확인할 수 있습니다. 스마트 기기의 카메라와 연동이 되며 카메라를 통해 보이는 곳에 머지큐브 작품이 투사됩니다. 머지큐브 애드온을 사용하여 작품을 만들 수 있고, 머지큐브 바깥 면또는 안쪽 면에 오브젝트를 배치하여 작품을 만들 수 있습니다.

머지큐브

[머지 큐브 애드 온]

정육면체의 큐브 형태로 이루어진 머지큐브는 코스페이시스에서 작품을 만들기 위해 프로 계정에 더하여 머지큐브 애드온을 추가하여 사용이 가능합니다.

머지큐브는 육면체의 각 면마다 다른 코드가 있어 코드마다 그 위치를 표시합니다. 이 육면체는 Merge EDU(https://mergeedu.com/) 사이트에서 판매하고 있습니다. 구매해도 되지만 종이로 만들어 사용할 수 있도록 큐브 전개도가 공유되어 있습니다. https://mergecube.com/paper-pdf 링크로 접속하면 'paper-merge-cube.pdf' 파일을 바로 다운로드 받을 수 있습니다.

사이트에서 PDF를 다운로드 받고 인쇄하여 육면체로 만든 뒤에 스마트폰이나 태블릿으로 '코스페이시스 에듀' 앱에 접속하여 사용합니다. 이때 사용하는 스마트기기는 아이폰의 경우 iOS 14 이상, 아이패드의 경우 iPadOS 14 이상, 안드로이드의 경우 버전 8.0(오레오) 이상이 탑재된 기기이어야 합니다.

인터넷 검색으로 찾을 수 있는 많은 머지큐브 콘텐츠는 스마트기기에서 앱 검색으로 머지큐브를 활용하는 다양한 앱을 설치하여 다른 콘텐츠를 감상할 수도 있습니다.

[머지큐브 작품 보기]

태블릿 또는 스마트폰의 앱스토어나 플레이스토어에서 '코스페이시스 에듀' 앱을 검색해서 'CoSpaces Edu' 모바일 앱을 설치합니다. 설치 후 앱을 실행하고 [갤러리]-[스템과 코딩]에서 'Mystery of the lost cat' 머지큐브 콘텐츠를 선택하여 실행해 봅니다.

폰에서 실행된 경우 머지큐브를 카메라 앞에 가져다 놓아봅니다. 머지큐브가 없다면 아래쪽 버튼을 눌러 컴퓨터에서 실행하는 것과 같은 실행화면을 볼 수 있습니다. 머지큐브를 찾는 과정에서 머지큐브를 찾게 되면 콘텐츠가 실행됩니다. 머지큐브의 면에 있는 그림이 머지큐브의 위치 코드가 되어 위, 아래, 왼쪽, 오른쪽, 앞, 뒤의 여섯 방향을 마킹하여 AR을 구현하게 됩니다. AR을 실행하며 비디오 아이콘을 누르면 카메라로 보이는 화면이 녹화됩니다. 녹화한 동영상은 저장되고 공유할 수 있습니다.

코스페이시스에 가입되어 있다면 애플, 구글, 마이크로소프트 계정 또는 아이디 로그인 후 플레이할 수 있습니다. 또한, 만든 작품을 공유한 뒤 로그인 없이 QR코드를 스캔하거나 공유 코드를 입력하여 작품을 실행하기도 합니다.

[머지큐브 속성]

코스페이시스에서 머지큐브는 기본 잠금 설정되어 있습니다. 따라서 클릭해도 화면에서 움직이지 않습니다. 바닥면을 작업하고 싶을 때 머지큐브의 메뉴에서 [잠금해제] 후 머지큐브를 [드래그해서 올리기]해 바닥면도 작업할 수 있습니다. 머지큐브의 바깥면 이외에 안쪽에 작업하고자 할 때 [안쪽 보기] 메뉴를 선택하고 머지큐브의 안쪽이 보이도록 설정 후 안쪽에 작업할 수 있습니다.

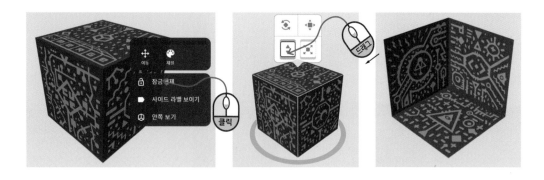

머지큐브 코블록스

코블록스 코딩은 컴퓨터 또는 태블릿에서 프로그래밍 가능하고 스마트폰은 오브젝트 편집과 플레이만 가능합니다.

[머지큐브]-[형태]

큐브의 위 ∨ 쪽 면에 아이템 없음 ∨ 아이템 놓기	오브젝트 아이템을 [코블록스에서 사용] 설정한 뒤 큐브의 면에 놓지 않았더라도 코드에서 설정
큐브의 불투명도를 100 %로 정하기	큐브설정의 [재질]에서 설정하는 것과 동일하게 코드에서 설정
큐브 안쪽 보기를 참 ∨ 으로 설정하기	[안쪽 보기]메뉴와 같이 코블록스에서 설정

[머지큐브]-[이벤트]

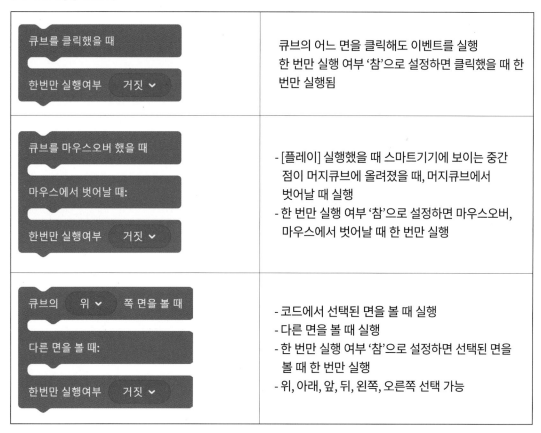

큐브를 클릭했을 때 / 한번만 실행여부 거짓 ∨	큐브의 어느 면을 클릭해도 이벤트를 실행 한 번만 실행 여부 '참'으로 설정하면 클릭했을 때 한 번만 실행됨
큐브를 마우스오버 했을 때 / 마우스에서 벗어날 때: / 한번만 실행여부 거짓 ∨	- [플레이] 실행했을 때 스마트기기에 보이는 중간 점이 머지큐브에 올려졌을 때, 머지큐브에서 벗어날 때 실행 - 한 번만 실행 여부 '참'으로 설정하면 마우스오버, 마우스에서 벗어날 때 한 번만 실행
큐브의 위 ∨ 쪽 면을 볼 때 / 다른 면을 볼 때: / 한번만 실행여부 거짓 ∨	- 코드에서 선택된 면을 볼 때 실행 - 다른 면을 볼 때 실행 - 한 번만 실행 여부 '참'으로 설정하면 선택된 면을 볼 때 한 번만 실행 - 위, 아래, 앞, 뒤, 왼쪽, 오른쪽 선택 가능

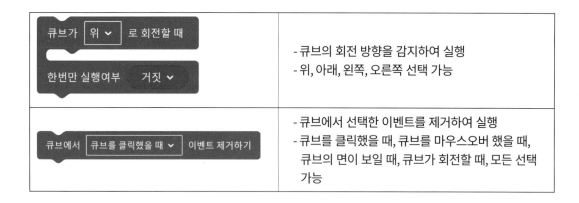	- 큐브의 회전 방향을 감지하여 실행 - 위, 아래, 왼쪽, 오른쪽 선택 가능

	- 큐브에서 선택한 이벤트를 제거하여 실행
	- 큐브를 클릭했을 때, 큐브를 마우스오버 했을 때,
	  큐브의 면이 보일 때, 큐브가 회전할 때, 모든 선택
	  가능

[머지큐브]-[값]

큐브의 [위] 쪽 면	- 위, 아래, 앞, 뒤, 왼쪽, 오른쪽 선택된 면을 값으로 사용
큐브의 보여지는 면	- 큐브의 보여지는 면을 값으로 사용

공유하기

작품을 공유하는 방법을 알아봅니다. 내 작품을 스마트기기에서 로그인 없이 실행시켜 보기 위해 공유를 합니다. [공유]를 선택하여 작품을 비공개 공유합니다.

공유 방식은 두 가지 중에서 선택할 수 있습니다. 비공개 공유는 링크 주소를 공유받는 사람만 접근 가능하고 갤러리에 공유하면 누구나 이 코스페이스를 볼 수 있습니다. 라이센스 플랜에 등록한 사용자라면 갤러리에 공유할 수 있고 체험판 버전이거나 무료 계정의 경우 비공개 공유만 가능합니다.

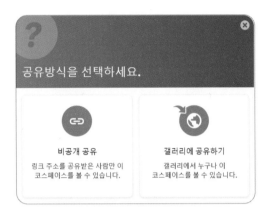

갤러리에 공유하면 공유 상세 정보를 작성하고 공유 카테고리를 선택합니다. 갤러리에 공유되는 모든 코스페이스는 복제 리믹스 가능해야 합니다.

공유 방식을 비공개로 변경하면 리믹스를 선택할 수 있고 조회 수 1000회 제한이 있습니다. 갤러리에 공유하는 경우 조회 수에 제한이 없습니다.

공유하면 제작자, 공유 날짜와 링크를 확인할 수 있습니다. 이렇게 공유하면 코스페이시스 앱으로 QR코드, 공유 코드, 공유 링크로 접속해서 실행이 가능합니다. 임베디드 코드의 경우 HTML에 넣어 웹페이지에서 실행 가능합니다.

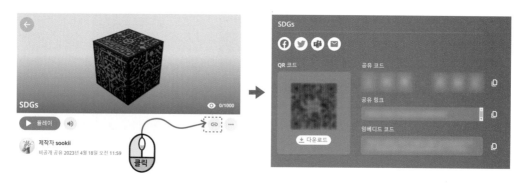

02 작품 만들기

코스페이시스 머지큐브로 만들기

1 코스페이스 만들기

[머지큐브]로 작품 공간을 만듭니다.

2 프로젝트 이름

코스페이스가 생성되면 장면 아이콘을 클릭하여 장면 탭을 펼칩니다. 펼쳐진 장면의 공간 이름을 클릭하여 [SDGs 주사위 만들기] 프로젝트로 이름을 바꿉니다.

오브젝트 추가하기

1 이미지 업로드하기

 [업로드]-[이미지]-[업로드]를 클릭하여 SDGs목표 이미지를 업로드합니다. 프로젝트에 사용할 이미지는 SDGs 2, 7, 11, 13, 14, 15입니다.

지속가능 발전 목표 이미지는 '지속가능발전포털'(http://ncsd.go.kr/ksdgs?content=4) 사이트에서 다운로드합니다.

해당 저작물은 '환경부'에서 '2021년' 작성하여 공공누리 제4유형으로 개방하였으며, '환경부, 지속가능발전포털(http://ncsd.go.kr)'에서 무료로 다운로드 받을 수 있습니다.

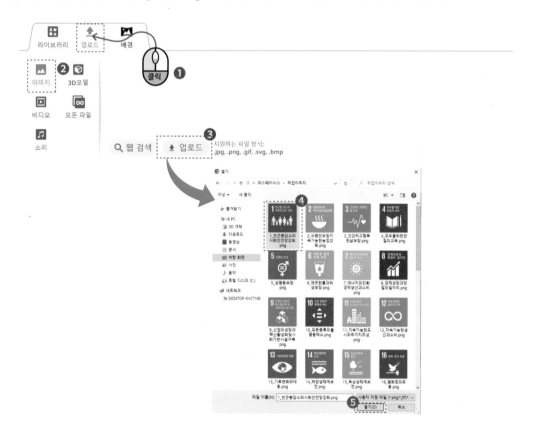

☑ 머지큐브 바닥 이미지 배치하기

머지큐브는 기본 [잠금]이 설정되어 있습니다. 머지큐브에 환경을 꾸미기 위해 기본 머지큐브는 클릭해도 움직이지 않아야 하기 때문에 잠금이 설정되어 있습니다.

이런 머지큐브는 [드래그해서 올리기]를 기본 상태에서 진행할 수 없으므로 바닥을 꾸미기 위해서는 머지큐브를 [잠금해제]하고 [드래그해서 올리기]를 하거나 [안쪽 보기]를 하여 바닥에 이미지를 올려줍니다.

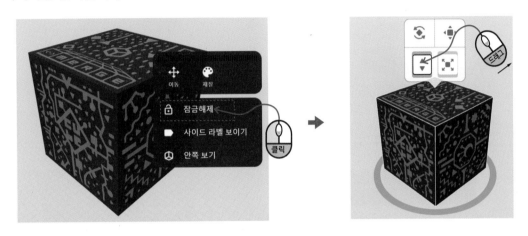

바닥에 이미지를 올리면 [플레이] 했을 때 바닥 이미지를 확인할 수 있습니다.

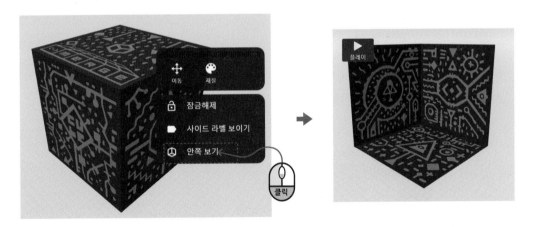

[안쪽 보기] 클릭 후 이미지를 바닥에 올리려면 [자석 기능]이 '아이템에 붙이기'가 선택되어 있어야 합니다. [업로드]-[이미지]에서 15번 SDGs 목표 이미지를 선택 후 화면으로 드래그 드랍합니다.

[자석 기능]-[격자에 맞추기] 메뉴를 선택하고 바닥에 이미지를 이동합니다.

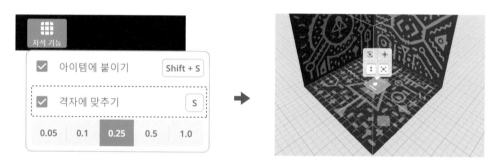

이동시킨 이미지를 '드래그해서 크기 바꾸기'를 선택하여 이미지를 바닥에 맞게 크기를 조정하고 [플레이] 실행하여 바닥에 이미지가 잘 보이는지 확인합니다.

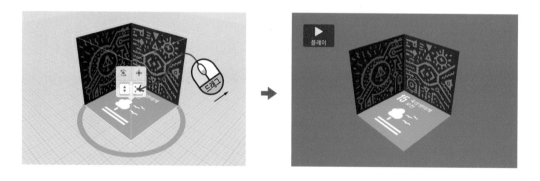

[아이템에 붙이기] 메뉴가 선택된 채로 이미지를 배치하면 이미지는 바닥에 [붙이기]로 실행한 경우와 동일하게 배치됩니다. 이때 머지큐브는 3D 환경과 달리 [잠금] 상태임을 기억합니다.

바닥에 이미지를 위치시키고 난 후 머지큐브의 다른 벽에도 이미지를 배치합니다. 이때 [아이템에 붙이기]와 [격자에 맞추기] 메뉴를 적절하게 사용합니다.

머지큐브의 바닥에 이미지를 배치한 후 마우스 오른쪽 클릭하여 [바깥쪽 보기] 메뉴를 선택합니다.

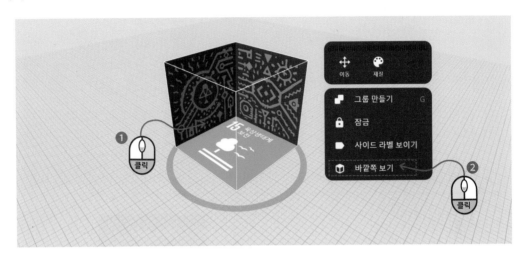

❸ 머지큐브 바깥쪽 이미지 배치하기

머지큐브의 바닥 이미지를 배치한 것과 같이 남은 5면에도 이미지를 배치합니다. 머지큐브 클릭하여 [사이드 라벨 보이기] 선택 후 배치하면 면의 위치가 확인 가능하여 배치하기 쉽습니다.

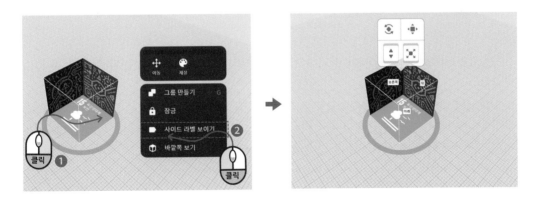

위-13번, 왼쪽-14번, 오른쪽-11번, 앞-2번, 뒤-7번 SDGs 이미지를 배치하고 크기를 조절하여 머지큐브에 배치합니다.

이미지 배치 후 [잠금] 메뉴를 클릭해 이미지가 머지큐브와 떨어지지 않도록 합니다.

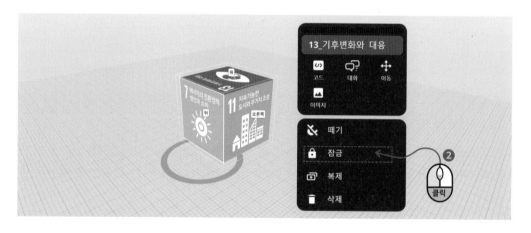

오브젝트 리트스를 확인하여 머지큐브 하위에 이미지가 잘 들어왔는지 확인합니다.

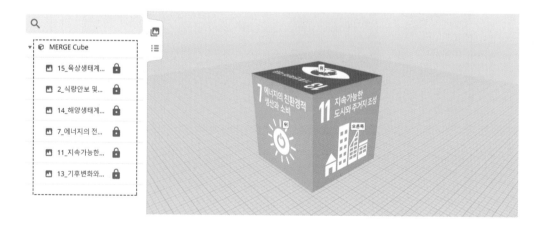

4 오브젝트 추가하기

❶ SDGs 14 - 해양생태계 보전

해양 생태계 면에서는 바다를 구성하는 화면을 만들어 줍니다. 바다 생태계에 어울리는 물고기, 고래, 상어, 게, 물풀 등 다양한 오브젝트를 꺼내 머지큐브 왼쪽 화면 앞에 배치합니다. 동물 오브젝트 중 애니메이션이 있는 오브젝트는 적당한 애니메이션을 선택해줍니다. 오브젝트의 크기와 재질도 조절합니다.

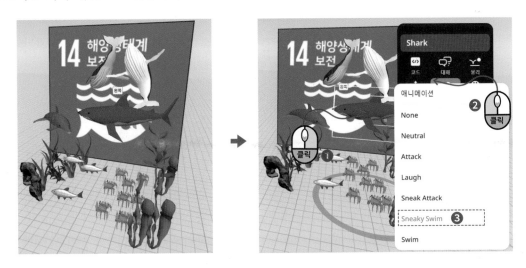

[라이브러리]-[만들기]-[3차원] 정육면체 만들기 오브젝트를 꺼냅니다. 'Cuboid' 오브젝트의 재질을 바다와 유사한 형태로 바꾸고 불투명도를 조절하여 바다를 표현합니다.

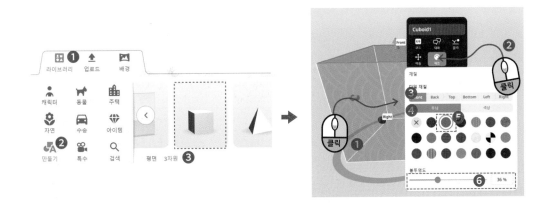

[자석기능]-[아이템에 붙이기] 선택 해제한 후에 'Cuboid' 오브젝트를 이동시킵니다.

[이동 모드]를 선택하여 오브젝트를 옮겨줍니다. 이동 후 크기를 적당히 조절한 후 오브젝트를 잠금 설정하여 클릭하더라도 움직이지 않도록 합니다.

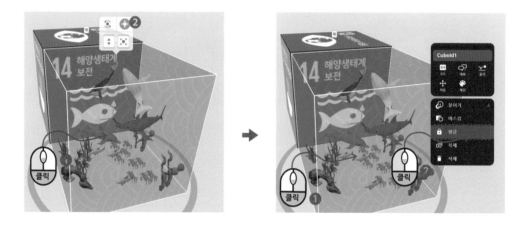

에너지를 위해 태양광 발전과 풍력 발전기를 만들어 줍니다. 집 주변을 꾸미는 상상력을 발휘합니다. 초록 식물, 애완동물, 집 앞에서 쉴 수 있는 공간을 만들어도 좋습니다. 풍력발전기 형태를 [라이브러리]-[만들기]-[3차원] 오브젝트를 활용하여 만들어 봅니다.

머지큐브 앞 바닥을 만들기 위해 [라이브러리]-[만들기]-[3차원] 'Cuboid'로 높이, 너비, 길이를 적당히 조절하고 재질에서 무늬와 색상을 바꿔 바닥판을 만들어 줍니다.

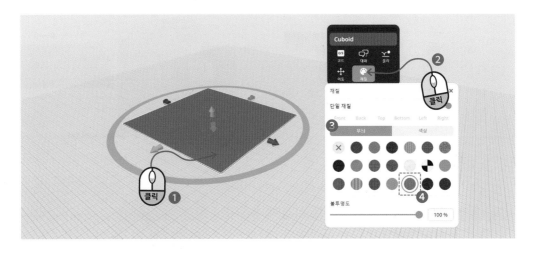

[라이브러리]-[주택]-[도시] 'House3'을 꺼내 [드래그해서 크기 바꾸기]로 크기를 조정하고 [재질]-[색상]을 변경합니다. 색상은 사용자 지정 색상을 사용해도 좋습니다. 집을 꺼내어 바닥판 위에 놓으면 집이 바닥판 위에 올라오지 않습니다. 앞으로 바닥판에 놓을 모든 오브젝트는 화면으로 꺼내온 후 [드래그해서 올리기]를 통해 바닥판 위로 올려줍니다.

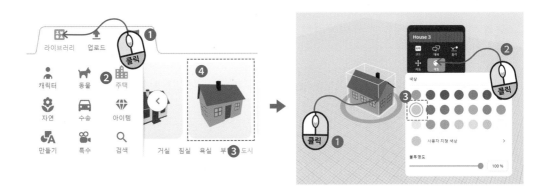

지붕에 태양광 패널 장착을 위해 [라이브러리]-[주택]-[도시] 'Blackboard'를 꺼내 사용자 지정 색상으로 색깔을 변경하고 [회전 모드] 기능을 이용하여 지붕 장착하도록 X, Y, Z축을 알맞게 기울여 줍니다. 지붕에 올리기 위해 크기를 작게 줄이고, 지붕 높이만큼 올리고, 지붕 위 배치할 개수만큼 복제합니다. 집을 선택하여 잠금 설정해야 클릭해도 움직이지 않습니다.

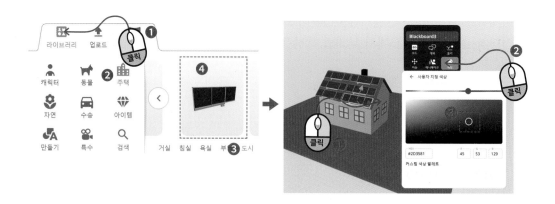

집 주변으로 울타리를 만들어 세우고, 사람, 강아지, 벤치, 화분 등 다양한 오브젝트로 집 주변을 꾸며줍니다. 애니메이션이 있는 동물이나 캐릭터 오브젝트의 경우 애니메이션을 설정해도 좋습니다.

이제 앞 장에서 잠수함을 만들었던 것처럼 풍력발전기를 [만들기] 오브젝트를 활용하여 만들어 세워 봅니다.

[라이브러리]-[만들기]-[3차원] 'Cone frustum'을 꺼내 풍력발전기의 기둥을 세웁니다.

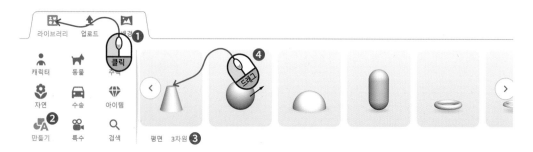

'Frustum 4 sides'를 꺼내 풍력발전기의 날개를 3개 만들어 줍니다.

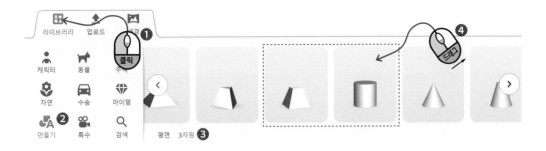

'Cylinder'로 날개의 중심을 만들고 'Cone frustum'으로 날개 기둥 중심을 만들어 줍니다.

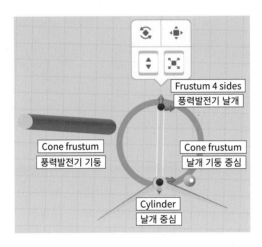

날개 중심 'Cylinder' Top에 날개 기둥 중심 'Cone frustum'을 [붙이기] 합니다. 붙이기할 때 단축키 'A' 키보드를 사용합니다. 각각을 [재질]에서 색상을 변경합니다. Shift키를 누르고 모두 선택하여 [그룹 만들기] 진행합니다.

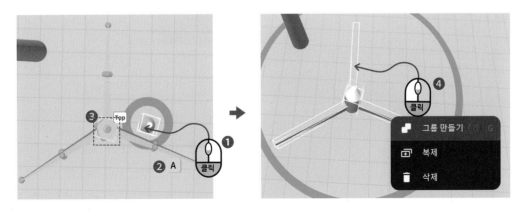

프로펠러를 돌리기 위한 코드를 작성해야 하므로 그룹으로 만든 후 [코드]-[코블록스에서 사용]을 선택합니다. [회전 모드]와 [드래그해서 올리기], [이동 모드]를 이용하여 기둥 위쪽에 날개 중심 부분을 배치합니다. 풍력발전기를 3개 복제하여 적절하게 배치하고 방향 조정합니다.

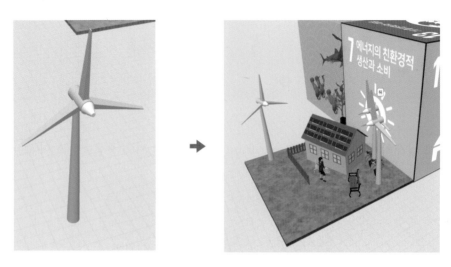

❸ SDGs 11 - 지속가능한 도시와 주거지 조성

도로 오브젝트와 횡단보도, 자동차, 건물 등을 배치하고 가로등, 신호등, 자동차를 배치합니다. 자동차 안에는 사람을 탑승시키고 횡단보도 앞에도 신호를 기다리는 캐릭터를 배치하여 도시 장면을 만들어봅니다.

먼저, 건물과 도로 오브젝트 등을 활용하여 안전한 도시에 알맞은 배치를 완성해봅니다. 바닥판은 만들기 오브젝트의 'Cuboid'를 꺼내어 무늬와 색상을 조절하여 선택합니다.

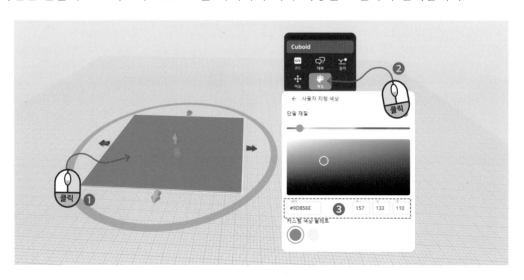

도로, 가로등, 신호등은 [라이브러리]-[주택]-[도시]에서 꺼냅니다. 도로는 꺼낸 후 길이를 바닥판 길이만큼 늘여줍니다.

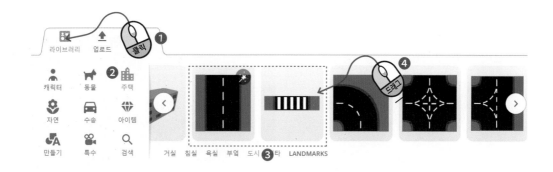

가로등과 신호등은 도로의 양옆에 방향을 확인하고 배치합니다. 기본 오브젝트 크기보다 작은 사이즈로 만들기 때문에 크기 조정에 주의합니다.

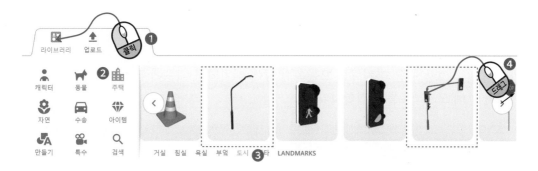

도로 주변에 건물을 세워줍니다. 건물 오브젝트는 [라이브러리]-[주택]-[도시]에 있습니다.

도로 양옆으로 건물을 세우고 먼저 만들어 놓은 바닥 위로 올려줍니다.

횡단보도를 건너는 캐릭터를 놓아줍니다. 캐릭터의 걷는 애니메이션을 선택하고 캐릭터의 [재질]에서 색상을 상의, 하의 별로 다르게 설정해도 좋습니다.

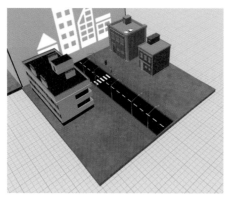 

신호등의 경우 사람이 건너지 않고 기다리기 때문에 신호등의 애니메이션을 [애니메이션]-[Red]로 설정해 줍니다. 해당 신호등은 차량 신호등과 횡단보도 신호등은 반대로 켜지기 때문에 Red로 설정합니다.

캐릭터 및 신호등 등은 머지큐브 오른쪽면 앞에 배치되기 때문에 적절하게 확대, 축소, 화면 이동을 통해 오브젝트를 편집합니다.

 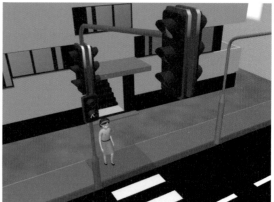

도로 위 차량은 버스와 승용차를 선택합니다. 캐릭터를 가져와서 [붙이기] 메뉴를 통해 캐릭터를 버스와 자동차의 운전석에 붙이기 합니다.

자동차 운전석에 캐릭터를 붙인 후 차량을 도로 위에 배치합니다.

도로, 횡단보도, 바닥판, 건물 등이 잠금 설정 되었는지 점검하고 장면을 확인합니다.

❹ SDGs 13 - 기후변화와 대응

기후변화에 대응하기 위해 소통하는 장면을 만들어 봅니다. SDGs 13은 머지큐브의 위쪽에 배치되기 때문에 위에서 원탁토론 형태의 장면을 만들어 줍니다.

바닥면을 만들 때 원탁토론의 형태를 위해 원형바닥을 만듭니다.[라이브러리]-[만들기]-[3차원]의 'Cylinder'로 높이, 너비, 길이를 조절하여 바닥을 만듭니다. 오브젝트의 옵션메뉴 [재질]-[불투명도]를 조절하여 투명하게 만들어 줍니다. 동그랗게 만들어진 바닥면을 머지큐브의 윗면에 [붙이기] 한 후 [잠금] 으로 설정합니다.

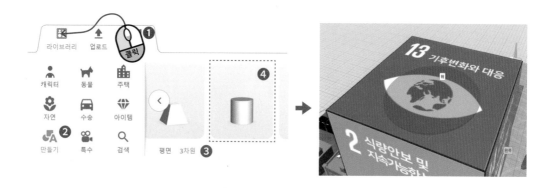

원탁토론을 위해 원탁을 배치합니다. [라이브러리]-[주택]-[부엌] 'Bistro table'을 사용합니다. [재질]에서 사용자 지정 색상으로 테이블의 색상을 변경하고 높이를 조절합니다. 이 테이블은 높이를 조절할 수 있습니다.

테이블을 [붙이기] 메뉴로 둥근 바닥면 위 'Top'에 붙여줍니다.

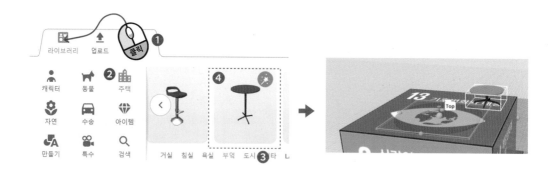

의자 4개와 캐릭터 4개를 꺼내 테이블 주변으로 둥글게 배치하고 캐릭터는 의자에 붙여줍니다. 각각의 캐릭터는 [재질]에서 상의, 하의, 신발 등 색상을 변경합니다. 캐릭터는 각각의 애니메이션을 부여하여 생동감을 줍니다. 책을 보거나 타이핑을 하거나 이야기를 하는 형태로 애니메이션을 선택합니다.

각 캐릭터는 상황에 맞도록 테이블 위에 Laptop, Book, Clipboard, Marker, Smartphone을 꺼내 배치하고 Book, Laptop은 애니메이션을 'Open'으로 선택합니다. 각 오브젝트를 꺼내 높이와 크기를 조절하여 캐릭터 앞 테이블 위에 배치합니다.

소품 오브젝트는 [라이브러리]-[아이템]-[소품]에 있습니다. 각 오브젝트의 [재질]에서 색상을 변경해도 좋습니다.

❺ SDGs 2 - **식량안보 및 지속가능한 농업강화**

바닥면에 배치된 SDGs 15는 [플레이] 실행 전에 확인이 어려우므로 머지큐브의 앞면 쪽의 바닥에 다시 배치해 봅니다. SDGs 2 식량안보 및 지속가능한 농업강화와 맞는 형태의 화면을 구성을 구성해도 좋습니다.

'Cuboid' 크기를 조절하여 배치하고 [재질]에서 무늬를 변경합니다. 바닥판 위에 업로드 했던 15번 SDGs 이미지를 꺼내 이미지 크기를 조절하고 바닥판에 [붙이기]합니다.

를 선택하여 실행을 확인합니다.

03 코블록스 코딩하기

1 코딩 언어 선택

[코드]를 클릭 후 코딩 언어로 코블록스를 선택합니다.

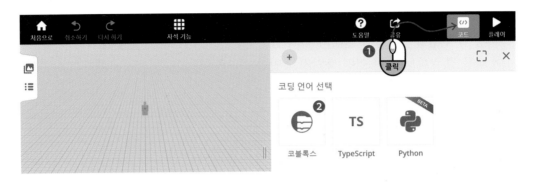

2 풍력발전기 작동하기

SDGs 7에 만들어진 풍력발전기를 시계 방향으로 회전하도록 합니다.

프로펠러를 만들 때 바닥에 프로펠러를 배치하고 만들고 프로펠러를 [회전 모드], [이동 모드]를 활용하여 이동하고 기둥에 위치시켰습니다.

만들기 오브젝트로 만들었을 때 오브젝트의 X, Y, Z의 방향이 프로펠러를 돌리는 방향을 결정하게 됩니다. [회전 모드]를 선택하고 만들어진 프로펠러의 축을 확인합니다. 아래 그림과 같이 만들어진 프로펠러는 Z축으로 회전해야 기둥을 중심으로 회전하게 됩니다. 만약 만들어진 프로펠러의 축의 방향이 다를 경우 해당 축이 어떤 축인지 확인합니다.

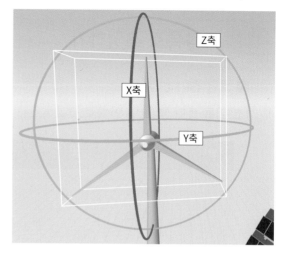

그룹으로 만들어진 프로펠러를 [코드]-[코블록스에서 사용] 선택합니다.

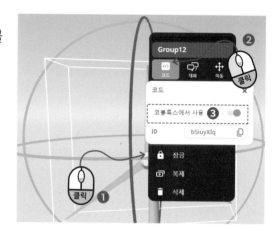

움직이는 코드를 위해 [동작]-[이동]에서 '그룹을 1초 동안 시계 방향으로 90도 만큼 회전하기'로 코드를 작성합니다.

[동작] – [이동]

그룹으로 만들어진 프로펠러가 3개 이기 때문에 3개의 프로펠러를 동시에 회전해주고 무한 반복하기 합니다. 무한 반복 코드는 [제어]-[반복]에 있습니다. 3개의 프로펠러가 동시에 작동되어야 하기 때문에 '동시에 실행하기' 블록의 톱니바퀴를 눌러 동시 실행을 3개로 확장합니다. 그룹으로 만들어진 프로펠러 각각이 동시에 움직이기 실행하도록 코드를 작성합니다.

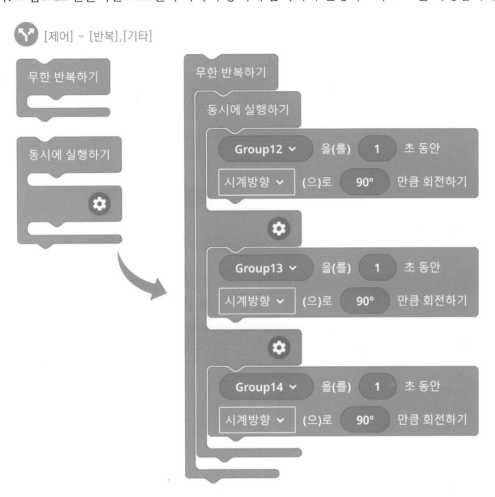

[제어] – [반복],[기타]

[전체 코드]

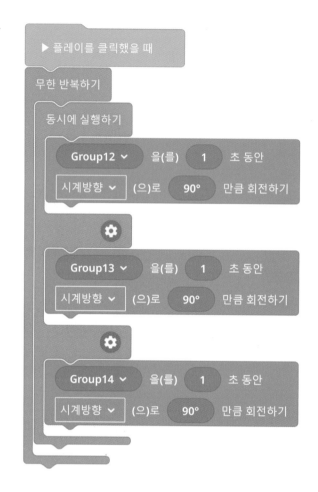

 버튼을 눌러 완성코드가 잘 동작하는지 확인합니다..

04 응용 작품 만들기

머지큐브의 위치에 따라 오브젝트가 반응하도록 나타내봅니다.

1 오브젝트 추가하기

❶ 표지판

[라이브러리]-[아이템]-[심볼] 'Signpost right'를 꺼내고 SDGs 2 앞 바닥판 위에 올려 놓고 위치를 조정합니다. [코드]-[코블록스에서 사용]을 클릭합니다.

Text를 클릭해 '식량안보를 위한 지침'이라고 작성하고 [코드]-[코블록스에서 사용]을 클릭합니다. 글자를 변경한 후 두 줄이 되었을 때는 Text를 [잠금 해제]하고 글자의 폭을 조절합니다. 글자 폭을 변경하였다면 Text를 다시 [잠금] 설정합니다. 그래야 글자가 움직이지 않습니다.

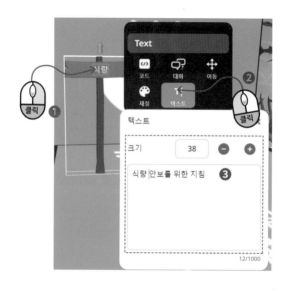

표지판은 머지큐브의 앞면을 볼 때만 보이도록 코딩합니다. 표지판도 글자도 [코드]-[코블록스에서 사용] 선택되었는지 확인 후 코드를 작성합니다. 코드에서 표지판과 표지판 글자는 투명하게 설정하고 코드가 시작될 수 있도록 코드를 작성합니다.

머지큐브의 앞면이 보일 때 표지판이 보이고 아닐 때 보이지 않도록 구현하기 위해 [머지큐브] 코드 블록을 사용합니다. [머지큐브] 코드 묶음에서 큐브의 특정 면을 볼 때 실행하는 코드를 선택하여 표지판이 놓인 앞면을 볼 때 표지판과 글자가 보이도록 해당 오브젝트의 불투명도를 100으로 조절하는 코드를 작성합니다. 다른 면을 볼 때는 불투명도를 0으로 합니다.

[머지큐브] - [이벤트]

② SDGs 13 말하기

❶ 말하기

SDGs 13의 'Casual girl'이 머지큐브의 위가 보일 때 말하기를 작동하게 하기 위해 오브젝트 옵션메뉴에서 [코드]-[코블록스에서 사용] 선택합니다.

말풍선이 위쪽 면을 볼 때 동작하기 위해 [머지큐브]의 특정면을 볼 때 작동하는 코드를 활용합니다.

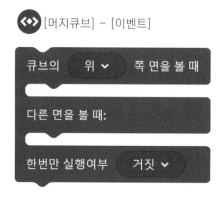

오브젝트에 회의하는 말풍선이 나타나도록 하기 위해 [형태]-[일반]에서 말하기 블록을 사용합니다.

회의하는 장면인 윗면을 볼 때만 말풍선이 나타나도록 코드를 작성합니다.

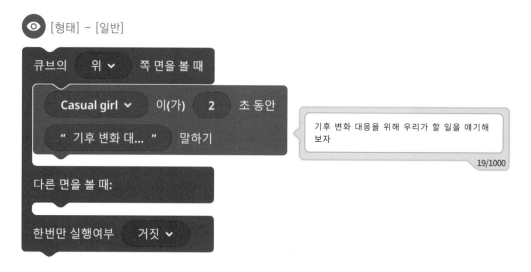

[응용해보기 코드]

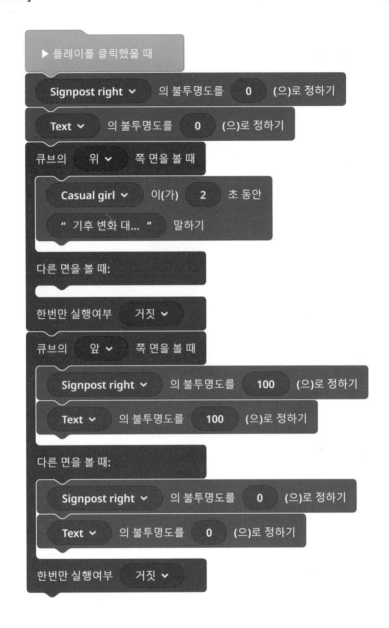

▶ 플레이를 클릭했을 때

Signpost right ∨ 의 불투명도를 0 (으)로 정하기

Text ∨ 의 불투명도를 0 (으)로 정하기

큐브의 위 ∨ 쪽 면을 볼 때

Casual girl ∨ 이(가) 2 초 동안

" 기후 변화 대... " 말하기

다른 면을 볼 때:

한번만 실행여부 거짓 ∨

큐브의 앞 ∨ 쪽 면을 볼 때

Signpost right ∨ 의 불투명도를 100 (으)로 정하기

Text ∨ 의 불투명도를 100 (으)로 정하기

다른 면을 볼 때:

Signpost right ∨ 의 불투명도를 0 (으)로 정하기

Text ∨ 의 불투명도를 0 (으)로 정하기

한번만 실행여부 거짓 ∨

▶ 버튼을 눌러 응용 완성코드가 잘 동작하는지 확인합니다.

[완성 전체 코드]

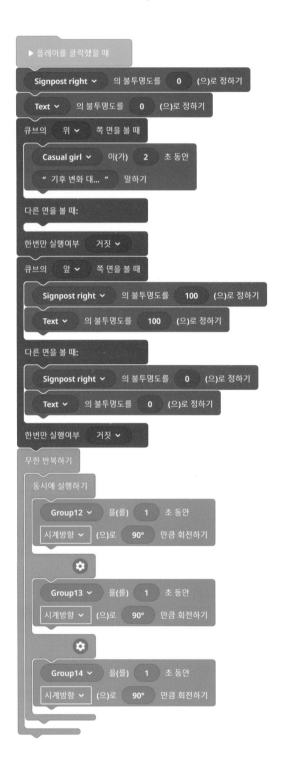

05 나만의 아이디어로 완성하기

1. 다양한 오브젝트를 넣고 프로젝트에 추가 완성해 봅니다.

2. 머지큐브를 마우스오버 했을 때와 큐브를 클릭했을 때를 비교해 보고 차이점을 알아봅니다.

3. 내가 찾은 환경 관련 책, 박람회, 지구를 위한 날과 실천할 수 있는 일은 어떤 것이 있는지 작품에 적용해 봅니다.

06 생각해보기

지구환경을 위해 할 수 있는 일을 알아봅니다. 환경이 주제인 책을 찾아봅니다. 환경보호, 단체, 재활용, 탄소 등 그와 관련된 책을 찾아보고 읽어 봅시다. 또는 환경을 주제로 한 박람회나 지구를 위해 제정한 날 등 그와 관련된 내용을 찾아봅시다.

자신의 생각을 적어보세요

환경을 주제로 한 책을 찾았나요? 그 제목과 내용을 요약해 보세요.	
환경을 주제로 한 박람회나 지구를 위해 제정한 날을 찾아 적어보세요.	
지구를 위해 할 수 있는 일을 적어보세요.	

아두이노 내친구 BY스크래치 1편
기초 [교재+키트]

아두이노에 대한 기본적인 내용도 알아보고, 스크래치로 아두이노와 전자 회로를 작동하는 법을 배웁니다.
정가 : 45,000원

아두이노 내친구 BY스크래치 2편
라인트랙 자동차 만들기[교재+키트]

라인 센서, 모터, 모터 드라이버 모듈 등 다양한 전자부품을 직접 사용하여 코딩하면서 멋진 라인 트랙 자동차를 만들 수 있습니다.
정가 : 54,000원

아두이노 내친구 BY스크래치 3편
자율주행 자동차 만들기[교재+키트]

초음파 센서, 서보모터, 모터, 모터 드라이버 모듈 등 다양한 전자부품을 직접 사용하여 코딩하면서 멋진 자율주행 자동차를 만들 수 있습니다.
정가 : 61,000원

아두이노 내친구 1편
기초 [교재+키트]

C/C++기반 스케치 코딩으로써 아두이노의 기초 센서에 대해 배웁니다.
정가 : 39,000원

아두이노 내친구 2편
라인트랙 자동차 만들기 [교재+키트]

C/C++기반 스케치 코딩으로써 1편에서 배운 내용을 기초로 라인트랙 자동차를 만들 수 있습니다.
정가 : 39,000원

아두이노 내친구 3편
블루투스/자율주행/앱만들기 [교재+키트]

C/C++기반 스케치 코딩으로써 블루투스 자동차, 초음파 자율주행 자동차, 스마트폰앱 만들기를 할 수 있습니다.
정가 : 84,000원

KODU 게임메이커 1편

마이크로소프트사(Microsoft)에서 개발한 프로그래밍 도구로 스크래치나 엔트리와 같이 블록코딩을 이용하는 프로그램입니다.
정가 : 11,800원

영재교육을 위한 엔트리 교과서 코딩
국어 통합교과 1학년

엔트리로 학교 교과목(국어,통합교과) 코딩을 한 번에 배우기 위해서 만들었습니다.
정가 : 18,000원

영재교육을 위한 엔트리 교과서 코딩
수학 통합교과 1학년

엔트리로 학교 교과목(수학,통합교과) 코딩을 한 번에 배우기 위해서 만들었습니다.
정가 : 18,000원

영재교육을 위한 엔트리 교과서 코딩
Vol.3 수학,통합교과

엔트리로 학교 교과목과 코딩을 한 번에 배우기 위해서 만들었습니다.
정가 : 18,000원

아두이노 메이킹

단순히 센서만을 사용해보는 것이 아닌 결과물을 만들어 낼 수 있도록 구성되어 있습니다. 결과물을 만드는 과정에서 다양한 센서 사용법에 대해 학습할 수 있습니다.
정가 : 16,000원

아두이노 1편 기초
스탠드 만들기

아두이노 기초 센서에 대해 학습하고 최종 프로젝트로 실생활에 사용할 수 있는 스탠드를 제작합니다.
출간예정

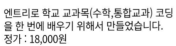

잇플의 IT도서들

EDUCATION GROUP
ITPLE 잇플

SW.AI를 위한 마이크로비트 with MakeCode [교재+키트]

마이크로비트를 활용하기 위한 기초적인 내용과 이야기 속 문제를 해결하기 위한 마이크로비트 5개의 프로젝트가 준비되어 있습니다.
정가 : 118,000원

10대를 위한 데이터과학 with 엔트리

엔트리를 이용하여 데이터과학을 체험해보는 실습서입니다. 복잡한 이론에 얽매이지 않고 재미있게 내용을 따라하다보면 생활에서 데이터과학을 사용할 수 있게 하는 책입니다.
정가 : 26,500원

한권으로 코딩과드론 날로먹기 [교재+키트]

블록코딩과 드론을 한 번에 배울 수 있는 최고의 코딩드론 입문서입니다.
정가 : 107,800원

한권으로 파이썬과드론 날로먹기 [인공지능] [교재+키트]

드론 (1~3장), 파이썬 (4~6장), 드론프로그래밍 (7~8장), OpenCV(9장)로 구성되어 있고, 다양한 인공지능 예제를 드론과 함께 실습할 수 있습니다.
정가 : 107,800원

생각대로 파이썬 파이썬
첫걸음 파이썬 성장프로젝트 파이트리 키우기

그림을 통해 파이썬 문법에 대해 알아보고, 왜 필요한지, 어떻게 사용하는지 이해할 수 있습니다. 예제를 통해서 실력을 다진 후 파이썬을 활용할 수 있는 인공지능 예제까지 다루어 볼 수 있습니다.
정가 : 23,000원

파이썬 첫걸음!
슈퍼히어로처럼 파이썬을 배우자

이 책은 파이썬 프로그램을 찾는 청소년들을 위해 만들어진 책입니다. 주피터 노트북을 활용하여 파이썬 기초 문법에 대해 학습하고 Pygame 모듈 사용법에 대해 알아볼 수 있습니다.
정가 : 26,000원

누구나 파이썬
너도 데이터 가지고 놀 수 있어!

데이터를 다루는데 필요한 Pandas 모듈과 시각화하는데 필요한 matplotlib 모듈에 대해 알아보고, 재미있고 다양한 예제를 통해 데이터 분석을 학습할 수 있습니다.
정가 : 18,000원

한권으로 파이썬
데이터 사이언스 입문 AtoZ

이 책은 데이터 분석을 위한 기본서 라고 할 수 있습니다.
정가 : 45,000원

한권으로
개발자가 원하던 파이썬 심화 A to Z

실무에 파이썬 적용을 고민하고 계신 분들께 도움이 될 수 있는 책입니다.
정가 : 32,000원

딥러닝 머신러닝을 위한 파이썬
넘파이

풍부한 예제를 통해 수학의 자신이 없더라도 쉽게 이해 할 수 있습니다. 또한 넘파이를 완전 분석한 책으로써 기초부터 고급기능까지 배울 수 있습니다.
정가 : 35,000원

Fusion360 with 3DPrinter
(기본편)

퓨전360의 메뉴를 익히며 피젯스피너, LED 명패, 만능 연필꽂이 등 다양한 작품을 만들어 볼 수 있습니다.
정가 : 23,600원

Fusion360 with 3DPrinter
(실전편)

3D모델링과 아두이노가 만나서 자동펌핑기, 미니무드등 다양한 작품을 제작해 볼 수 있습니다.
정가 : 17,500원

잇플의 IT도서들

앱인벤터 한권으로 끝내기

앱인벤터의 기초를 학습하고 ChatGPT를 활용한 인공지능 앱을 제작하는 방법에 대해 학습할 수 있습니다.
정가 : 28,500원

소프트웨어 사고력 올림피아드
-개정 증보판-

기출 문제를 분석하여 문제를 출제한 의도를 파악하고, 출제 의도에 맞춰 답안을 어떻게 작성해야 하는지 안내합니다.
정가 : 28,500원

정보(SW,로봇)영재원 대비 문제집
(초등 3~5학년)

1부 영재원 대비법, 2부 영재성검사, 3부 창의적 문제해결검사, 4부 심층 면접, 5부 모의고사 5단계로 구성되어 있습니다.
정가 : 28,000원

정보(SW,로봇)영재원 대비 문제집
(중등 초6~중2)

대학 및 교육청 부설 정보(SW)영재원 및 로봇영재원을 대비하기 위한 표준서 입니다.
정가 : 28,000원

IT영재를 위한 이산수학
(초등)

정보올림피아드 기출문제 중심으로 수험생들의 공부에 최적화된 내용으로 구성했습니다.
정가 : 28,000원

IT영재를 위한 이산수학
(초등)

정보올림피아드 기출문제 중심으로 수험생들의 공부에 최적화된 내용으로 구성했습니다.
정가 : 28,000원

ROS2 혼자 공부하는 로봇 SW

ROS라는 도구의 존재를 알고 공부하려는 분 중에 아직 공부를 시작하지 않았거나, 예제를 돌려봤지만 어떤 것인지 감을 잡지 못한 분들을 대상으로 하고 있습니다.
정가 : 27,300원

개발자를 위한 코틀린
프로그래밍 A to Z

주피터 노트북을 활용하여 코틀린의 기초 문법에 대해 알아보고, 코틀린만의 특징에 대해 학습할 수 있습니다.
정가 : 39,000원